법적 이슈 공감하기 2017

고려대학교
파안연구총서
공감 01

법적 이슈
공감하기
2017

명순구 · 김태진 · 박경신 · 박기갑 · 박세민
박지순 · 안효질 · 이대희 · 이상돈 · 정승환

세창출판사

머리말

　사회가 발전하고 과학기술이 고도화하면서 매우 복잡하게 전개되는 법률문제가 급격히 증가하는 추세입니다. 복잡한 법률문제일수록 사람들의 관심도 뜨겁다 보니 특정 사안에 관하여 여러 사람들이 나름대로 법률적 해법을 제시합니다. 법률문제를 보는 시각이 사람마다 다를 수 있는 것이어서 각자의 가치 판단에 따라 나름대로의 입장을 제시하는 것은 자유의 영역일 것입니다. 법률문제를 바라보는 시각 자체는 그렇다 치더라도 법률문제를 바라보는 방법에 대해서는 공감대를 형성할 필요가 있을 것입니다. 다양성과 복잡성의 경향 속에서 다른 사람과 공감하려는 노력은 때에 따라서는 기대 이상의 효용을 가져올 수도 있습니다. 어쩌면 법이 추구하는 평화라는 것도 공감을 향한 의지를 공유하는 태도에서 비롯되는 것이라는 생각이 듭니다.

　사회구성원 간의 공감이 중요한 화두로 등장한 이 시기에 고려대학교에서 협업과 융합을 핵심가치로 하는 파안연구총서가 출범했습니다. 고려대학교 법학의 이름으로 연구총서를 출간하는 일은 적잖이 새로운 형식의 학문적 성과라고 생각합니다. 연구총서는 과거의 연구결과의 결산이면서 앞으로도 계속 연구결과를 내겠다는 희망찬 약속이기 때문입니다. 오늘 파안연구총서의 출간을 설레는 마음으로 축하하는 이유입니다.

　파안연구총서는 해마다 두 권의 책을 출간합니다. 그 하나는 '공감'이고, 다른 하나는 '개척'입니다. 두 시리즈 모두 여러 학자가 공동으로 집필하는 형식을 취하는데 그 내용과 목적에는 차이가 있습니다. 전문가를 대상으로 하는 전문학술서인 '개척'과 달리, '공감'은 사회적으로 많은 사람들의 관심을 받는 사건을 법률전문가가 아닌 일반시민도 쉽게 이해할 수 있도록 소개하는 일반학술서입니다. 중요한 법적 이슈에 관하여 일반시민이 그것을 정확히 이해할 수 있도록 안내함으로써 법률문화 수준의 전반적 향상을 도모하기 위한 사업입니다. 특정 법적 이슈를 일반시민과 함께 공유한다는 의미에서 '공감'이라는 이름을 달았습니다.

　법이 생명력 있게 존재하기 위해서는 국민들이 공감할 수 있는 법이어야 합니다. 국민들이 공감하가 위해서는 법의 내용을 국민 스스로가 알 수 있어야 합니다. 그러므로 법률가들은 일반 국민들과 법을 공감하기 위해서 노력해야 합니다. 고려대학교는 1905년 설립 직후 여러 어려움 속에서 몇 번이나 폐교의 위기를 겪었습니다. 그때마다 고려대학교를 일으킨 것은 국민들이었습니다. 이제 고려대학교는 국민을 넘어 인류에 보은해야 하는 사명을 잘 인식해야 할 것입니다. 이러한 시각에서 파안연구총서 '공감'의 출범은 매우 특별한 의미를 가집니다. 이번에 출간하는 '공감' 제1권에는 모두 열 분의 교수님께서 귀한 글을 주셨습니다. 교수님들께 깊이 감사드립니다.

　2009년 법학교육의 중심이 법학전문대학원으로 전환되면서 학문으로서의 법학을 어떻게 수행해야 할 것인가에 대하여 많은 고민이 있습니다. 법학전문대학원이 전문직업인으로서의 법조인을 양성하는 기관이고 보면 학문으로서의 법학의 바람직한 모습을 고민하는 것은 당연해 보입니다. 고려대학교는 법학전문대학원에서 교육을 받은 사람들이 학문으로서의 법학을 수행함으로써 강건한 학문후속세대로 성장할 수 있도록 적절한 프로그램을 개발하고 그들의 미래를 밝히기 위한 사업을 구상하고 있습니다. 파안연구총서는 이러한 프로그램을 견인하는 역할을 할 것으로 기대합니다.

　파안연구총서는 파안연구기금으로 이루어지는 연구사업의 하나입니다. 파안연구기금은 파안(坡岸) 명위진(明渭珍) 회장님께서 2016년 5월 고려대학교 법학전문대학원에 지정 기탁한 기부금을 재원으로 조성되었습니다. 명위진 회장님께서는 어느 연설에서 "나이가 들면 들수록 역시 희망은 오직 사람에게서 찾을 수 있다는 생각이 더 간절합니다. 우리 세대가 대한민국을 가난의 굴레에서 벗어나도록 하기 위해 일했다면, 앞으로의 세대는 세계의 평화와 희망을 위해 일해야 한다고 생각합니다."라고 밝혔습니다. 고려대학교 법학전문대학원은 이 말씀을 마음에 깊이 새기고자 합니다. 파안연구기금을 계기로 교수님들의 학식과 지혜가 모여 훌륭한 성과물을 만들고, 이것이 교육으로 이어지는 선순환의 좋은 본보기를 보여 줄 것으로 믿습니다. 건전한 학문·교육 생태계 조성에 큰 힘이 되어 주신 명위진 회장님의 귀한 뜻에 감사와 존경의 마음을 드립니다.

　고려대학교 법학은 사회에 믿음을 주고 사람들로부터 사랑받는 "우아하고 굳건한 학문공동체"를 지향합니다. 파안연구총서의 출간은 고려대학교 법학이 더 우아해지고, 더 굳건해지는 계기가 될 것으로 믿습니다.

2017. 11.

고려대학교 법학전문대학원장

고려대학교 파안연구기금 기획운영위원장

명순구

차 례 ─────────

잊혀질 권리와 개인정보보호법 _ 박경신

인공지능과 빅데이터, 그리고 프라이버시의 보호 _ 이대희

현행 보험약관 설명의무의 문제점과 개정방향 _ 박세민

4차 산업혁명과 노동법의 과제 _ 박지순

기업지배구조 시론(試論):
이사회 운영현실과 개선을 위한 대안의 모색 _ 김태진

의사면허 제도의 문제점과 개선방안 _ 명순구

저작권침해죄의 개정논의에 대한 소고 _ 안효질

일본군 위안부 피해자 문제 해결을 위한
2015년 12월 한일 합의: Quo vadis? _ 박기갑

공감의 법

―공감법의 현상, 개념, 정당성, 미래―

이상돈*

I. 공감의 법은 왜 필요한가?

오늘날 우리 사회는 공감의 사회이며, 우리 시대는 공감의 시대라고 부를 만하다. 공감코리아, 공감육아, 공간공감, 다큐공감, 공감사진전, 공감부부, 공감콘서트, 소통공감 등, 온갖 생활영역에서 공감이라는 단어가 즐겨 사용된다. 공감의 (네이버 사전에서) 의미는 "남의 감정, 의견, 주장 따위에 대하여 자기도 그렇다고 느낌. 또는 그렇게 느끼는 기분"이다.

1. 법에서 공감의 요구

이러한 공감의 요구는 법에서도 예외가 아니다. 그러면 법에 대해 공감이 요구하는 바는 무엇일까? 공감의 법은 전통적인 이성의 법과 구별

---

* 고려대학교 법학전문대학원 정교수.

할 수 있다. 근대사회 이후 구축된 법은 모든 개인들이 자유를 공평하게 그리고 최대로 누릴 수 있게 하는 규범의 총체였다. 이런 자유의 법은 모든 개인이 합리적으로 사유해 보면 그 내용이 무엇인지 알 수 있는 것이었고, 자율적으로 그 타당성에 대해 동의할 수 있는 것이었다. 가령 사람을 죽이지 말라는 법(형법 제250조)은 이성적 존재라면 누구나 알 수 있다. 이런 점에서 법은 실천이성을 제도화한 것이었다고 할 수 있다. 또한 현대사회의 민주적 법치국가에서 법의 형성과 운영은 개인의 실천이성적 통찰에 의존하기보다는, 모든 개인들에게 참여기회를 균등하게 보장한 자유로운 대화 속에서 형성되는 합의에 점점 더 많이 의존하게 되었다. 이런 점에서 법은 대화적 이성을 제도화한 것이라고 할 수 있다. 근대사회의 법이나 현대사회의 법을 구축한 정당성기초는 바로 이성이었던 것이다.

그러면 공감은 이성과 같은 것일까? 보통사람들은 이 둘을 구별하지 못한다. 공감이 오늘날의 시대정신이기 때문에 이성을 공감의 개념으로 표현하기도 한다. 그러나 공감이라는 인지작용은 도덕적 통찰을 하고 합의를 형성하는 이성과 합리의 인지작용과는 다른 것이다.

가령 남자로부터 강제키스를 당한 여자가 방어를 위해 그 남자의 혀를 절단한 사안을 생각해 보자. 여자의 혀 절단 행위가 강제키스를 물리치기 위해 필요한 행동이었다면, 다른 더 경미한 방어수단을 사용해 보지 않았어도 정당방위로서 그 위법성이 조각된다(대법원 89도358판결). 키스당하지 않을 자유가 절단된 상대방 남자의 혀(중상해)보다 덜 중한 것으로 평가되더라도 이는 상관하지 않는다. 강제키스와 같은 중대한 불법을 즉각적으로 물리치는 행위는 법질서의 수호와 피해자의 자기보존을 위해 필요하고, 바로 그 점에서 정당하다고 보기 때문이다. 이런 정당방위권은 이성적인 것이다.

이와 같은 정당방위권은 남녀 구별 없이 평등하게 인정되어야 한다. 평등원칙은 법의 이성이며, 불합리한 차별을 금지하는 합리성의 원칙이다. 그렇다면 강제키스사례에서 여자와 남자가 뒤바뀐 경우에도 같은 정당방위권이 인정되어야 한다. 법논리적 차원에서 보면 이것은 정당방위권이라는 법의 이성적 결론이 된다. 그러나 최근 대법원(대법원 2014 도17023 판결)은 여자 친구의 친구로부터 술 취한 상태에서 강제키스를 당하던 남자가 방어를 위해 그 여자의 혀를 2센티미터 절단한 사건에서 몸을 밀쳐내는 등의 다른 방어수단을 사용하지 않았고(최후수단성의 흠결), 키스당하지 않을 자유가 혀의 완전성이라는 법익보다 우월하지 않다(법익균형성의 흠결)는 이유로 정당방위를 인정하지 않았다. 정당방위의 상당성요건을 긴급피난의 상당성요건에 가깝게 해석한 것이다.

이런 판결은 여자가 강제키스의 피해자였던 사례에 대한 판결과 부정합적(incoherent)이며, 평등원칙에 정면으로 위배된다. 그러므로 법의 이성이라는 차원에서만 바라보면 이러한 판결은 성차별적이라는 오명을 쓰게 될 수도 있다.

2. 불합리한 차별의 정의

하지만 이 판결이 잘못되었다고 생각하는 사람은 그리 많아 보이지 않는다. 그와 같은 차별(discrimination)은 평등원칙의 법리(합리적 차별의 요청과 불합리한 차별의 금지)에서 말하는 '합리적 차별'이라고 보는 사람들도 많을 수 있다. 그러나 그런 차별이 왜 '합리적'인 것일까? 가령 공무원 채용에서 (남성) 군필자 가산점 제도는 불합리한 차별이고 정당방위권의 이와 같은 차별은 합리적 차별인 이유는 무엇일까? 군필자 가산점제도가 남녀를 차별하는 것을 군복무에 대한 보상이라고 보더라도 그런 보상을 공무원 채용시험에서 하는 것은 적절하지 않다. 공무원 채용은 보상의 논리로 진행되는 것이 아니기 때문이다. 군복무 기간 중엔 시험 준비를 할 수 없고 그 점이 여성에 비해 불리하므로 가산점을 주는 것이라는 논리로도 합리적 차별이 인정되기 어렵다. 왜냐하면 시험 준비를 하는 여성에게도 군복무와는 다른 다양한 어려움이 있기 때문이다.

이에 비해 강제키스에 대한 정당방위권 인정에서 남녀차별은 합리적 차별이라고 볼 수 있는 유력한 근거가 있다. 바로 신체적인 방어능력의 차이이다. 남자는 여자보다 혀 절단으로 방어를 하기에 앞서 몸을 밀어내는 등의 신체적 방어활동을 통해 정당방위를 할 수 있다는 것이다. 그러나 이러한 신체적 차이는 남자와 여자의 보편적인 차이가 아니다. 보통의 여자보다 신체적 방어능력이 떨어지는 남자가 있는가 하면, 그 반대의 경우도 결코 적지 않다. 그렇다면 신체적 방어능력의 차이를 정당방위권의 인정범위를 판단할 때 고려해야 하는 남자와 여자의 일반적인 차이(difference), 즉 성차라고 보기는 어렵다. 성차(性差)가 아니라 개인차(個人差)라고 보아야 한다. 따라서 정당방위권에서 성차를 고려한다는 논리로 위 판결과 같은 남녀 간의 차별을 합리적 차별이라고 보기에는 그 근거가 취약하다. 이렇게 볼 때 강제키스를 하는 여자의 혀를 깨물어 2cm 정도 자른 남자피해자의 행위를 정당방위로 보지 않는 남녀 사이의 차별은 '합리적'인 것이기 어렵다. 간명하게 말하면 정당방위에서 남녀 사이의 그와 같은 차별은 '불합리한' 차별이라고 볼 수 있다.

하지만 왜 많은 사람들이 그와 같이 불합리한 차별을 하는 법(판결)을 부정의하다고 보지 않은 것일까? 사람들의 인식이 그릇된 것이 아니라면, 거꾸로 생각해볼 필요가 있다. 즉, 법의 정의는 단지 '합리'(ratio)로만 형성되는 것이 아니라 '불합리'에 의해서도 형성된다는 것이다. 물론 단순히 불합리하다고 하여 법의 정의가 되는 것은 아니다. 불합리하지만 감성적으로 수용할 수 있는 규범일 때 비로소 법은 정의로울 수 있는 가능성이 열린다.

II. 공감의 법이란 무엇인가?

여기서 법에서 합리와 이성, 불합리와 감성의 의미를 자세히 살펴볼 필요가 있다. 위 판결에서 보듯 현대사회의 법은 이성의 법에서 감성의 법으로 확장하고 있기 때문이다. 우리나라 법체계의 기초를 이루고 있는 근대법전(六法典)은 합리적 사유를 하는 인간의 지적 능력(이성)을 통해 평등한 자유의 이념을 최대한 실현하려는 기획을 좇아 구축된 규범이다. 그런 법을 이성법이라고 부른다. 법이 불합리한 차별을 하면서도 정의로울 수 있는 가능성은 합리적 사유를 통한 이성의 법이 아니라 공감을 통한 감성의 법이 될 때 비로소 열릴 수 있다. 이처럼 공감이 법을

발견하고 형성하는 우리의 인지작용이 될 수 있다면, 공감의 법을 이해하기 위해서는 먼저 인간의 인지작용이 어떤 형태로 이루어지는 것인지 알아야 한다. 인간의 인지작용은 이성과 감정, 감각과 직관으로 나눌 수 있다. 공감은 주로 감정과 직관에 관계된 인지작용이다.

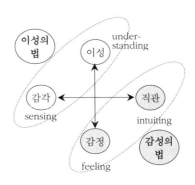

1. 이성과 감각의 법

이성(Vernunft)이란 의식의 지배를 받아 사물을 과학적으로 인식하고, 논리적으로 추론하고 아울러 그 가치를 체계적으로 평가하는 인지작용이다. 이성의 능력은 합리적인 이해(understanding)의 능력이기도 하다. 가령 인간이면 누구나 다른 사람을 죽여서는 안 된다는 법은 인간의 생명권을 보호한다. 이런 법은 인간사회가 약육강식의 자연상태에 머무를

경우엔 어느 누구의 생명도 완전하게 보호될 수는 없고, 따라서 나부터 다른 사람을 죽여서는 안 된다는 실천적 인식을 통해서 생성된다.

이성은 감각(sensing)을 지배하면서 감각을 사용하여 대상을 인식한다. 감각이란 오관(五官: 눈, 귀, 코, 피부, 혀)을 통한 지각을 말한다. 이성법은 오관으로 인식될 수 있는 대상들을 전제로 구성된다. 가령 소송에서 주장된 사실이 과거에 존재했는지를 판단하기 위해 현장 등에 대해 검증을 행한다. 이때 검증이란 흔히 법관이 감각기관(오관)의 작용에 의하여 물건이나 신체의 존재, 상태 등을 직접 인지하는 증거조사방법이라고 정의된다. 검증은 독일어(Duden 사전풀이)로 Augenschein인데, 이는 '눈을 통한 직접적 지각'(unmittelbare Wahrnehmung durch das Augen)을 가리킨다. 이런 검증의 독일어 개념은 다른 감각작용, 즉 코로 냄새 맡기, (범죄현장의 소리 등을) 귀로 듣기, 손으로 만져보기, 혀로(예: 마약 등을) 맛보기를 제외하고 있으나 시각적 체험이 검증의 중심이 된다는 점에서 그런 법률용례를 이해할 수 있다. 여하튼 이성법은 소송에서 감각을 통해 인지되는 대상에 관한 정보들을 사용하여 관철된다. 피고인이 사람을 살해했다고 하여 징역형을 선고하려면 피살자에 대한 검증, 감정이라는 감각작용을 거치지 않을 수 없다. 그뿐만 아니라 수사기관에서 조사된 서류들도 법관은 시각을 통해 그 서류에 기재된 언어적 정보들을 인지하고, 증거물도 인지할 수 있다. 이처럼 감각은 이성을 도와 이성법을 실현하는 지각작용이 된다.

2. 직관의 법

이성을 돕는 감각의 대척점에 있는 인지작용은 직관(直觀, intuition, Anschauung)이다. 직관은 감각(또는 그에 따른 관찰)에 의존하지 않으며, 합리적 분석을 통하지도 않으며, 느낌(감정)보다는 주관적이지 않지만, 순간적이면서도 종합적인 지각의 총체이다. 하지만 직관은 감정에 이웃

하며, 대상에 대해서 이성과 감각으로 포착하기 어려운 것들을 파악할 수 있게 한다.

과거 우리나라 법관들은 법률해석에서도 합리적 사유에 의한 논리적 분석보다는 '경험적 직관'에 의존하는 경향을 보여 왔었다고 평가할 수 있다. 이는 한국사회의 전통 문화적 특성에서 비롯된다. 경험적 직관이란 대상을 순간적으로 종합적으로 직감하는 것을 말한다. 이를테면 상대의 표정에서 그와 나의 관계의 미래를 짐작한다든지, 미래사회의 정의를 예감하는 것이다. 그런데 법관이 경험적 직관으로 법률을 해석한다는 것은 시대에 따라 그 의미가 다르다. 이성과 논리적 사고가 덜 발달한 전통사회의 문화가 아직 큰 영향을 미치고 있었던 시대에 직관은 논리와 추론에 의한 합리적 법률해석의 기능을 대신하는 것이었으므로, 직관은 이성법을 발견하고 형성하는 인지작용의 자리를 차지하고 있었다.

그러나 전통문화가 약화되어 다양한 하부문화의 단지 한 부분으로 편입될 정도로 포스트모던 문화가 성장한 현대사회에서 직관은 이성법의 한계를 넘어서거나 그 결함을 보완하는 이성법 밖의 법발견 방법이 될 수 있다. 이를테면 어떤 도안이 타인의 상표권이나 저작(복제)권을 침해하는 것인지를 판단하려면 이성이나 감각으로는 불충분하고, 언제나 직관이 개입할 수밖에 없다. 예를 들어 2002년 월드컵 시절 히딩크넥타이라고 불렸던 넥타이의 도안은 당시 응용미술작품으로 인정되었는데, 그 넥타이를 모방한 타사의 넥타이제품이 히딩크넥타이의 저작(복제)권을 침해하였는지가 문제된 바 있었다. 대법원(대법원 2003도7572 판결)은 저작복제권침해를 인정했는데, 이런 판단은 이성이나 감각에 의존하는 것이 아니라 직관에 의존한 것이다. 법원이 그런 사안에서 저작복제권 침해여부를 판단할 때에는 물론 문양의 구성요소(예: 8괘의 사용 등)나 그 배열 그리고 그 의미 등에 관한 체계적 분석과 그 예술성에 대한 (이론적) 비평의 과정도 거친다. 그러나 논리적인 의미의 분석과 모방제품의 예술성이나 고유성에 대한 비평이 아무리 치밀하더라도 히딩크넥타이의 도안과 그것을 모방한 제품의 도안 사이에 존재하는 차이가 갖는 (모 방제품의 예술성과 고유성을 포함한) 모든 의미를 해명할 수는 없다.

그렇기에 저작(복제)권 침해여부를 판단하는 마지막 순간에 법관은 모방여부나 고유성여부를 판단할 때 직관에 의존하게 된다. 그리고 이 직관적 판단은 언어로 묘사할 수가 없다. 이런 점에서 판결에는 언제나 '말할 수 없음'의 부분이 존재한다고 할 수 있다.

3. 감정의 법

인간의 인지작용에서 이성의 대척점에 있는 것은 바로 감정이다. 감 정(feeling)이란 (이성을 기준으로 볼 때) 비과학적으로, 비논리적으로, 비 체계적으로 사물을 파악하는 느낌이다. 감정이 법을 발견하는 인지작용 이 되는 사례는 우리나라 판례에서 빈번하게 등장한다. 판결에서 '법감 정'(Rechtsgefühl)이라는 개념을 사용하는 경우가 그 대표적인 예이다.

가령 채무자가 채권자에게 차용금을 변제하지 못할 경우 자신의 어머 니 소유 부동산에 대한 유증상속분을 대물변제하기로 약정한 후 유증을 원인으로 위 부동산에 관한 소유권이전등기를 마쳤음에도 이를 제3자 에게 매도한 사안을 놓고 생각해 보자. 판례(대법원 2014도3363 전원합의 체판결)처럼 대물변제예약의 목적은 채무이행의 확보에 있으므로 채무 자가 예약완결권 행사 이후에도 금전채무를 변제하여 의무를 다할 수 있다면, 채무자는 배임죄의 '타인의 사무를 처리하는 자'에 해당하지 않 게 된다. 이러한 결론은 목적-수단의 법논리 또는 주된 효과(채무이행담 보)와 부수적 효과(대물의 소유권취득)의 법논리에 의해 뒷받침된 것이 다. 그러니까 대물의 소유권취득은 대물변제예약의 부수적 효과일 뿐, 채무자가 채무를 이행할 수 있다면, 설령 예약완결권을 행사한 이후라 도 채무자는 타인(채권자)의 사무(대물변제)를 처리하는 자(배임죄의 주 체)가 아니라는 것이다. 이러한 법률해석은 합리적 사유에 의한 논증이 된다.

이러한 논증의 형식적 법논리에는 암암리에 채권자의 입장보다는 채무자의 입장이 더 중시되고 있다. 대물변제예약을 하는 채권자는 차용금변제보다 은근히 대물변제를 기대하는 입장을 가질 수도 있다. 이런 입장에서 보면 채무자가 등기협력의무 등을 이행하지 않아 채권자에게 회복하기 어려운 손해를 끼쳤다면 배임죄로 처벌하는 것이 "일반국민의 법감정"에 맞는다는 주장(대법원 2014도3363 전원합의체판결의 반대의견)이 더 설득력이 있다. 이 주장은 주된 효과-부수적 효과의 법논리가 숨기고 있거나 놓치고 있는 채권자와 채무자의 실질적인 입장 차이에 주목한다는 점에서 법논리의 형식성을 넘어선다고 볼 수 있다. 그러나 이 주장은 왜 채무자에게 유리한 입장과 관점에서 대물변제예약의 의미를 해석해야 하는지를 근거짓지 못한다. 단지 그것이 일반국민의 감정(feeling)에 더 부합한다는 주장을 하고 있을 뿐이다. 그러나 일반국민은 채권자가 될 수도 있고, 채무자가 될 수도 있으며, 어느 한 편의 입장에 더 많은 국민이 감정적으로 동조하고 있는지도 쉽게 알 수가 없다.

또 다른 예를 들어 보자. 베트남 국적 여성이 한국인 남편의 의사에 반하여 그러나 남편에게 어떠한 불법적인 사실상의 힘(예: 폭행)을 행사함이 없이 13개월 된 아이를 집에서 데리고 나와 베트남으로 데리고 갔다고 하자. 판례(대법원 2010도14328 전원합의체판결)는 남편의 동의가 없었다는 점만으로는 베트남 여성에게 국외이송약취죄 및 피약취자국외이송죄가 성립하지 않는다고 보았다. 이런 해석은 '약취' 개념의 의미론(semantics)에 따른 '논리적 결론'을 보여 준다. 즉, 약취의 확립된 의미는 폭행, 협박 또는 불법적인 사실상의 힘을 사용하여 피해자를 자기 또는 제3자의 지배 아래로 옮기는 것을 뜻하는데, 베트남 여성은 폭행이나 불법적 힘을 사용하지 않았고, 아이를 남편의 지배 아래에서 자기의 지배 아래로 옮긴 것도 아니므로 '약취'라는 구성요건표지가 전혀 충족되지 못하는 것이다.

그러나 이런 합리적 해석에 의하면 한국인 아버지에게는 상당한 어려움이 발생한다. 즉, 한국인 아버지는 베트남 엄마가 아이를 베트남으로 데리고 가는 것을 제지할 법률상 방도가 없고, 사후에 아이의 인도를 명하는 가사재판을 받아도 베트남에서 집행할 수도 없다. 그런 점에서 대법원의 위 해석은 "국민 일반의 정서와 법감정에 현저히 반"한다는 주장(대법원 2010도14328 전원합의체 판결의 반대견해)이 제기되는 것이다. 여기서도 합리적 사유와 논증에 의한 법률해석과 국민일반의 감정 사이에 모순이 등장한다. 이와 같이 사안에서 사람들이 느끼는 감정을 약취 개념의 의미론을 넘어서는 법발견의 원천으로 삼는다면, 그 법은 이성법의 전통에서 벗어나는 것이 된다.

이 두 가지 예시적인 논의에서 다음과 같은 점들을 알 수 있다. 감정은 이미 법실무에서 법발견의 한 요소가 되고 있다. 감정은 합리적 사유와 논증에 의한 법발견의 한계를 넘어서거나 그 결함을 보충해 줄 수 있다. 그러나 감정이 법발견의 요소로서 작용할 때에는 주관적인 입장이 법으로 포장될 위험성이 발생한다. 그러므로 주관적인 감정은 법이 될 수 없다. 하지만 감정은 주관성의 위험을 극복할 수 있다면 정의로운 법을 발견하는 원천이 될 수도 있다.

Ⅲ. 공감의 법은 주관성을 어떻게 극복할 수 있나?

1. 감성법의 주관성 문제

지금까지 살핀 바에서 보듯이 감정과 직관에 의해 형성되는 법을 이성과 감각에 의해 형성되는 법(이성법)과 구분하여 감성법이라 부를 수 있다. 직관적 판단이 비록 인지작용의 유형으로서 감정과는 분명하게 구별되는 것이지만, 수범자의 입장에서는 감정에 의한 법발견과의 차이를 인식할 수 없다. 정도의 차이는 있지만 주관적이며, 포괄적, 종합적 판단이며, 언어로써 그 판단의 내용과 근거를 설명할 수 없기 때문이다. 게다가 법률해석이나 법발견에서 감성과 직관은 흔히 함께 작용하기 쉽다. 이런 점에서 감정과 직관에 의해 형성되는 법을 감성법의 개념으로 묶고, 그것을 근대사회 이후 확립되어 온 모던 법패러다임인 이성법에 대응하는 현대사회의 포스트모던 법패러다임의 중심개념으로 삼는 것은 매우 유용하다. 감성법은 분명 이성법의 한계가 시작되는 곳에서 새로운 법이 되어 줄 수 있고, 이성법의 논리와 합리 속에 내재된 결함을 메워주는 법이 될 수도 있다.

앞서 언급한 사례 가운데 강제키스를 하는 여성의 혀를 절단하는 남자의 행위에 대해, 여성이 피해자이고 남자가 공격자인 사례와 달리, 정당방위를 인정하지 않은 판결은 아마도 남성성/여성성에 관한 전통문화의 영향사적 맥락 속에서 정당방위법을 감성법으로 구성한 것이라고 볼 수 있다. 여기서 전통문화의 영향사(Wirkungsgeschichte) 아래 있다는 것은 가다머(Gadammer)의 해석학적 용어를 빌려 온 표현인데, 그런 판결이 정당방위법을 이성적 해석으로 구체화한 법리('필요성원칙')가 발전하기 이전의 시대, 이를테면 대략 1980년대 이전의 한국사회에서 통용되던 성차(性差)에 대한 의식의 연장선에 있다는 점을 가리킨다. 또한 감성법으로 구성한 것이라는 점은 정당방위의 상당한 이유의 해석을 감정과 직관에 의해 수행한 점을 가리킨다.

이러한 설명에서 보듯 포스트모던 법패러다임으로서 감성법은 자칫 프리모던(전근대적) 법패러다임과 연합할 위험성이 상존한다. 이 점은 포스트모더니즘이 전근대적 보수주의와 연합하기 쉽다는 철학적 통찰과 같은 맥락에 있다. 이런 위험성은 감성법의 타당성을 판단하거나 합리적 논거로 논의할 수 있는 방법이 없다는 점에서 비롯된다.

2. 감성법에서 공감의 법으로

여기서 감성(감정과 직관)에 의한 법발견은 주관적 확신의 성격을 넘어서 모종의 보편성 또는 객관성을 가져야 하는 과제를 갖고 있음을 알 수 있다. 감성의 법이 정의의 법이 될 수 있는지를 판단하는 잣대는 다시금 이성적인 기준으로 되돌아갈 수 없음은 분명하다. 감성법의 내용은 언어로 표현할 수 없는 것이기 때문에 비판과 토론의 과정을 통해 합의를 창출하는 방법으로 그 타당성을 형성해 갈 수도 없다는 한계가 있다.

감성법의 타당성은 이성법의 타당성과 다른 기준에 의해 판단되고 확보될 수밖에 없다. 그 기준은 감정과 직관에 의한 판단으로 형성되는 법을 대부분의 사람들이 정의롭다고 '함께 느낄' 수 있는가 하는 것이다. 공감은 (네이버) 사전에서 "남의 감정, 의견, 주장 따위에 대하여 자기도 그렇다고 느낌. 또는 그렇게 느끼는 기분"이라고 정의된다. 이 정의에서도 두 가지 의미소가 핵심적으로 언급되어 있다. 즉 나와 너, 우리 모두가 그렇다는 '함께'의 요소와 정의롭다는 '느낌'의 요소이다. 다시 말해 정의롭다고 '함께 느끼는 것'(feeling together)이 감성법의 정당성기초가 된다. 물론 여기서 함께 느낀다고 할 때 느낌은 그 감정(feeling)과 직관(intuition)을 포함하는 개념이다. 함께 느낌이란 한 개인이 다른 개인에게 애정과 긍휼의 감정을 일방적으로 느끼는 연민(sympathy)과 구분되어야 하고, 그 한에서 공감(共感)이라고 개념화하여야 한다. 또한 공감은 영어로는 empathy로 표기되고, 독일어로는 Mitgefühl로 표기되는 것이 적절하다.

공감이란 합리적인 대화의 과정에서 맺게 되는 합의(consensus)의 대응점에 있는 개념이다. 합의가 이성법의 정당성기초라면, 공감은 감성법의 정당성기초가 된다. 공감은 개념상 어떤 법이 정의롭다고 '함께 느낌'을 뜻하지만, 현실에서는 그 함께하는 느낌을 여론조사와 같은 사회조사방법에 의해서 확인할 수가 없다. 공감이란 개념적으로만 주관성을 극복한 것이지 현실에서는 주관적인 판단이 되기 쉬운 것이다. 이처럼 공감의 법이 근원적으로 주관적인 것일 수밖에 없는 이유는 감정과 직관의 특성에 있다. 여기서 주관적 판단이 어떻게 법의 범주적(categorical) 특성인 '보편성'을 얻을 수 있을 것인지가 문제로 남는다. 이 문제는 감성의 법이 이성법의 본질적인 내용을 훼손하여, 자유의 역사를 퇴행시키는 결과를 가져올 위험을 어떻게 차단할 것인가 하는 문제이기도 하다. 거꾸로 보면 이성법의 포기할 수 없는 부분이 감성의 법에 의해 대체되는 위험을 차단하기 위해서는 감성의 법도 보편성을 가져야만 법이 될 수 있다는 말이 된다. 여기서 어떻게 하면 감성의 법이 그 주관성에도 불구하고 보편성을 가져 진정한 의미에서 공감의 법이 될 수 있는가 라는 물음이 등장한다.

3. 주관적 보편성과 미학적 정의로서 공감의 법

주관적이지 않을 수 없는 감정이 객관적이어야 하는 법의 요청을 어떻게 충족할 수 있을 것인가? 법감정(Rechtsgefühl)이라는 개념은 그 자체로서 이 모순적인 요청을 충족할 수 있다는 것을 전제한다. 그러나 대법원은 이 개념을 오래전부터 사용해오면서도 아직까지 어떻게 그러한 모순적인 요청이 충족될 수 있는지는 제대로 해명한 바가 없다. 그래서인지 법원이 법감정이라는 개념을 논증언어로 사용할 때에는 대체로 법감정을 "국민 일반의 가치관 내지 법감정"(대법원 2007도4818 판결)이라고 하여 막연한 가치관과 동일시하곤 한다. 이는 법감정을 윤리적 선으로 환원시키는 (고의적인) 오류를 범하면서 법감정을 단지 법발견의 일반조항으로 사용하게 만든다.

그러나 법감정은 실러(F. Schiller)의 "인간의 미적 교육에 관한 편지"(Briefe über die ästhetische Erziehung des Menschen)에서 말하는 소재충동(Stofftrieb)과 형식충동(Formtrieb) 가운데 소재충동에 속한다. 실러에

게 소재충동이란 감성적 충동이며 성향이나 감정으로 나타나고 인간이 자신의 삶을 보존하고 절대적 존재로 향해가게 만드는 충동을 말한다. 여기서 실러가 말하는 절대적 존재란 '아름다운' 존재를 가리킨다. 즉 실러가 보기에 인간은 미학적으로 교육되어야 하는 것이다.

우리나라 법원이 법감정의 의미로 말하는 "국민 일반의 가치관"이란 '미학적 가치'로 해석되어야 한다. 미학적 가치는 윤리적 가치와 달리 객관적으로 이미 존재하는 가치가 아니라 주관적인 체험에서 생성된 후 다른 사람들과 나누게 되는 가치이다. 그러므로 미학적 가치의 중심은 아름다움의 체험에 있고, 그 체험이 다른 사람들에 의해 공유될 때 그 아름다움은 사회적 정의의 하나가 될 수 있다. 법감정이 이성법과 다른 공감의 법을 실현하는 매체라고 할 때 공감의 법이란 심미적 가치를 실현한 법을 가리키게 된다. 물론 심미적 체험과 가치도 주관적이다. 그러나 아름다움은 감정보다는 더 사회적인 현상이다. 아름다움의 체험은 주관적이지만, 분명 어느 사회나 아름다움의 사회적 기준은 비록 항상 변화할지라도 엄연히 존재하기 때문이다. 이 기준은 이성적 옳음(rightness)과 윤리적으로 좋음(선함 goodness)과 구별되는 기준이며, 일종의 가치이다.

예를 들어 보자. 동물권이 아직 법적 권리로 승인되지 않은 시대에 개고기를 맛있게 먹기 위해 잔인한 방법으로 도축하는 행위는 비이성적이거나, 비윤리적이라고 단정 짓기 어려웠다. 물론 지금은 그런 행위를 비윤리적이라고 보는 사람이 많다. 그러나 수십 년 전에는 개를 잔인하게 도축하여 맛있는 보신탕을 끓여 단백질이 부족한 마을사람들이 함께 나누어 먹던 풍습도 있었다. 그런 시절에 그와 같은 행위는 비윤리적인 것이 아니며, 법으로 금지되어야 하는 것도 아니었다. 그러나 지금은 대부분, 혹은 적어도 많은 사람들이 그런 행위를 비윤리적인 것으로 본다. 또한 그와 유사한 동물학대 행위들을 처벌하는 동물보호법도 마련되었다.

이런 변화는 어떻게 일어난 것일까? 사람들이 그런 행위를 이성적으로 그릇되거나 윤리적으로 나쁜 것으로 보지 않았던 시절에 일부 사람들은 그런 행위를 심미적으로 추한 행동으로 인지하였고, 그런 심미적 판단은 점차 더 많은 사람들에게 퍼져 나가게 되었을 것이다. 이런 변화는 무엇을 추하다고 느끼는 주관적인 미적 체험이 대부분의 사람들이 추하다고 느끼게 되는 과정, 즉 '주관성'이 '보편성'을 획득하게 되는 과정이다. 여기서 심미적 판단은 철학자 칸트(Kant)가 말했듯이 '주관적 보편성'(subjective universality)을 가질 수 있음을 알 수 있다. 이처럼 주관적 보편성을 갖는 심미적 체험의 내용에 대해서는 심미적 가치가 승인되고, 그 가치는 법의 내용으로 수용될 수 있다. 이처럼 법의 내용으로 수용된 심미적 가치는 정의의 한 요소가 된다. 그런 정의를 미학적 정의(aesthetic justice)라고 부를 수 있다.

IV. 공감의 법은 어디로 가는가?

공감이 법의 내용이 되는 포스트모던 사회의 현상은 미학적 정의(aesthetic justice)가 법적 정의의 새로운 차원으로 자리 잡는 현상이다. 그러니까 공감법이란 이성법처럼 이성적인 옳음과 윤리적인 좋음(선함)을 실현하는 법이 아니라 심미적인 아름다움의 가치를 실현하는 법이다. 이때 심미적 가치는 주관적 보편성을 획득한 것이어야 한다. 법감정이라는 개념에 내재된 모순성, 즉 감정의 주관성과 법의 보편성 사이의 모순성이 해소될 수 있으려면 적어도 법감정을 지금과는 달리 이해하여야 한다. 즉 법감정이란 보편성을 획득한 주관적인 미적 체험에 따른 (아름다움의) 선택과 (추함의) 배제라는 규제기능을 가리킨다는 것이다.

강제키스에 대한 혀 절단의 방어행위에 대해 판례들이 보여준 성차별은 이성법의 평등원칙을 넘어서서 공감의 법을 실현하는 것이다. 즉 그런 판례들은 남녀의 성차를 고려하여 남성의 즉각적인 혀 절단 방어행위가 갖는 심미적 추함의 체험이 이미 많은 사람들에게 공유될 수 있어서 주관적 보편성을 갖는 체험일 수 있음을 고려한 것이다.

하지만 베트남 부인이 한국인 남편 몰래 아이를 베트남으로 데리고 출국한 행위가 폭행 등을 사용하지 않아 약취죄에 해당할 수 없다는 판결은 공감을 받을 수 없는 판결은 아니다. 왜냐하면 베트남 부인의 그런 행위를 약취행위로 보지 않으면 안 될 정도로 그 행위에 대한 사람들의 미추체험이 추하다는 쪽으로 기울지 않았기 때문이다.

그러나 미추체험이 아직 보편성을 얻지 못한 경우라고 하여 법이 이성법의 전통에 머물러야만 하는 것은 아니다. 예를 들어 사형폐지의 문제를 생각해 보자. 사형이 무차별적인 연쇄살인의 살인마에게만 선고되는 법원실무에서 볼 때, 사형은 죗값에 비례한 응보의 정의를 실현한다는 점에서 이성적으로 옳은 법제도일 수 있고, 더 많은 사람의 생명을 지키는 공익을 실현한다는 점에서 윤리적으로도 좋은 법제도일 수 있다. 이런 사형제도를 공감의 법은 사형폐지의 방향으로 이끌어 갈 수 있는 것일까?

현재 사형폐지에 관한 국민여론은 대체로 50%의 위·아래를 오르락내리락 하고 있다. 사형이 폐지되어야 한다는 법감정은 국민일반에 보편적인 것이 아니다. 이러한 점은 사형제도에 대한 시민들의 미추체험이 아직은 추함의 체험으로 쏠리지 않았다는 것을 의미한다. 하지만 사형폐지의 입법은 시도될 수 있고, 시도되어야 마땅하기도 하다. 사형제도의 폐지를 추진하는 힘으로서 추함의 미학적 체험은 주로 사형수를 사물화하는 사형집행절차의 추한 이미지에 대한 것이다. 그리고 이 이미지의 힘은 비록 '미래에 가서'이지만 사형폐지는 지금 시점에서도 이미 정의로운 법, 즉 공감의 법 '이었던 것'이 되도록 만들 수도 있다. 이런 시제('미래에 가서 [과거의 무엇이]~이었던 게 되는' 시간구조)를 데리다 (Derrida)는 '전미래시제'(futur antérieur)라고 불렀다. 공감의 법은 바로 전형적인 전미래시제의 법이 될 수 있다. 그러니까 공감이란 언제나 압도적인 다수국민의 여론이 있을 때에만 말할 수 있는 것이 아니다. 50%

의 여론만으로도 공감은 말할 수 있고, 이성법의 한계를 넘어서는 미래
의 법개혁을 이끌어 갈 수도 있다.

여기서 공감의 법을 그와 같이 법개혁을 수행하는 실천으로 삼을 것
인지는 궁극적으로 법관의 인격에 달려 있음을 간과할 수 없다. 이성의
법만이 아니라 공감의 법도 법관의 인격에 그 성패가 달려 있다면, 법관
에게는 자기 시대의 공감을 읽어내는 감수성과 미래의 공감을 예측하는
선취(Antizipation 豫了)의 능력이 요구된다. 또한 그런 공감능력은 권위
적인 법관상이 아니라 소통하는 법관상을 필요로 할 것이다. 결국 공감
의 법은 궁극적으로는 법관상의 변화에 그 미래가 달려 있다고 볼 수 있
다.

법과 음악의 아름다움에 대하여

—한슬릭의 음악미론에 기대어—

정승환*

Ⅰ. 법과 음악, 법률과 음률

법은 법률을 다루고 음악은 음률을 다룬다. 률(律)은 규칙이며 비율이며 시의 운율이다. 또한 률(律)은 음률이며 음계를 정하는 피리의 이름이기도 하다.[1] 률(律)과 관계한다는 점에서 법과 음악은 서로 통한다. 음악의 아름다움, 음악의 감흥은 률(律)에서 비롯된다. 법에도 아름다움이 있을까? 그렇다면 법의 아름다움 또한 률(律)에서 비롯될 것이다. 우리가 늘 대하는 법과 '아름다움'이라는 인상 또는 감정은 사뭇 낯설다. 그래서 법의 아름다움을 론(論)하기 음악의 아름다움에 대한 론(論)을 빌려보려 한다. 한편 론(論)의 말씀 언글 변에 붙은 륜(侖) 또한 음(音)을 의미한다.

---

* 고려대학교 법학전문대학원 교수.
1 '네이버 한자사전' 참조. 이하 같다.

II. 한슬릭의 음악미학

이 글에서 빌리고자 하는 음악의 아름다움에 대한 이론은 오스트리아의 음악비평가 에두아르드 한슬릭(Eduard Hanslick, 1825~1904)이 그의 책「음악의 아름다움에 대하여」[2]에서 서술한 내용이다. 한슬릭은 근대적 의미의 음악비평에서 선구적 역할을 한 인물이다.[3] 1849년 오스트리아 빈 대학에서 법학으로 학위를 받은 그는 19세 때인 1844년부터 음악비평을 써 왔고, 29세 때인 1854년에「음악의 아름다움에 대하여」를 출판하였다. 1861년에는 '음악의 역사와 미학' 담당 교수로 빈 대학에 임용되어 최초로 대학에서 음악미학과 음악사를 가르친 교수가 되었다.[4] 한슬릭 이전의 음악미학은 철학과 미학의 한 부분으로 주변적으로 언급될 뿐이었지만, 한슬릭은 음악미학을 일반 미학의 한 부분 이상으로 발전시켰다. 그는 음악미학이 음악만이 갖고 있는 특수한 문제들에서 출발해야 하며, 그것이 음악미학의 본질이 되어야 한다고 주장하였다.[5]

「음악의 아름다움에 대하여」에서 한슬릭은 기존의 음악미학을 '감정미학(Gefühlsästhetik)'이라고 정의하면서, 진부한 '감정미학'을 비판하고 새로운 이론을 위한 주춧돌을 놓는 것을 그의 저술 목적으로 제시하고 있다.[6] 그는 음악은 "감정을 표현해야 한다"는, 당시 널리 퍼진 견해에

---

2 Vom Musikalisch-Schönen, 21. Auflage, Breitkopf & Härtel, Wiebaden (Germany) 1989. 이 글에서는 원문을 번역하여 인용하되, 이미경 옮김, 「음악적 아름다움에 대하여」, 책세상, 2004를 참고하거나 인용한 번역문은 따로 표기하였다.

3 이미경, "해제─서구 근대 음악 미학의 새로운 지평, 한슬리크의 음악 미학," 이미경 옮김, 앞의 책, 192면 이하 참조.

4 이미경, 앞의 글, 193면 참조.

5 이미경, 앞의 글, 194면 이하 참조.

6 최은아, "한슬릭의 「음악적 아름다움에 관하여」에 담긴 '형식' 개념의 철학적 배경,"「음악과 민족」 제32호, 민족음악학회 2006, 171면 이하 참조.

반대하면서 음악 작품의 아름다움은 "고유의 음악적인 것",[7] 즉 "외부의 음악 외적인 사고영역과 관계없이 음의 연결 안에 존재하는 것"이라고 한다. 그렇기 때문에 음악미학은 "감정을 어떻게 표현할 것인가"를 탐구할 것이 아니라 음악의 아름다움 자체를 탐구해야 한다는 것이 그의 주장이다.[8]

III. 음악과 감정

감정의 표현은 음악의 내용이 아니다.[9]

한슬리이 「음악의 아름다움에 대하여」에서 당시의 '감정미학'을 향해 선포하는 대표적 명제이다. 감정미학은 "음악의 목적과 내용이 감정에 있다"고 주장하는, 그 뿌리가 제법 오래된 미학적 입장이다.[10] 한슬릭이 비판의 대상으로 삼은 것은 당대의 비엔나 음악을 주도한 부르주아 음악미학인데, 부르주아 사회에서 음악은 "공공의 감정을 표현함으로써 사교성과 공동체적 조화를 창조하는 수단"으로 받아들여졌다고 한다.[11] 이러한 감정미학의 오류를 한슬릭은 다음과 같이 지적한다.

---

7 'spezifisch musikalisch': '특별히 음악적인', '특유의 음악적인'으로 번역할 수도 있겠다.

8 최은아, 앞의 글, 172면 참조.

9 Hanslick, 20면.

10 감정미학의 의미는 넓은 것이어서 18세기 바로크의 감정이론, 여기에 이어지는 감정미학의 음악들, 즉 계몽주의 시대의 감정과다와 질풍노도의 음악, 그리고 19세기의 표제음악, 더 나아가서는 성악음악, 기능음악 등 음악외적인 요소를 갖는 내용미학의 음악 전체를 아우르는 말이라고 한다. 연상춘, "한슬릭 미학의 근원적인 접근," 「음악이론연구」 제27집, 서울대학교 서양음악연구소 2016, 75면; 이미경, 앞의 글(주 3), 198면 이하; 최은아, 앞의 글, 173면 참조.

11 최은아, 앞의 글, 173면.

지금까지 음악미학을 다루는 방식은 철저하다고 할 만큼 심각한 오류에 시
달리고 있다. 즉, 음악에서 무엇이 아름다운가를 탐구하지 않고 음악이 우
리를 사로잡는 감정의 묘사에 매달렸던 것이다.[12]

한슬릭에 의하면 미학의 원칙을 근거지을 수 있는 하나의 현상을 제
시하는 데에 음악의 감정에 대한 작용은 필요하지도 않고 유일하지도
않으며, 항구적인 것도 아니다.[13] 물론 그는 음악이 불러일으키는 감정
이나 정서를 과소평가하지는 않고 오히려 음악에서 감동을 느끼는 것은
가장 아름답고 치유의 효과가 있는 일이라고 한다. 다만 그는 감정의 작
용은 변화무쌍하고 비과학적인 것이기 때문에 감정에 근거하여 미학의
원리를 설명하는 데 이의를 제기하는 것이라고 한다.[14]

한슬릭은 음악미학의 원칙이자 첫 번째 과제는 감정에 빼앗긴 지배권
을 정당한 아름다움에 돌려주는 것이라고 한다.[15] 그리하여 그는 음악
의 내용이 감정의 표현이라는 감정미학에 맞서서 음악의 본질이 "음의
울림으로 채워지는 형식(tönend bewegte Formen)"[16]에 있다고 한다. 음
악의 아름다움이란 형식이고, 형식은 그 자신 외의 다른 목적을 갖지 않
는다. 다만 그는 이때의 '형식'이란 단순한 음향의 미 또는 균형을 의미
하지 않는다고 한다. 그에 의하면 음악적 아름다움으로서의 형식이란
"단순한 비례 이상의 의미를 갖는 고도의 법칙성",[17] "내부로부터 형상
화하는 정신으로 가득 찬 것"[18]이다.

---

12 Hanslick, 1면.
13 Hanslick, 13면.
14 Hanslick, 14면.
15 Hanslick, 93면.
16 "음으로 울리는 움직임의 형식", "음으로 울리며 움직이는 형식"으로 번역하기도
    한다. 이 명제의 번역에 대해 자세한 것은 연상춘, 앞의 글, 77면 이하; 이미경, "한
    슬릭 미학에서 '형식' 개념에 대한 이해," 「미학」제4집, 한국미학회 2004.12, 76
    면 이하 참조.
17 Hanslick, 99면.

이러한 의미에서 한슬릭의 음악미학은 '형식주의'로 분류된다.[19] 그의 이러한 입장은 음의 연결이 만들어 내는 외형적 형식에 치중한 나머지 음악의 정신적 깊이를 간과하는 것 아니냐는 오해를 불러일으키기도 한다. 그러나 한슬릭의 '형식' 개념은 정신성을 배제하지 않고 오히려 그것을 전제로 하기 때문에 한슬릭을 단순히 형식주의자로 분류하여서는 안 된다는 주장도 있다.[20] 요컨대 그는 음악의 아름다움이 근본적으로 형식에 있다고 하기 때문에 형식주의자라고 할 수 있다. 하지만 그는 정신이 개입되지 않는 아름다움을 인정하지 않고 정신적 내용들이 음악의 형식과 아주 밀접한 연관이 있다고 하며,[21] 음악에서 '내용'과 '형식'의 개념은 서로가 서로의 조건이면서 서로를 보충한다고 하고,[22] '형식이 곧 정신'이라고도 하기 때문에 '형식의 형식성'을 중시하는 형식주의자는 아니라고 할 수 있다.[23]

Ⅳ. 법과 감정

감정의 표현은 법의 내용이 아니다.

법에서는 이러한 언명이 가능할까? 법은 오히려 감정의 표현이어야 하는 것은 아닐까? 이른바 '법감정'을 충실하게 반영하는 것이 법률의 내용이 되어야 하지 않을까? 결론을 말하자면 '관습'과 '관습법'이 다르듯 '감정'과 '법감정'은 다른 것이며, 법률은 법감정의 반영이어야 하지만

---

18   최은아, 앞의 글, 175면.
19   이미경, 앞의 글(주 16), 59면.
20   이미경, 앞의 글, 60면.
21   Hanslick, 63면.
22   Hanslick, 166면.
23   이미경, 앞의 글, 60면 이하 참조.

감정의 표현이어서는 안 된다.

지금은, 적어도 형사법의 영역에서는, 감정과잉의 시대이다. 연쇄살인과 성범죄에 대한 공포와 증오, 응보의 감정은 공소시효기간의 연장[24]과 폐지,[25] 법정형 상한선의 확대,[26] 성범죄에 대한 친고죄 규정의 폐지[27] 등 범죄자의 처벌확대를 위한 법정책과 입법으로 이어졌다. 강력범죄와 성범죄에 대해서는 강화된 형벌은 물론 흔히 '화학적 거세'라는 거친 말로 부르는 성충동약물치료,[28] '전자발찌'로 더 잘 이해되는 전자감독,[29] 신상공개[30] 등의 형사제재가 겹겹으로 부과된다. 여기에 더해 심지어 '물리적 거세'를 해야 한다는 주장, 범죄위험이 있는 자들을 예방적으로 구금하는 보호감호가 부활되어야 한다는 주장도 거침없이 제기되고 있다.

---

24 2007년 12월 21일 형사소송법 제249조를 개정하여 사형에 해당하는 범죄의 공소시효기간을 15년에서 25년으로 연장하는 등 기존의 공소시효기간을 대폭 연장하였다.

25 2015년 7월 31일 형사송법 제253조의2를 신설하여 사람을 살해한 범죄로 사형에 해당하는 범죄에 대한 공소시효를 폐지하였고, 2011년 11월 17일 「성폭력범죄의 처벌 등에 관한 특례법(성폭력처벌법)」 제21조 제3항을 신설하여 13세 미만의 여자 및 신체적인 또는 정신적인 장애가 있는 여자에 대한 강간죄 등에 대해 공소시효를 폐지하였다. 뿐만 아니라 2013년 4월 5일 성폭력처벌법 제21조 제4항을 개정하여 강간살인죄 등에 대한 공소시효를 폐지하였다.

26 2010년 4월 15일 형법 제42조를 개정하여 유기징역형의 상한선을 기존의 15년에서 30년으로 확대하였다.

27 2012년 12월 18일 형법 제306조 삭제.

28 2010년 7월 23일 「성폭력범죄자의 성충동 약물치료에 관한 법률」 제정.

29 2007년 4월 27일 「특정 성폭력범죄자에 대한 위치추적 전자장치 부착에 관한 법률」을 제정하였고, 2009년 5월 8일 명칭을 「특정 범죄자에 대한 위치추적 전자장치 부착에 관한 법률」로 변경하여 전자감시장치 부착명령의 대상을 '미성년자 대상 유괴범죄'로 확대하였으며, 이후 계속되는 법개정을 통해 그 대상을 살인범죄, 강도범죄에까지 확대하였다.

30 2000년 7월 1일 시행된 「청소년의 성보호에 관한 법률」에 의해 아동·청소년 대상 성범죄자의 신상을 공개하는 제도가 도입되었고, 2010년 4월 15일 개정된 성폭력처벌법에 따라 성인을 대상으로 하는 성범죄자에 대해서도 신상공개 제도가 시행되고 있다.

이와 같이 처벌확장의 일방통행 도로를 질주하는 형사정책과 법실무는 감정과잉의 오류인가 아니면 정당한 법감정의 실현인가? 무엇이 감정이고 무엇이 법감정인가? 법감정이 무엇인지를 먼저 정의할 수 있다면 법감정과 법감정에 이르지 못한 감정을 구별할 수 있을 것이다. 그러나 아쉽게도 법감정이란 말은 매우 다의적이며 다양한 맥락에서 사용되고 있다.[31]

게르하르트 훗설(Gerhard Husserl)에 의하면 법감정이란 "정의에 대한 감정 또는 어떤 사안에 대한 적절하고도 형평에 맞는 해결책을 통찰하는 것" 또는 "법적 분쟁에서 정당한 결정을 직관적으로 파악하는 것"이라고 한다.[32] 또 다른 개념 정의에 의하면 법감정이란 "다수의 사례들 및 다양한 상황에서 실행되고 확인된 축적된 법경험"이라고 하며,[33] 법감정을 '법의식'이나 '법문화'와 유사한 개념으로 이해하여 한 공동체의 관습적 상황과 결부되어 있는 것으로 파악하기도 한다.[34]

다양한 개념 정의와 맥락에 따른 다양한 의미에도 불구하고 법감정을 기본적으로 "법적인 것에 대한 감정", 즉 "무엇이 법인지 또는 무엇이 법이어야 하는지에 대한 감정"이라고 할 수 있는데,[35] 이는 달리 말하면 '올바른 것에 대한 감정', '정의에 대한 감정'이다. '법(Recht)'이라는 단어는 '올바름', '정의'와 같은 의미를 지니기 때문이다. 루돌프 폰 예링(Rudolf von Jhering)도 법감정을 "법적 진리와 도덕적 진리의 내용이라

---

31 변종필, "법감정의 일반화를 위한 제언," 「법철학연구」 제3권 제1호, 한국법철학회 2000, 237면.

32 이상은 게르하르트 훗설(Gerhard Husserl)의 개념 정의이다. 변종필, 앞의 글, 같은 면 참조.

33 이는 법사회학적 관점에서 파악하는 개념으로서, 한스 리펠(Hans Ryffel), 토마스 라이저(Thomas Raiser) 등에 의한 개념 정의이다. 변종필, 앞의 글, 238면 참조.

34 변학수/조홍석, "법의식, 법감정 그리고 법제도," 「독일문학」 제103집, 한국독어독문학회 2007, 177면 참조.

35 하인리히 헨켈(Heinrich Henkel)의 설명이다. 변종필, 앞의 글, 238면; 임웅, "법감정에 관한 연구," 「법철학연구」 제1권, 한국법철학회 1998, 87면 참조.

는 의미의 도덕적 감정"이라고 한다.[36]

그리고 예링에 의하면 법감정은 자연에 의해 주어지는 것이 아니라 역사의 산물이라고 한다. 즉, 법감정 또는 올바름에 대한 감정은 자연을 통해 생래적으로 알게 되는 것이 아니라 한 민족의 역사적 경험과 역사적 과정 속에서 형성된다는 것이다.[37] 그의 설명을 조금 더 들어보면 삶의 힘, 즉 실천적 필요성이 법적 제도들을 낳게 되는 것이며, 이러한 제도들의 맹아가 일단 존재한 다음 그것이 다시 현실 속에 투영되어 하나의 법제도가 형성된다. 그리고 우리의 법감정은 이미 확립되어 있는 법제도와 법원칙이라는 외부 환경으로부터 자양분을 얻지만 마침내는 이를 뛰어넘게 된다. 법감정이 확립된 법제도에 반감을 갖거나 법감정과 법제도가 모순되는 경우에 그러할 것이다.[38]

법감정의 개념은 매우 다의적인 것이어서 하나의 배타적 개념으로 설명하는 것은 의미 없는 일이지만, 우리는 적어도 그것이 올바름이나 정의와 관련된 감정으로서 역사적 과정을 통해서 형성되는 것이라는 점은 인정할 수 있다. 이러한 의미에서 법감정은 감정과 구별된다. 예를 들어 파블로브스키(Hans-Martin Pawlowski)는 "법감정이란 감정이 아니며 법을 통해 각인된 환경 속에서 습득한 발자취의 산물"이라고 하여 둘을 구별한다.[39] '감정'은 '법적 문제에 관련된 국민 일반의 감정적 태도'인 반면, '법감정'은 '문화적 또는 역사적 차원을 담고 있는 보다 심도 깊은 의미로서의 일반의 법의식'이다.[40] 법감정이란 측량불가능한 비합리적인 사실도 아니고, 고차원적인 직관의 원천도 아니다. 감정이나 충동, 열정 등의 비합리적 요소는 법의 의사를 파괴할 수도 있지만, 법감정이나 정

---

36 루돌프 폰 예링, 법감정의 형성에 관하여, 심재우/윤재왕 역, 「권리를 위한 투쟁/법감정의 형성에 관하여」, 새물결 2016, 146면.

37 예링, 앞의 글, 146면 이하; 임웅, 앞의 글, 91면 이하 참조.

38 예링, 앞의 글, 168면 참조.

39 변종필 앞의 글, 238면 참조.

40 변종필, 앞의 글, 236면 참조.

의감정 또는 규범의 정당성에 대한 믿음 등은 법의 실효성을 증대시킨다.[41] 요컨대 법감정은 단순한 사실을 뛰어넘는 그 무엇으로서, 구체적인 것을 일반화하고 이를 통해 일정한 명제들로 집약된다.[42] 법적인 문제에 대한 단순한 감정적 충동이나 열정이 아닌 그것들을 합리적으로 조정하고 객관화하여 보편적 감정으로 승화시킨 것, 그것이 법감정이다. 다시 음악 이야기로 돌아가서 한슬릭의 말을 들어 보자.

> 아름다움의 마지막 가치는 항상 감정의 명료한 증명에 바탕을 두고 있다는
> 생각에 나는 완전히 공감한다. 그러나 마찬가지로 나는 흔히 일상적으로 이
> 루어지는 감정에 대한 호소에서는 단 하나의 음악적 법칙도 이끌어낼 수 없
> 다고 확신한다.[43]

법, 특히 형법의 역할은 '일상적으로 이루어지는 감정에 대한 호소', 즉 처벌과 응보의 충동적 감정을 통제하는 것이다. 범죄에 대한 응보 감정, 처벌에 대한 욕구는 언제나 존재한다. 그러나 그러한 욕구에 대한 호소에서는 단 하나의 형법적 원칙도 끌어낼 수 없고, 오히려 그러한 감정과 욕구를 통제하는 데서 형법적 원칙은 형성된다. 이러한 맥락에서 형법과 형법을 통한 강제력의 행사에 대한 판사 도진기의 언명은 그것이 다름 아닌 판결문의 일부이기 때문에 남다른 의미를 갖는다.

> 국가의 강제력은 사회의 원칙이 유지되도록 규칙의 준수를 보장하는 일반
> 적인 행동규율을 실시하는 데에 국한시켜야 한다. 특정한 개별적인 목적을
> 위해 강제력을 남용하려는 유혹은 빠지기 쉽지만 자제되어야 할 낡은 본능
> 이다.

---

41 변종필, 앞의 글, 238면.
42 예링, 앞의 글, 147면.
43 Hanslick, Vorwort 5면.

개인의 자유란 그것이 함부로 제약되었을 때의 손실은 아무도 알 수 없는 반면, 자유에 대한 통제의 효과는 눈에 쉽게 보인다. 따라서 권력은 개입과 통제를 선호하게 되는 속성을 갖지만, 개인의 자유와 창의성이 해방되면서 사회가 비약적으로 발전해 온 것을 돌이켜 보면 국가권력은 인식의 한계를 인정하고 자유에 대한 통제를 최대한 자제하여 주는 것이 마땅하다.[44]

여러 가지 사회규범 중 법규범은 사회통제의 전반적 영역을 담당하는 것이 아니라 다른 사회규범이 작용하지 못할 때 보충적으로 적용되어야 하는 규범이고, 법규범 중에서도 형법은 사회통제의 지극히 적은 일부분을 담당하는 "단편적 성격"을 갖는다.[45] 형법은 또한 사회규범과 법규범을 통틀어 가장 마지막에 투입되어야 하는 통제수단이며, 다른 통제수단들이 분쟁상황을 해결하지 못하는 경우에만 작용하는 보충적 수단이 되어야 한다.[46] 그러나 법에서 정제된 법감정이 아닌 '감정'의 과잉은 사회문제 해결에서 형법이 전면에 나서게 하고, 문제해결의 수단으로 엄벌주의와 처벌 영역의 확대를 불러온다. 도진기 판사의 지적대로 이는 "자제되어야 할 낡은 본능"이다.

V. 음악의 객관성

가능한 한 사물을 객관적으로 인식하고자 하는 열망은 최근 학문의 모든 영역에서 일어나고 있는데, 이것은 아름다움에 대한 탐구에서도 반드시 일어나야 한다. 이를 위해서는 주관적인 감정에서 출발하여 대상의 주변부에서

---

44 서울북부지방법원 2007.7.16. 자 2007고단1516 위헌제청결정. 2016년 1월 6일 폐지된 형법 제241조 간통죄에 대한 위헌심판을 제청하는 결정문의 일부이다. 헌법재판소는 2015년 2월 26일 간통죄 처벌에 대해 위헌결정을 하였다.
45 배종대,「형법총론」제12판, 홍문사 2016, 48면 참조.
46 자세한 것은 배종대, 앞의 책, 49면 참조.

시를 읊조리듯 산보하다가 다시 감정으로 되돌아가는 식의 방법론과 결별
하여야만 한다.[47]

한슬릭이 음악에서 감정미학과 결별하고자 하는 이유는 음악의 '객관
적 인식'을 위해서다. 이는 위의 문장에서 말하는 바와 같이 한슬릭의
시대인 19세기에 학문의 모든 영역에서 일어나는 열망이었다. 이러한
열망은 근대 자연과학과 그 방법론의 발전에서 비롯된 것으로 보아야
할 것이다. 16세기와 17세기의 과학혁명은 '과학적 정신', 경험주의, 실
험철학 등으로 무장한 새로운 시대를 열었고, 그 영향은 자연과학의 분
야에 국한되지 않고 사회과학과 인문학으로 확대되어 서양 현대 과학사
조의 기원인 계몽사조의 원천이 되었다. 자연과학자들이 가설이나 독단
이 아니라 수학적·합리적·경험적·실험적 방법을 사용하여 성공했다
는 믿음은 '과학적'인 면을 존중하는 경향을 확산시켰고, 이것이 18세기
이후 철학자, 사상가, 문인 등에도 영향을 끼쳤던 것이다.

그리하여 한슬릭은 음악에 대한 객관적 인식을 위해서는 "대상 자체
를 중심에 두고 수천 번씩 변화하는 여러 인상들에서 벗어나 대상 안에
지속적으로 남는 객관적인 것이 무엇인가를 탐구하는 자연과학적 방법
론에 접근해 가야 한다."고 주장한다.[48] 그리고 음악 안에 지속적으로
남는 객관적인 것은 "음의 울림으로 채워지는 형식"에 있다고 한다. '수
천 번씩 변화하는' 감정이란 과학적, 객관적 인식의 대상이 될 수 없는
것이기 때문에 음악이 특정한 감정을 불러일으킨다는 것은 규칙적 근거
가 없는 것이고 미학의 대상이 아니라는 것이다.[49] 그러면서 그는 미학
의 처방전은 어떻게 음예술가가 음악 속에 아름다움을 만드는가를 가르
쳐야 하는 것이지 청중들이 좋아하는 감정을 만들어 내는 방법을 가르

47   Hanslick, 2면.
48   Hanslick, 2면.
49   Hanslick, 118면.

치는 것은 아니라고 한다.[50]

음악이나 음악의 아름다움을 '객관적'으로 인식할 수 있다는 것은 얼핏 듣기에는 매우 어색하게 느껴진다. 음악에서 느끼는 정서나 아름다움에 대한 생각은 사람마다 다른 '주관적'인 것이라는 것이 일반적 인식이기 때문이다. 그러나 한슬릭은 어떤 음악을 듣고 청중들이 같은 기분을 느낀다면 그것은 음악 안에 무언가 객관적인 것이 있기 때문이며, 그 객관적인 것만이 아름다움이라고 할 수 있는 것이고, 한 음악작품을 "음악적으로 규정짓는 것들", 즉 음악작품의 '규정성(Bestimmtheit)'이 된다고 한다.[51]

VI. 법의 객관성과 법이론

자연과학적 사고와 방법론의 영향을 강하게 받아 '객관적 인식'을 추구한 것은 19세기 형법학의 영역에서도 마찬가지 현상이었다. 형법이론의 역사에서 18세기와 19세기에 걸쳐 이른바 고전주의와 실증주의는 기존의 범죄에 대한 인식에 근본적 변혁을 가져왔다. 계몽주의 철학을 기초로 하는 형법학의 두 사조(思潮)는 그 이전의 종교적, 추상적 범죄 개념을 벗어나 세속적이며 과학적인 관점으로 범죄를 파악하기 시작하였다.[52] 특히 실증주의 학파는 19세기의 자연과학적 사고의 결과물이었다. 한슬릭의 시대는 찰스 다윈(Charles Darwin, 1809~1882)의 시대였으며, 체자레 롬브로조(Cesare Lombroso, 1835~1909)의 시대였다. 1859년 출판된 다윈의 「종의 기원」은 자연과학계는 물론 유럽의 지식사회에 커

---

50 Hanslick, 118면.
51 Hanslick, 98면. 'Bestimmtheit'는 철학에서는—특히 헤겔의 철학에서—'규정성'으로 번역된다. 다른 말로는 음악적 '존재방식'으로 이해해도 될 것이다.
52 배종대, 앞의 책, 16면 이하; 김성돈, 「형법총론」, 현암사 2006, 27면 이하 참조

다란 충격을 주었고, 다윈의 진화론을 바탕으로 롬브로조는 1876년「범죄인(Criminal Man, L'uomo delinquente)」[53]을 출판하여 '범죄생물학'과 '실증주의 범죄학'이라는 새로운 학파의 태두가 되었다.

이러한 자연과학의 성과는 범죄에 대한 형법학의 인식에도 과학적, 객관적 인식을 추구하는 계기가 되었다. 그리하여 '행위'와 '행위자'를 구별하고, '객관주의'와 '주관주의'가 대립하는 논쟁이 시작되어 형법이론의 체계를 세우는 데 기여하였다.[54] 특히 범죄의 성립 여부를 심사하는 체계에 관한 이론인 범죄체계론의 기본이 되는 이른바 고전적 범죄체계론은 범죄성립의 객관적 요소와 주관적 요소를 철저하게 구별하였는데,[55] 이는 그 이전의 범죄인식에서 주관적 평가와 판단이 중심이 되었다는 점을 고려하면 획기적이며 혁명적인 인식의 전환이라 할 수 있다.

범죄에 대한 체계적 인식, 과학적 인식의 출발점이 된 고전적 범죄체계론의 바탕에는 19세기 자연과학의 영향을 받은 '인과적 행위론'이 자리 잡고 있다.[56] 인과적 행위론은 범죄의 기본이 되는 인간의 행위를 과학적 관찰과 분석의 대상으로 보고, 범죄 또한 자연현상처럼 인과적 과정의 결과물이라 보았다. 결국 인과적 행위론과 고전적 범죄체계론은 19세기에 '학문의 모든 영역에서 일어난 사물에 대한 객관적 인식의 열망'이 형법학의 영역에 반영된 것이라 할 수 있다. 이렇게 객관주의에서 출발한 범죄체계론은 이후 그에 대한 비판적 반작용으로 주관주의적 범죄체계론이 형성되는 계기가 되었고, 결국에는 양자를 통합하고 절충하는 과정을 거쳤다.[57] 그러나 범죄에 대한 체계적이며 합리적인 심사는

---

53 한국어 번역본으로는 이경재 역,「범죄인의 탄생」, 법문사, 2006.
54 이에 대해 자세한 것은 배종대, 앞의 책, 19면 이하; 김성돈, 앞의 책, 31면 이하 참조.
55 범죄체계론에 대해 자세한 것은 배종대, 앞의 책, 139면 이하; 김성돈 앞의 책, 125면 이하 참조.
56 인과적 행위론 및 기타 행위론에 대해서는 배종대, 앞의 책, 158면 이하; 김성돈, 앞의 책, 140면 이하 참조.
57 인과적 범죄체계론으로 시작하여 목적적 범죄체계론을 거친 후 사회적 범죄체계

객관적 인식으로부터 시작된다는 점에는 변함이 없다. 그럼에도 불구하고 현재의 법과 법실무는 주관적 감정에 지배당하여 객관성을 상실하고 있다. 이는 '주관주의'라고 할 수도 없는 상황이다.

　법에 대한 객관적 인식, 과학적 인식이 필요한 시대이고, 이를 위해서는 '법이론'의 역할이 필요하다. 법이론이란 법에 대한 과학이론이다. 법철학이 철학에, 법사회학이 사회학에 바탕을 두고 있다면 법이론은 과학이론에서 출발한다.[58] 과학이론이란 모든 과학에 동일하게 타당한 이론을 추구하는 학문이라 할 수 있는데, 이를 위해 과학이론은 '사고(思考)금지(Denkverbote)', '전제에 대한 부인금지(Negationsverbote von Prämissen)'를 용납하지 않는다. 즉 일정한 대상을 설명하는 이론은 기존의 법칙이나 전제에 구속되지 않고 오히려 '자유로운 성찰 가운데에서' '대상 자체로부터' 발견되어야 한다는 것이 과학이론의 방법론이다.[59]

　법이론이 과학이론의 방법론을 취한다 해서 법감정을 도외시하는 것은 아니다. 법이론은 어떻게 합리적인 법률과 판결을 만들어 낼 것인가?, 법률의 정형화(定型化)는 어느 정도까지 가능한가? 하는 문제에 천착하기도 하지만, 그 이전에 법질서와 개별 법률의 정당성을 고민하기 때문이다.[60] 법이론적 작업은 '법에 관한 비판적 숙고', 즉 '법에 관한 성찰'이나 '법의 기본구조의 발견' 등으로 정의할 수 있고, 법과 법률의 '봉사자'가 아니라 '비판자'가 되어 법과 법률의 진정한 개혁을 지향한다. 그렇기 때문에 법률을 의문의 여지가 없는 전제로 수용하고 그 관철에만 부심하는 법률해석의 방법론은 법이론이 아닌 '법기술'에 불과하다고 비판한다.[61]

　　론으로 귀결된 것이다. 자세한 것은 배종대, 앞의 책, 139면 이하; 김성돈, 앞의 책, 125면 이하 참조.

58　법이론에 대해서는 배종대, "법이론이란 무엇인가?," 「법학논집」 제25권, 고려대학교 법학연구원 1987, 12면 이하 참조.

59　배종대, 앞의 글, 13면 참조.

60　배종대, 앞의 글, 12면 참조.

지금의 법현실은 '법이론'적 고민은 사라지고 '법기술'만이 횡행하는 상황이라고 할 수 있을 것이다. 감정에 봉사하기 위한 입법기술, 정당성 없는 법률의 관철을 위한 해석기술이 통용되고 있다. 또한 그나마의 법기술도 정확하거나 세련되었다고 할 수 없다. 법기술이 세련되지 못한 것은 그것이 비과학적인 감정에 지배당하기 때문이다. 감정 또는 법 밖의 그 어떤 목적에 봉사하기 때문에 법기술마저 왜곡되는 현상이 발생하는 것이다.[62] 법과 법학이 위기에 빠진 지금 필요한 것은 법이론에 대한 재인식이다. 법 자체에 내재한 객관적인 것을 인식하기 위해 주관적 감정에 휘둘리거나 법 밖의 어떤 목적에 의해 왜곡되는 일이 없어야 한다. 궁극적으로는 명료하게 증명된 법감정, 즉 정의감정을 추구해야 하겠지만[63] 우선 필요한 것은 법 자체의 내재적 논리에 충실하게 따르는 일, 법의 과학적, 체계적 인식과 해석에 매진하는 일일 것이다.

---

61 배종대, 앞의 글, 14면 이하 참조.

62 예컨대 대법원 2008.4.17. 선고 2004도4899 전원합의체 판결에서는 대한민국 국적을 지닌 자가 외국에서 살다가 외국에서 출발하여 북한으로 들어간 행위를 국가보안법 제6조 제2항의 '탈출'죄에 해당한다고 하였다. 이 판결에서 다수의견에 의하면 '탈출'이란 '대한민국의 통치권 또는 지배력으로부터 벗어나는 행위'를 뜻하고, 대한민국의 통치권은 대한민국의 영역은 물론 국민에 대하여도 미치는 것이므로 외국에서 살다가 북한지역으로 들어가는 행위도 탈출이라고 한다. 그러면서 이른바 '규범적 영토' 개념을 내세운다. 즉 물리적 공간으로서의 영토가 아니라 대한민국 국적을 지닌 자는 그가 외국에 살고 있더라고 대한민국의 규범적 영토 안에 있는 것이고, 그 규범적 영토를 벗어나는 행위가 '탈출'이라는 것이다. 그러나 이 판결의 반대의견이 지적하는 것처럼 대한민국 국민이 북한지역에 들어갔다 해서 곧바로 국적을 상실하는 것은 아니므로 '규범적 영토'를 벗어났다고 하는 것은 받아들일 수 없는 논리이다. 대한민국 영토가 감옥도 아닌데, 그것이 물리적 영토이든 '규범적 영토'이든 대한민국 영토를 벗어나는 행위를 '탈출'이라고 규정한 비정상적인 입법도 문제지만, 처벌하기 위한 법 밖의 목적, 즉 감정에 봉사하기 위해서 객관적으로 납득할 수 없는 논리를 내세우는 해석도 조악한 '법기술'이라 아니할 수 없다. "성공한 쿠데타는 처벌할 수 없다."는 불기소사유, "국가정보원이 선거기간에 조직적인 정치개입을 했지만 선거에 개입한 것은 아니다."는 판결 등 법 밖의 목적에 지배당한 법기술의 예는 수두룩하다.

63 위의 주 43)에 인용된 한슬릭의 언명을 상기하자.

그리하여 음악에 대한 한슬릭의 언명을 패러디하여 법에 적용한다면 다음과 같이 말할 수 있을 것이다.: "법이론은 법 자체를 중심에 두고 수천 번씩 변화하는 여러 감정들에서 벗어나 법 안에 지속적으로 남는 객관적인 것이 무엇인가를 탐구하는 과학적 방법론에 접근해 가야 한다. 사람들의 감정이란 수천 번씩 변화하는 것이기 때문에 법이 사람들의 감정을 따른다는 것은 규칙적 근거가 없는 것이고 법미학의 대상이 아니다. 법학의 처방전은 법률가들이 법 속에 객관적 아름다움, 즉 객관적 합리성과 타당성을 실현하는 방법을 가르쳐야 하는 것이고, 법을 통해 사람들의 감정을 만족시키는 방법을 가르쳐야 하는 것은 아니다."

VII. 음악의 해석과 법의 해석

감정을 음 안에 그대로 발산하는 것이 일어날 수 있는 행위는 음악 작품의 창조가 아니라 오히려 음악 작품의 재생산, 즉 연주이다. 철학적 개념으로 볼 때 작곡된 작품은 연주를 고려하지 않고도 하나의 완성된 예술 작품이지만, 음악에 관한 현상을 설명할 때에는 작곡과 연주에서 음악이 달라지는 것이 음악의 가장 중요한 특징이라는 점도 유념해야 한다.[64]

한슬릭은 음악예술의 가장 중요한 특징이 작곡과 연주의 분리라고 한다. 회화나 조각, 건축과 같은 예술에서는 예술가가 창조한 작품을 다른 사람이 재창조하거나 다르게 연주하지 않는다. 그러나 음악은 작곡가가 창조한 작품을 연주자가 연주하는 과정에서 재창조작업이 이루어지고 연주자마다 다른 음악을 연주할 수 있다. 그런데 한슬릭은 말하기를 연주자에게는 그를 지배하는 감정을 그의 악기를 통해 직접적으로 발산하

64　Hanslick, 100면.

는 것이 허용된다고 한다. 연주할 때에는 주관성이 음 안에서 침묵하며
형식으로 머무는 것이 아니라 음의 울림으로 직접 실현된다는 것이다.

작곡가는 지속적인 것을 위해 창작하지만 연주자는 꽉 채워지는 한
순간을 위해 연주하며, 형식화된 음악 작품은 연주를 통해 비로소 경험
할 수 있는 것이어서, 음악에서 감정을 표출하고 흥분하는 순간은 음악
의 재생산행위, 즉 연주의 순간이라고 그는 설명한다.[65] "작곡가가 감정
의 지배를 받는다고 전제하여 그의 창작을 영감에 따른 즉흥적 행위로
파악하는 것만큼 심각한 문제는 없다."[66]고 하면서도 연주자에게는 감
정의 분출이 허용된다는 것이다.

물론 그는 연주자가 연주할 수 있는 것은 작곡자가 작품에 담아놓은
것에 한정된다고 한다. 악보의 옳고 그름을 떠나 작곡가의 의도만이 연
주자를 강제한다는 것이다. 그러나 그는 한편으로 "연주자가 추측하고
드러내야 하는 것은 오직 작곡가의 정신이어야 한다."는 말도 옳지만 재
창조의 순간을 선점하는 것은 연주자의 정신이라고 한다. 같은 작품이
라도 음으로 울리는 현실에서 어떻게 살아나느냐에 따라 괴롭게 들리기
도 하고 매력적으로 들리기도 한다는 것이다.[67]

법에서는 어떠할까? 법에서도 입법과 법률의 해석·적용이 분리된다
는 점에서 음악예술과 구조적으로 유사하다. 법해석과 법적용에서 법관
은 법률에 구속된다는 점에서도 그러하다. 그러나 법해석과 법적용에서
법관이 법률과 입법자의 의사에 얼마나 구속되느냐의 문제는 음악과 다
르면서 유사하다. 한슬릭은 작곡가의 창작과정에서는 감정에 지배당하
지 않아야 한다고 하면서도 연주자에게는 감정의 분출이 허용된다고 하
는데, 법에서는 입법자든 법적용자든 감정에 지배당해서는 안 될 것이
다. '명료하게 증명된' 법감정이라면 입법자도 법적용자도 그에 따라야

---

65 Hanslick, 100면 이하 참조.
66 Hanslick, 94면.
67 Hanslick, 101면.

할 것이지만, 그렇지 않다면 입법과 법적용에서 감정이 작용해서는 안된다는 것이다.

그러나 다른 한편으로 한슬릭은 "연주자가 추측하고 드러내야 할 것은 작곡자의 정신"이라고 하면서도 '재창조의 순간'에는 '연주자의 정신'이 자리 잡을 수 있다고 하는데, 이는 법에서도 같게 말할 수 있는 부분이다. 법관은 법률을 사안에 적용하는 '영혼 없는' '포섭기계'나 '법률의입'에 머물지 않고, 법형성적 역할을 담당할 수 있다.[68] 법적용자는 입법자의 정신을 추측하고 드러내야 하지만 만들어진 법률을 현실의 사안에적용하는 것은 하나의 '재창조'이고, 이때에는 법적용자의 정신이 자리할 수 있다. 텍스트를 읽는 자가 새로운 텍스트를 창조하며, 저자보다독자가 더 현명할 수 있다.[69] 헌법 제103조는 "법관은 헌법과 법률에 의하여 그 양심에 따라 독립하여 심판한다."고 규정한다. '법률에 의하여'심판하지만, 즉 입법자의 의도를 고려하여야 하지만 '양심에 따라'야 한다고 하는 이 규정을 그렇게 이해할 수 있을 것이다. 이때의 '양심'이 주관적 감정이 아닌 객관적 이성이어야 함은 물론이다.

어쩌면 법에서 입법자의 정신 이상으로 중요한 것이 '법률이 살아나는 현실'에서 법적용자가 법률을 '매력적으로' 살려 내는 일일 것이다. 설령 법률에 입법자의 주관적 감정이나 목적이 개입되었다 하더라도 일단 만들어진 법은 입법자의 손을 떠나 '객관적' 존재가 된다. 따라서 입법 이후의 해석에서 객관성을 확보하는 것이 더 중요하다. 작곡가의 원작과 전혀 다른 음악을 연주하는 것은 허용되지 않지만 원작을 훼손하지 않는 범위 내에서 현재의 시대정신에 맞는 '객관적' 감동을 이끌어 낼수 있도록 연주하는 것은 가능하고 또 필요하듯이, 법적용자의 역할도

---

68   법관과 입법자 및 법률의 관계라든가 법관의 법형성 기능 등에 대해 자세한 것은
      윤재왕, "법관은 법률의 입?"—몽테스키외에 관한 오해와 이해, 「안암법학」 제30
      권, 안암법학회 2009, 110면 이하 참조.

69   윤재왕, 앞의 글, 115면.

그러해야 할 것이다.

VIII. 법의 아름다움에 대하여

마음의 따뜻함이 없이는 삶의 그 어떤 위대한 것도, 아름다운 것도 이룰 수 없다.[70]

삼십 몇 년 전의 대학시절, 음악개론 시간에 전해 들은 한슬릭의 이 말 때문에 그의 책을 찾아 읽게 되었고, 그의 책에서 음악과 법 사이의 흥미로운 유사성을 발견하고 이 글을 쓰게 되었다. 음악과 아름다움은 서로 쉽게 연상되는 말들이지만 법과 아름다움은 서로 사뭇 낯설다. 법도 아름다울 수 있을까? 아름다움의 의미는 다양하고 다층적일 것이므로 법의 아름다움 또한 충분히 논의의 대상이 되겠지만, 쉽지는 않은 일이므로 음악의 아름다움에 대한 한슬릭의 이야기를 빌려 보았다. 한슬릭은 감정미학을 배제하지만 내면의 따뜻함이 없으면 음악의 아름다움도 없다고 한다. 법의 아름다움도 궁극적으로는 마음의 따뜻함이 있어야 가능할 것이다.

한슬릭의 말을 빌려 법의 아름다움에 대한 이 글을 마무리해 본다.: 법은 일상적 감정의 표현이 되어서는 안 되고, 법 자체의 내재적 논리에서, 그 논리의 과학성, 체계성, 즉 '고도의 법칙성'[71]에서 아름다움을 찾아야 한다. 물론 법의 궁극적 아름다움은 명료하게 증명된 법감정, 객관적으로 규정할 수 있는 법감정에 바탕을 두어야 한다. 법감정의 '객관성'은 어떻게 확보할 것인가? 그 출발은 법질서와 개별 법률의 정당성에 대

---

70 "Ohne innere Wärme ist nichts Großes noch Schönes im Leben vollbracht worden.": Hanslick, 96면.
71 Hanslick, 99면 이하 참조.

한 성찰을 비롯하여 법에 대한 비판적 성찰을 끊임없이 수행하는 법이론의 방법이다. 결국 지금은 법에 대한 과학이론으로서의 법이론이 필요한 시대이다.

이 글은 논증을 위한 글도 아니고, 그 논증으로부터 연산되는 결론을 내세우기 위한 글도 아니다. 법의 아름다움이라는 주제의 주변부를 음악을 들으면서 산보하듯 써 본 글이다. 써야 하는 글, 틀에 맞추어야 하는 글 때문에 힘겨워 할 즈음 쓰고 싶은 글을 틀에 얽매이지 않고 쓸 수 있는 기회를 허락해 준 파안연구총서 「공감」에 감사드린다.

잊혀질 권리와 개인정보보호법

박경신*

Ⅰ. 서론: 개인정보보호법과 표현의 자유 및 알 권리의 충돌가능성

잊혀질 권리는 수많은 기업가들에 의해 자신들의 열악한 서비스나 과거의 비리를 감추기 위해 남용되어 소비자들의 알 권리와 서로 정보를 공유할 권리(이하, "표현의 자유")를 제약하고 있다. 예를 들어, 식당의 서비스가 질적으로 조악했다는 소비자의 평가가 인터넷에서 검색되지 않도록 하기 위해 잊혀질 권리가 호명되고 있다.

모순적이게도 이러한 잊혀질 권리는 소비자들을 보호하기 위해 만들어진 개인정보보호법에 근거를 두고 있다. 소비자들을 진정으로 보호하기 위해서는 소비자의 프라이버시와 소비자의 표현의 자유 사이에 균형을 잡아야만 한다. 그리고 그 균형은 표현행위는 프라이버시와 달리 외부세계에 대한 적극적인 참여를 요구하는 것이기 때문에 쉽게 위축될 수 있는 행위임을 이해해야 한다. 이에 비해 위축된 사람은 더욱 프라이

---

* 고려대학교 법학전문대학원 교수.

버시를 더욱 추구할 것이다. 그렇다면 현재 사안별로 나타나는 모든 해악과 효용을 모두 계상하려는 노력보다는 표현의 자유와 프라이버시의 균형을 잡기 위해 어떤 맥락이 중요한지를 우선적으로 밝혀내어 표현행위가 위축되지 않도록 함이 중요하다.

그와 같은 균형의 입장에서 바라볼 때 개인정보보호법은 조문상으로는 심각한 위험을 안고 있다. 개인정보보호법의 핵심은 개인정보의 대상이 되는 자를 '정보주체'라고 정의하고 정보주체는 자신에 대한 개인정보를 처리하는 개인정보처리자의 3가지 행위 즉 수집, 제3자제공 및 이용에 동의권을 가지게 된다는 점이다. 예를 들자면, '김철수는 과학자이다'라는 구조를 가진 모든 문장들은 문장 하나하나가 각각 김철수가 동의권을 가지는 개인정보를 구성한다. 주어가 살아 있는 개인인 한 〈주어 + 서술어〉의 구조를 가진 모든 문장은 주어가 지칭하는 사람에 대한 개인정보가 된다. 그렇다면 내가 '김철수는 과학자이다'는 정보를 입수하려면 김철수로부터 동의를 얻어야 한다. 또 이렇게 얻은 정보를 타인에게 공개하거나 전달하려 하여도 김철수로부터 동의를 얻어야 한다.

결국 사람들이 타인에 대해 말하고 들음에 있어서 그 타인에게 동의를 얻어야 한다는 것인데 이는 표현의 자유와 정면으로 충돌하는 것처럼 보인다. 특히 정보처리자가 정보의 수집, 이용 및 양도의 각 단계에 대해 정보주체에게 동의를 얻어야 하는 의무는 '김철수는 과학자이다'라는 사실이 얼마나 이전에 일반적으로 공개되어 있던 정보인지 또는 얼마나 진실에 가깝기 때문에 김철수의 명예를 훼손하지 않는 것인지에 관계없이 적용된다. 즉 개인에 대한 정보라면 그 개인에 대해 명예훼손, 사생활침해를 하지 않더라도 그 정보의 수집, 제3자제공, 및 기타 이용에 대해 그 개인이 동의권을 갖게 되는 것이다. 그렇다면 정보의 대상(개인정보보호법상 "정보주체")은 자신에 대해 원치 않는 정보가 유통되고 있을 경우 명예훼손이나 사생활침해를 입증하지 못해도 개인정보보호법 위반을 입증함으로써 그 유통을 막을 수 있게 된다. 이렇게 정보주체가 자신에 관한 정보라는 이유만으로 그 정보의 유통을 규제할 수 있다면, 명예훼손이나 사생활침해뿐만 아니라 퍼블리시티권, 초상권과 같이 신체적 법익이나 재산적 법익이 아닌 인격적 법익을 보호하는 모든 규범들의 실질적 의미가 형해화되어 버린다.

　개인정보보호법이 가진 이와 같은 위험은 2014년 구글스페인 판결에서 현실회되었다.[1] 스페인의 어느 한 변호사가 자신의 12년 전 재정적으로 어려울 때 당한 주택경매 사실을 구글 검색결과에서 노출되지 않도록 요청한 것이 유럽사법재판소에 의해서 받아들여지게 된 것이다. 유럽사법재판소는 판결에 "잊혀질 권리"라는 부제를 달고 판결의 범위를 "더 이상 관련성이 없는(no longer relevant)" 정보로만 한정했지만, 법리의 원천은 유럽연합의 1995년 개인정보보호지침(이하, "EU디렉티브")이었고 결국 진실이라서 명예훼손도 아니며 지역신문에 게재되었던 사실이라서 기존의 프라이버시 침해도 하지 않는 정보의 온라인상의 유통을 억제하게 된 근거는 바로 정보주체가 자신에 대한 정보를 통제할 권리에서 비롯되었던 것이다.

　그러나 이와 같은 소위 "개인정보자기결정권(informational self-determination)"은 독일의 1983년 인구조사판결(아래 설명)에서 비롯되었는데 실제로 이를 입법화한 독일의 연방정보보호법을 살펴보면 위와 같은 표현의 자유와의 충돌 위험을 막을 수 있게 설계되었고 관련 판례도 그와 같은 평가와 부합한다. 독일의 개인정보보호법제는 "일반적으로 공개된 정보"에 대해서는 정보주체의 동의권을 완화하는 방식을 취한다. 이 법제를 따른다면 구글스페인 판결과 같은 결과가 나오기 어렵다. 왜냐하면 위 변호사의 주택경매 정보가 지역신문에 널리 공개되었었음은 물론 그와 같은 경매정보가 특정 URL의 웹페이지에 올라와 있다는 사실은 더욱더 널리 공개되었던 정보였기 때문에 이를 구글검색엔진이 재공개

1　유럽사법재판소 판결 ECJ 131/12 Google Spain v. Mario Costeja Gonzalez.

하는 것은 독일연방정보보호법의 위반이 성립하지 않는다.

참고로 필자는 강력한 개인정보보호법을 지지한다. 실제로 개인정보
보호법의 일부 조항, 예를 들어 정보유출이 있는 경우 정보주체에게 통
지해야 할 의무를 정보처리자에게 부과하는 조항 또는 정보주체가 자신
의 정보를 열람할 권리를 확립한 조항 등은 소비자 입장에서는 소비자
의 알 권리와 프라이버시를 동시에 보호하는 조항으로써 강력하게 보호
되어야 한다. 그러나 개인정보보호법이 위와 같이 표현의 자유를 제약
하는 부분에 대해서는 다음과 같이 독일법을 비교분석하면서 제안을 하
고자 한다.

II. 독일연방 정보보호법의 구조 및 내용[2]

1. "일반적으로 접근 가능한 출처에서 얻는 정보"에 대하여

독일의 연방 정보보호법 제1조 제1항은 "이 법의 목적은 자신의 개인
정보의 처리에 의해 발생할 수 있는 프라이버시권의 침해로부터 개인들
을 보호하려는 것이다"라고 하여 그 목표가 프라이버시 보호임을 천명
하고 있다. 이와 같이 법의 목표가 '프라이버시권 침해'로 구체적으로 명
시된 것은 우리나라의 개인정보보호법이 "제1조(목적) 이 법은 개인정보
의 처리 및 보호에 관한 사항을 정함으로써 개인의 자유와 권리를 보호
하고, 나아가 개인의 존엄과 가치를 구현함을 목적으로 한다"로 되어 있
는 상황과 비교된다.

독일연방 정보보호법은 1부, 2부, 3부로 구성되어 있고 제1부는 일반
적인 조항들, 제2부는 공공기관의 개인정보처리에 대한 조항들, 제3부

---

2 BDSG, Last amended by Art. 1 G v. 25.02.2015 I 162.

는 민간업체들의 개인정보처리에 대한 조항들이다. 이 논문의 주제인 정보주체의 동의를 중심으로 조항들을 살펴보기로 한다.

우선 제1부에서는 일반적인 원리를 선언하면서 **제4조(정보수집, 처리 및 이용의 허용)에서** "(1) 개인정보의 수집, 처리 및 이용은 이 법 또는 다른 법이 허용하거나 요구하는 경우 및 개인이 동의한 경우에 한한다"고 히면서도 "해당 인물로부터의 수집이 비합리적인 노력을 요구할 때에 관련 인물의 압도적인 합법적인 이익이 영향을 받을 것이라는 징후가 없는 경우"에는 정보주체의 동의 없이 제3자로부터 정보를 수집할 수 있다고 규정하고 있다. 정보수집이 반드시 정보주체의 동의를 통해서만 이루어질 필요가 없다는 것은 정보수집에 대한 정보주체의 동의가 절대적이지는 않다는 점을 의미한다.

실제로 공공기관에 적용되는 제2부에서는 정보 수집 자체는 그 "정보의 인지가 정보수집기관의 책무를 수행함에 필요한 경우"에는 정보주체의 동의 없이 가능하기도 하며 **제14조(정보의 저장변경이용)에서** "일반적으로 접근 가능한 출처로부터 입수될 수 있거나 정보 파일 관리자가 공개할 수 있는 정보의 경우"에는 원래의 수집목적과 다르게 이용 및 저장할 수 있다고 되어 있고 이를 제15조(공공기관으로의 정보전달) 및 제16조(민간업체로의 정보전달)에도 준용하고 있다. 단, "정보 주체가 변경된 목적을 거부함으로써 중요한 법적 이익을 얻게 됨이 명백한 경우는 예외로 한다"는 단서가 붙으며, 민간업체로의 정보전달과 관련되어서는 "수령자가 전달된 정보의 지식과 관련하여 정당한 이익을 얻게 됨을 신뢰성 있게 입증하며, 정보주체는 전달을 거부하여 얻을 법적 이익이 없는 경우"라는 추가요건이 충족될 때만 동의 없는 목적 외 이용 및 저장이 가능하다. 하지만 일반적으로 공개된 정보의 경우 정보의 목적 외 수집, 저장, 이용, 제공이 상당 부분 허용됨을 알 수 있다. 왜냐하면 이미 일반적으로 공개되어 있다면 그 정보를 처리하는 기관이 하나 더 늘어난다거나 정보의 사용목표가 하나 늘어난다고 해서 정보주체의 이익에 큰 영향을 미치지는 않을 것이기 때문이다.

민간업체에 적용되는 제3부도 마찬가지이다. 독일연방 정보보호법 제28조는 "2. 정보파일 관리자의 법적 이익을 보호하기 위하여 필요하고 정보주체가 처리, 이용을 거부하여 얻을 수 있는 정당한 이익이 이를 압도한다고 믿을 만한 이유가 없는 경우"에도 동의 없는 자유로운 이용이 허용된다. 즉 정보주체의 정당한 이익이 정보파일관리자의 이익에 우선한다는 소명이 없는 한 동의 없는 자유로운 이용이 허용되는 것이다. 이에 비교하자면 우리나라의 개인정보보호법은 제15조에서 이에 대응되는 조항에서 "6. 개인정보처리자의 정당한 이익을 달성하기 위하여 필요한 경우로서 명백하게 정보주체의 권리보다 우선하는 경우. 이 경우 개인정보처리자의 정당한 이익과 상당한 관련이 있고 합리적인 범위를 초과하지 아니하는 경우에 한한다"라고 되어 있어 동의 없는 처리 및 이용을 위한 입증책임을 정보처리자에게 부과하고 있다. 즉 정보처리자의 이익이 명백히 정보주체의 이익에 우선해야만 동의 없는 이용이 가능한 것이다.

이에 대해서는 이민영[3]도 "개인정보의 수집에 대하여 무조건적으로 정보주체의 동의를 전제조건으로 삼고 있지 않다"고 하며 다음과 같이 서술하고 있다.

> 독일 연방정보보호법 제28조는 일반 개인정보에 대하여 '개인정보처리자의 권한 있는 이익을 보호하기 위하여 필요하고 관련인의 보호받을 만한 이익을 가진다는 주장에 대한 근거가 없는 경우 자기목적을 달성하기 위한 수단으로 개인정보의 수집·저장·변경·전송 또는 이용은 허용됨'을 규정하고 있는바, 이처럼 유럽제국들은 특히 민간부문에 있어서도 민간기관이 자신의 '정당한 이익'을 위해서 정보주체의 사전 또는 사후 동의 없이도 일정한

---

3 이민영, "개인정보보호법의 쟁점분석 및 제정방향", 정보통신정책 제17권 제29호, 2005.

조건과 ˙한계 아래 개인정보를 수집 · 이용 그리고 제3자 제공을 허용하고 있다.

더욱 중요한 것은 추가적으로 "정보가 일반적으로 접근 가능한 출처로부터 입수될 수 있거나 정보파일관리자가 공개할 수 있는 경우"에도 동의 없는 정보 이용이 허용된다. "단, 정보주체가 정보의 처리, 사용을 거부하여 얻을 수 있는 정당한 이익이 정보파일관리자의 이익에 명백히 우선하는 경우"는 예외로 한다.

김일환 및 김민호는 이에 대해 ""명백히"란 개념은 의심스러운 경우 저장이 허용되어야만 함을 뜻한다. 이에 따라서 관련자의 보호가치 있는 이익이 우선해야만 한다는 것이 분명하지 않은 한 처리와 이용은 허용된다"고 해석하고 있으며 관공서에 공개된 기록, 언론매체, 인터넷사이트 등을 일반적으로 접근가능한 출처의 예시로 들고 있다.[4]

2. 잊혀질 권리와 관련된 조항의 해석 및 판례

잊혀질 권리에 대해서는 독일의 입법부나 사법부 어디서도 그 용어를 사용한 적이 없다. 단, 연방정보보호법 제20조 제2항 제1호와 제35조 제2항 제1호에도 그런 표현은 없다. EU개인정보보호디렉티브 95/46/EC는 모든 회원국이 "정보주체는 개인정보통제자(data controller)가 이 디렉티브에 반하는 정보 특히 정보의 불완전하거나 또는 부정확한 정보는 수정, 삭제 또는 차단되도록 할 수 있다"(제12조 제6항)고 되어 있고 이 EU디렉티브 조항이 위의 구글스페인 판결의 준거조항이 되었다.

독일법의 위 조항들에서 잊혀질 권리의 근거로 작용할 수 있는 조항은 "저장이 허용되지 않는 경우"이다. 정보의 최초 수집이 동의에 의해

---

4 김일환, 김민호, "민간영역에서 개인정보의 처리와 이용에 관한 비교법적 고찰— 독일연방정보보호법을 중심으로", 토지공법연구 제46집, 2009.

서 이루어진 것이라고 할지라도 정보주체가 그 동의를 철회할 경우, 정보의 저장은 법에 부합하지 않는 것이 된다고 볼 수 있을 것이다.[5] 그러나, 위에서 보았듯이 독일연방 정보보호법하에는 동의가 없더라도 개인정보를 처리할 수 있는 여지가 많이 열려 있다. 이 중의 하나만 적용된다면 처리는 합법적인 것이므로 삭제를 할 수는 없다.

그런데 살펴보겠지만 공공기관에 적용되는 제1부의 제14조 제2항 제5호와 민간업체에 적용되는 제3부의 제28조 제1항 제3호에 공히 "정보가 일반적으로 접근 가능한 출처로부터 입수될 수 있거나 정보파일관리자가 공개할 수 있는 경우"에는 "정보주체가 정보의 처리, 사용을 거부하여 얻을 수 있는 정당한 이익이 정보파일관리자의 이익에 우선하는 경우는 예외"로 하되 정보를 자유롭게 저장할 수 있다고 되어 있다.

즉 잊혀질 권리가 인정된다고 할지라도 '일반적으로 접근가능한 출처로부터 입수된 정보의 경우'에는 정보주체의 이익이 명백히 우선하는 경우를 제외하고는 잊혀질 권리가 적용되지 않는 것이다. 독일 현지에서의 평가도 다르지 않다.[6] 코데(Kodde)는 SNS의 예를 들며 SNS의 "공개"그룹에 일반적으로 공개된 정보의 경우 정보주체가 자신의 이익이 "명백히" 우선함을 입증하기는 매우 어려울 것이며 이에 따라 잊혀질 권리를 행사하기는 어려울 것이라고 예측한다.[7]

실제로 2007년부터 독일에 spickmich.de라는 웹사이트가 개설되었는데 학생들이 교사들의 실력, 복색 등을 점수를 매겨 평가하고 학교의

---

5 Taeger, J. 2010. In Kommentar zum BDSG und zu den Datenschutzvorschriften des TKG und TMG, edited by J. Taeger and D. Gabel, 157-723. München, Germany: Recht und Wirtschaft.

6 Claudia Kodde (2016), Germany's 'Right to be forgotten' – between the freedom of expression and the right to informational self-determination, International Review of Law, Computers & Technology, 30:1-2, 17-31,

7 전게서, Kodde. 다음의 논문을 인용하며 Simitis, S. 2011. In Bundesdatenschutzgesetz, edited by S. Simitis, 78-1151. Baden-Baden, Germany: Nomos.

기자재, 건물, 학풍 등을 점수를 매겨 평가하는 사이트였다. 평가대상은 실명으로 거론되었지만 학생들은 익명으로 평가를 하였다. 2010년 3월에는 160만 명 가입자를 모으고 있었을 정도로 청소년대상 웹사이트 중 최대를 기록할 만큼 인기가 좋았다. 교사 1명이 위 사이트가 자신의 프라이버시를 침해한다며 연방정보보호법 제35조 제2항 제1호상의 소송을 제기하였다. 그러나 지방법원, 지방고등법원 그리고 연방대법원에서도 패소하였다.[8] 연방대법원은 교사의 이름, 교사가 담당한 과목명 등은 일반적으로 공개된 정보에 해당한다며 교사가 매우 강력한 이익을 입증하지 않는 한 이를 삭제할 권리는 없다고 보았다. 정보주체가 정보처리를 거부할 법익을 가지고 있는가에 대하여 연방대법원은 "사실적 주장을 하고 있는 것이 아니라 견해와 감정을 표현하는 것이라서 명예훼손이 되지 않는다"고 하며 개인정보보호법을 위반하지 않는다고 결론내렸다. 연방헌법재판소 상고허가는 기각되었다. 위 판결은 정보주체의 프라이버시 법익이 깃들지 않은 정보에 대해서는 상업적 이용도 자유롭게 허용됨을 확인하였다는 의의가 있다.

　정리하자면, 독일연방 정보보호법은 "일반적으로 공개된 정보"에 대해서는 정보주체의 이익이 명백히 압도적이지 않은 한 잊혀질 권리를 인정하지 않음이 판례와 문헌을 통해 드러나 있다. 물론 이와 같은 흐름을 그대로 한국에 도입할 수 있을지는 판단해 보아야 한다.

8　23 June 2009 - VI ZR 196/08; LG Köln - 28 O 319/07 - Judgment of 30 January 2008; OLG Cologne - 15 U 43/08 - judgment of 3 July 2008 - Bundesgerichtshof, decisions volume 181, 328 - 'Spickmich.de'.

Ⅲ. 개인정보 '소유권'의 원천과 일반적으로 공개된 정보

1. 개인정보 '소유권'으로서의 개인정보 자기결정권

개인에 대한 정보를 수집할 때 그 개인으로부터 동의를 얻어야 한다거나 이를 수집목적에 따라서만 사용해야 한다거나 하는 개인정보보호법상의 의무들은 정보주체가 다른 물건들을 소유하듯이 자신에 대한 개인정보를 소유한 것으로 보는 시각과 합치한다.[9] 즉 타인의 물건을 빌리려면 그 물건의 소유자에게 동의를 얻어야 하고 빌리는 목적을 말하고 그 목적에 부합하게 물건을 사용해야 하며 그렇게 하지 못할 경우 물건의 소유자는 그 물건을 반환받을 수 있다는 등의 규범은 개인정보보호법상의 개인정보처리자의 의무에 좋은 유비를 제시한다.

현대 개인정보보호규제의 다양한 면모들은 위와 같은 물권법적 접근법으로 모두 설명해 낼 수 있다. 내가 타인의 개인정보를 수집하는 것은 그의 자동차를 빌려온 것과 마찬가지이다. 자동차를 빌릴 때 합의한 목적 외로 이용하거나 합의되지 않은 제3자에게 다시 빌려줄 때는 자동차 소유자의 동의를 얻어야 할 것이다(동의권). 자동차 소유자가 원한다면 자동차가 잘 있는지 확인시켜 줄 수 있어야 할 것이다(열람권). 또 자동차를 온전히 잘 보관해야 할 의무가 있어 자동차에 결함이 발생하거나

---

9 더 나아가 아예 개인정보에 대해 정보주체가 가진 권리를 재산권으로 다루어야 한다는 견해에 대한 비판은 이미 나와 있다. Lawrence Lessig, 〈Code〉, 160~163쪽. 로렌스 레식이 포르노로부터 청소년을 보호하기 위한 인터넷필터링에 대해서 표현의 자유 입장에서 반대하면서 이와 같이 개인정보에 대하여 재산권에 준하는 통제권을 부여하는 것은 모순된다는 비판은 Paul M. Schwartz, "Beyond Lessig's Code For Internet Privacy: Cyberspace Filters, Privacy-Control, And Fair Information Practices", 2000 Wisconsin Law Review 743 (2000).

할 경우 이를 수리할 의무가 있다(삭제 및 정정권). 또 자동차를 빌리기로
한 기간이 끝나기 전에라도 소유자가 원한다면 임대료를 삭감하는 한이
있더라도 자동차는 우선 반환되어야 한다(동의취소권).

2. 소유권적 정보자기결정권의 시초―정보감시(data surveillance)
에 대한 예방책

그렇다면 이와 같은 '소유권'적 성격을 보이는 개인정보자기결정권은
어디에서부터 시작되었을까? 정보주체가 자신에 대한 정보에 대해 '소
유권적' 통제권을 가져야 한다는 주장은 1967년 알란 웨스틴(Alan
Westin)의 〈Privacy and Freedom〉이라는 책을 통해 처음 시작되었
다.[10] 웨스틴의 연구결과는 영미계에서는 미국, 영국 등 각국의 정부들
의 연구를 촉발시켰고[11] 소위 **공정한 정보처리의 원리**(fair information
practice principles)이라는 이름으로 각국의 법으로 또는 정책으로 퍼져
나갔다.[12] 이 움직임은 1980년 OECD가이드라인[13]과 1981년의 EU자동
처리개인정보협약(Council of Europe, Convention for the Protection of

---

[10] Westin, A., 〈Privacy and Freedom〉, New York: Atheneum, 1967.

[11] G.B.F. Niblett, ed., Digital Information and the Privacy Problem (Paris: OECD
Informatic Studies No. 2, 1971); Great Britain, Home Office, Report of the
Committee on Privacy (London, 1972); Canada, Department of Com-
munications and Department of Justice, Privacy and Computers: A Report of
the Task Force (Ottawa, 1972); Sweden, Committee on Automated Personal
Systems, Data and Privacy (Stockholm, 1972); United States, Department of
Health, Education and Welfare, Secretary's Advisory Committee on Automated
Personal Data Systems, Records, Computers, and the Rights of Citizens
(Washington, D.C., 1973).

[12] http://aspe.os.dhhs.gov/datacncl/1973privacy/tocprefacemembers.htm.

[13] Organization for Co-Operation and Economic Development (OECD), OECD
Guidelines on the Protection of Privacy and Transborder Flows of Personal
Data, http://www.oecd.org/document/18/0,2340,en_2649_34255_1815186_1_
1_1_1,00.html (2011년 9월 26일 최종방문).

Individuals with Regard to Automatic Processing of Personal Data)[14]으로 이어졌고 이때 20여 개국이 개인정보보호법을 제정하였고 10여 년이 흐른 후 인터넷시대가 열리면서 1995년 'EU 디렉티브'[15]로 이어졌다.[16] 독일을 비롯한 유럽의 여러 나라들이 EU협약이나 EU디렉티브에 따라 개인정보보호법을 제정하였고 2011년에는 우리나라에도 상륙하게 되었다.

그런데 웨스틴은 위의 저서에서 전화 등의 통신기기가 발전한 사회에서의 프라이버시 침해를 고발하며 이에 대한 해법을 제시하였는데 책은 크게 나누어 (1) 감청 (2) 심문 (3) 정보의 대량수집 및 처리에서 발생할 수 있는 프라이버시 침해를 다루었다. 여기서 그는 (3)의 맥락에서 발생하는 프라이버시 침해를 예방하기 위해서는 "각 개인이 자신에 대한 모든 정보를 통제할 필요가 있다"고 주장하였다. 그 이유는 개인이 자발적으로 타인에게 공개하는 정보라고 할지라도 공개의 조건이 제대로 지켜지지 않아 원래 합의한 목적을 넘어서서 이용되거나 원래 합의한 공개의 범위를 넘어서는 사람에게 정보가 공개되는 것은, 자신이 전혀 공개를 원치 않는 정보가 외부에 공개되는 것과 똑같은 프라이버시 침해라고 볼 수 있다고 보았기 때문이다. 이와 같이 정보공개의 조건이 지켜지지 않아서 "원치 않는 자신에 대한 정보의 공개"가 결과적으로 이루어진 상황을 웨스틴은 "정보감시(data surveillance)"라고 불렀다.

웨스틴은 정보감시를 막기 위한 방안으로서 개인정보자기결정권을 입안하며 이것이 재산권으로 정의되어야 함을 천명한다. 그 이유는 다

---

14 Council of Europe, Convention for the Protection of Individuals with Regard to Automatic Processing of Personal Data, ETS No. 108, Strasbourg, 1981,

15 EU Directive 95/46/EC on the Protection of Individuals with Regard to the Processing of Personal Data and on the Free Movement of such Data, http://europa.eu/legislation_summaries/information_society/data_protection/l14012_en.htm (2011년 9월 26일 방문)

16 Sandra C. Henderson, Charles A. Snyder, "Personal information privacy: implications for MIS managers", Information & Management 36 (1999) 213-220 쪽.

음과 같다.

　정보감시가 이루어지지 않으려면 개인정보를 수집할 때 정보제공자가 정보제공의 조건으로 제시한 정보의 이용목적과 제3자 제공범위를 준수해야 한다. 이렇게 되면 자신이 제공한 정보의 축적과 이용은 자신이 동의한 범위 내에서만 이루어지게 되므로 원치 않는 '감시'는 사라지게 된다. 이를 준수하지 않으면 정보제공의 조건을 위반한 것이므로 타인에 의한 원하지 않는 정보취득이 이루어진 것이므로 감시가 된다.

　그런데 많은 경우 정보제공자는 정보의 이용목적과 제3자 제공범위를 구체적으로 정보제공의 조건으로 제시하지 못하여 정보수집자가 준수해야 할 정보제공의 조건이 없거나 불분명한 경우가 많이 있다. 즉 정보제공 시의 약속을 지키도록 하는 접근방식 즉 계약법적(contractual) 접근법이 적용조차 될 수 없는 사례들이 존재한다.

　바로 이러한 이유로 웨스틴은 물권법적(property-based) 접근법을 선택한 것으로 보인다. 즉 정보주체에 대한 정보를 그의 소유물로 간주할 경우 정보제공의 조건에 대한 정확한 협상 없이 정보가 제공되었다손 치더라도 정보수집자는 그 정보를 마음대로 할 수 없다. 정보제공자가 아무런 정보제공의 조건을 제시하지 않았다고 할지라도 정보수집자는 정보제공자(정보주체)에게 정보의 이용목적과 제3자 제공범위를 알려줄 적극적인 의무를 가지게 된다. 쉽게 말해 정보주체는 자신에 대한 정보를 소유한 것으로 인정받게 되면 자신의 의사에 대해 더욱 강하게 존중받게 된다. 길을 지나가다 물건을 발견했다고 치자. 남의 물건으로 보이는 경우, 우리는 소유자와의 아무런 약속 없이도 그 물건을 함부로 다루어서는 안 된다고 생각한다. 그래서 웨스틴은 재산권에 대한 유비를 고안해 낸 것이다.

3. 일반적으로 공개된 정보와 개인정보보호법

그렇다면, 여기서 중요한 발견은 위와 같은 소유권적 정보보호원리에 의한 정보감시의 방지는 애초에 해당 정보를 정보수집자가 가지고 있지 않을 때에만 적용될 수 있다는 것이다. 정보수집자가 이미 해당 정보를 가지고 있거나 용이하게 접근할 수 있었다면, 개인정보자기결정권을 동원해 준수되도록 보호해야 할 '정보제공의 조건' 자체가 성립되지 않기 때문이다. "개인정보자기결정권"은 문언 그대로 자신에 대한 정보에 대해 항시적으로 적용될 것이 아니라 자신에 대한 정보를 "타인에게 제공할 때" 그 정보가 이용되는 범위와 목적을 통제할 권리를 의미하는 것이며 "결정권"은 바로 자신이 가지고 있던 정보를 타인에게 제공할 때 행사되는 것이다. 예를 들어 '박경신은 교수이다'는 그런 정보에 포함될 것이다. 또는 자신이 자발적으로 공개하진 않았더라도 합법적으로 공개가 강제되었고 그 정보의 이용에 대해 별다른 제한이 없는 정보공개(예를 들어, 자신의 소유회사의 공시정보) 등도 여기에 포함될 것이다. 해당 정보가 일반적으로 공개되는 것이 법적 의무사항이라면 이에 대해 정보제공의 조건이 별도로 존재한다는 것을 상상할 수가 없기 때문이다.

개인정보자기결정권이 반드시 사생활의 비밀에 해당하는 정보에만 적용된다는 것은 아니다. 정보제공의 조건은 내밀한 정보가 아니더라도 정보수집자가 용이하게 접근하기 어려워 특정 조건을 걸어서라도 정보제공자가 그 정보를 제공하도록 유인해야 할 필요가 있는 모든 정보에 입론될 수 있다. 그러나 정보수집자가 용이하게 조건 없이 접근할 수 있는 일반적으로 공개된 정보의 경우 그러한 입론이 불가능하다.

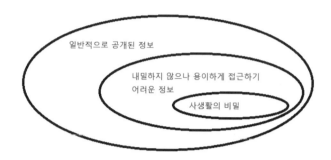

현행 개인정보보호규제들을 잘 살펴보면 실제로 이미 "일반적으로 공개된 정보"에 대해서는 개인정보보호규제를 적용하지 않는 나라들이 많다. 호주,[17] 캐나다,[18] 싱가포르,[19] 인도,[20] 벨기에[21] 등에서는 아예 명시적으로 '일반적으로 공개된 정보'에 대해서는 개인정보보호법의 적용을 배제하고 있다. 1980년 OECD가이드라인을 업데이트하려는 시도인 2004년 APEC Framework도 '일반적으로 공개된 정보'에 대한 정보주체의 선택권을 제한할 수 있다고 하였다.[22] 2000년에도 EU와 미국은 1995년 EU디렉티브가 미국정보처리자에 의해 EU인들의 개인정보처리가 저해되는 것을 막기 위해 세이프하버 협정을 체결한 바 있는데 '일반적으

---

17 http://www.alrc.gov.au/publications/2.%20Privacy%20Regulation%20in%20Au stralia/state-and-territory-regulation-privacy.

18 캐나다 개인정보보호 및 전자문서법(Personal Information Protection and Electronic Documents Act (S.C. 2000, c. 5)) 제7조 http://laws.justice.gc.ca/eng/acts/P-8.6/ page-3.html#h-6 "일반에게 공개된 정보(publicly available information)을 정의하는 명령http://laws.justice.gc.ca/eng/regulations/SOR-2001-7/page-1.html

19 Graham Greenleaf, "Private sector uses of 'public domain' personal data in Asia: What's public may still be private" (2014) 127 Privacy Laws & Business International Report, 13-15.

20 Greenleaf, 전게서.

21 Loi du 8 decembre 1992, art. 3, § 2

22 http://www.apec.org/Groups/Committee-on-Trade-and-Investment/~/media/Files/ Groups/ECSG/05_ecsg_privacyframewk.ashx 2014년 12월 26일 최종방문.

로 공개된 정보'는 EU디렉티브 적용대상이 아니라고 합의한 바 있다.[23] 또 위에서 1980 OECD가이드라인이 '프라이버시 침해 위험이 없는 정보'에는 적용되지 아니한다고 명시한 것은 위에서 살펴본 바와 같으며 '일반적으로 공개된 정보'가 여기에 포함될 것으로 보인다.

사실 정보자기결정권의 원천이 된 독일의 인구조사결정[24]도 결국 설문응답자들이 일반에게 공개되지 않았던 자신의 생활에 대한 정보를 제공했기 때문에 프라이버시 문제가 발생한 것이다. 현대의 정보자기결정권(informational self-determination)의 원천이 된 독일의 개인정보보호 관련 판례와 법령을 살펴보아도 '일반적으로 공개된 정보'에 대해서는 정보주체의 이익이 압도적이지 않은 한 잊혀질 권리가 적용되지 않는 것으로 보인다.

우리나라는 개인정보보호법에서 조문상 '일반적으로 공개된 정보'를 전혀 다르게 다루고 있지 않은데 여러 가지 재고할 점이 있다. 최근 우리나라 대법원의 소위 "로앤비" 판결은 공개된 정보에 대해서는 명시적 동의가 없다손 치더라도 상당한 범위의 수집 이용 제공 등이 허용된다는 점에서 상당히 고무적이다.[25]

> 이 사건 개인정보는 이미 정보주체의 의사에 따라 국민 누구나가 일반적으로 접근할 수 있는 정보원에 공개된 개인정보로서 그 내용 또한 민감정보나 고유식별정보에 해당하지 않고 대체적으로 공립대학 교수로서의 공적인 존재인 A씨의 직업적 정보에 해당한다. … 이와 같은 정보를 로앤비 등이 영리목적으로 수집해 제3자에게 제공했다고 해도 그에 따라 얻을 수 있는 '알 권리'와 '표현의 자유', '영업의 자유', '사회 전체의 경제적 효율성' 등 법적

---

23 http://export.gov/safeharbor/eu/eg_main_018387.asp 2014년 12월 26일 최종 방문.

24 독일연방헌법재판소, 15.12.1983 - 1BvR 209/83; 1BvR 269/83; 1BvR 362/83; 1BvR 420/83; 1BvR 440/83; 1BvR 484/83BVerfGE 65, page 1 ff.

25 대법원 2016.8.17. 선고 2014다235080 판결.

이익이 그와 같은 정보처리를 막음으로써 얻을 수 있는 정보주체의 인격적 법익에 비하여 우월하다고 할 것 … 이미 공개된 개인정보는 정보주체의 동의가 있었다고 객관적으로 인정되는 범위 내에서 수집·이용·제공 등 처리를 할 때는 정보주체의 별도의 동의가 불필요하다.

IV. 잊혀질 권리에 대한 평가

위에서 살펴보았듯이 개인정보보호법의 원래 목표는 프라이버시의 보호이다. 무엇이 프라이버시인가를 규정하는 것은 많은 문화적·사회경제적 토론을 필요로 하고 문화마다 다르게 정의될 수 있다. 개인정보보호법의 가장 큰 문제는 이 토론을 전혀 하지 않고 정보주체가 자신에 대한 모든 정보에 대해서 프라이버시를 내세워 정보의 흐름을 통제할 수 있다는 것이다.

그런 결과물의 하나가 잊혀질 권리이다. 잊혀질 권리는 디지털시대의 소비자들을 위해 만들어진 권리라고 흔히들 말한다. 디지털시대의 소비자는 누구인가? 우리는 인터넷에서 무엇을 소비하는가? 정보를 찾기 위해 그리고 다른 사람들은 어떤 생각을 하고 있는지 알기 위해 인터넷에 들어간다. 이와 함께 인터넷은 우리가 타인에게 정보를 제공하고 우리의 감정을 발산하는 통로이기도 하다.

하지만 우리는 인터넷에 의해 소비되기도 한다. 즉 타인들의 관심대상이 되고 타인들이 주고받는 정보의 주체("X는 대학교수이다"라는 정보에서 X)가 되기도 한다.

우리는 인터넷소비자로서 우리가 정보를 주고받는 자유가 지켜지길 원하면서도 우리는 정보주체로서 그 정보가 우리를 너무 상처주지 않기를 원한다. 미국의 소비자단체들은 소비자들이 업자들에 대해 자유롭게 품평할 수 있는 권리를 지켜야 하기 때문에 대부분 잊혀질 권리에 반대한다. 하지만 Consumer Watchdog이라는 캘리포니아의 한 단체는 공식적으로 잊혀질 권리에 찬성입장을 밝혀서 눈길을 끌었는데 이 단체의 논거는 끔찍한 자동차 사고 피해자의 사고 사진이나 성범죄 피해자의 사진 이름 같은 것이 인터넷에 돌아다니며 유족들에게 계속 정신적 충격을 준다는 것이었다.

하지만 이런 입장은 잊혀질 권리에 대한 오해에서 비롯된다. 사고 피해자의 처참한 상해 사진이나 범죄 피해자의 사진들은 어디에서 어떻게 찍혀지는가? 공공장소에서 찍혔더라도 애시당초 피해자들의 동의를 받고 찍은 것이 아니며 동의에 의해 찍혔더라도 대부분 본인의 의사에 반하게 유출된 것들이다. 소위 "옛애인복수하기" 동영상(revenge porn) 역시 마찬가지이다. 이런 것들은 잊혀질 권리가 아니더라도 기존의 프라이버시 법리를 통해 대부분 삭제 또는 차단할 수 있다.

인터넷소비자들은 '정보로부터 상처받지 않을 자유'를 무한대로 원하는 것이 아니다. 그 스스로 정보들을 올리고 취득해야 하기 때문이다. 예를 들어 부천에서 길가는 커플을 묻지마 폭행한 가해자들의 사진을 네티즌들이 이를 돌려보며 비난한 것에 대해서 경찰이 가해자 인권침해라며 수사하겠다고 하자 네티즌들은 경찰을 비난했다. 타인에 대해 범죄를 저질러 놓고 그 사실이 프라이버시로 보호되기를 주장하는 사람들은 없을 것이다.

잊혀질 권리의 함정은 얘기에 있다. 명예훼손도 아니고 프라이버시침해도 아닌 완전히 합법적인 정보에 대해 정보주체가 "더 이상 시의성이 없다(no longer relevant)"는 이유로 인명검색에서 배제하자는 것이 잊혀질 권리이다. 예를 들어, 영국에서는 의사가 과거에 돌팔이시술을 했다는 사실을 실명보도한 50개의 기사들을 '잊혀질 권리'신청으로 검색에서 배제시켰다. 검색에 의존해서 의사들의 평판을 알아보고자 했던 의료소비자들 입장에서는 얼마나 끔찍한 일이 되겠는가? 물론 정말 심한 범죄를 저지른 사람들은 재발방지 등의 공익성을 이유로 잊혀질 권리 주장이 거부되기는 한다. 하지만 심각한 범죄가 아니라고 할지라도 소비자들의 등골을 서늘하게 할 사례들은 많이 있다. 세월호 사태 같은 경우만 보더라도 누군가 세월호 참사가 발생하기 전에 세월호의 과적사실을 인터넷에 올렸다고 하자. 참사 이전에는 세월호의 과적사실은 지대한 공익성이 있다고 보기 어려웠을 것이므로 잊혀질 권리에 따른 검색배제의 대상이 되었을 것이다. 그렇다면 학부모 소비자들은 과적을 하지 않는 배에 태우고자 하여도 정보가 없어서 원하는 선택을 하지 못하게 되었을 것이다.

이런 반소비자적일 수 있는 권리가 어떻게 입안되었을까? 인터넷을 통한 정보파급의 빠른 속도와 시공간적 광범위성 때문에 사람들의 과오에 대한 정보를 타인들이 너무나 쉽게 취득할 수 있게 되었으니 그 파급의 범위를 제한해보자는 취지이다. 적어도 사람 이름 하나 검색창에 넣어서 그 사람에 대한 모든 정보—합법적인 정보라고 할지라도—를 볼 수 있도록 하지는 못하게 하자는 취지이다. 예를 들어, 유럽사법재판소 2014년 '잊혀질 권리' 판결에서는 어느 변호사가 12년 전에 자신의 주택을 경매당했다는 사실을 자신의 인명검색에서 지워달라고 했으며 법원은 시의성이 없는 정보라며 그 요청을 받아들였다.

하지만 정보의 시의성은 정보주체의 주관적 상황에 따라 판단하는 것은 허망한 일이다. 단지 시간이 흘렀고 정보주체의 사정이 바뀌었다고 해서 그 정보가 타인들에게 얼마나 절실할 수 있는지를 배제하고 정보유통을 제한하는 것은 타인의 알 권리를 비례성 있게 보호하는 것이 아니다. 아빠를 찾고자 하는 "코피노"들을 위해 아빠들의 사진을 인터넷에 올린 사람이 있는데 아빠들의 실수는 오래전의 일이고 지금은 성실하게 현재의 가정을 보호해야겠지만 '코피노'들이 아빠를 찾고자 하는 열망은 아빠의 상황논리를 압도하는 것이다.

"사회시스템의 문제이지 그것이 사람의 잘못이냐" 또는 "한번 잘못한 사람은 인권도 없냐"라는 주장도 있다. 하지만 우리 사회는 사람을 욕하지 못하고 시스템만 욕하는 것에 너무 단련되어 있다. 예를 들어 한국언론 기사를 보면 뇌물준 회사들도 "A사", "B사", 뇌물받은 장성들도 모두 익명. 이렇게 되면 도대체 누가 뇌물 주고받기를 두려워하겠는가. (예를 들어: http://news.naver.com/main/ranking/read.nhn) 방산비리가 아무리 터져도 '군'이 문제라고 말해 봐야 그 비리의 주체들인 장성들은 아무런 반성이 없는 듯 보인다. 이에 비해 외국기사들을 보라. 시골마을의 허접한 비리까지도 다 비리자들의 실명을 거론하고 있다.

http://www.mandatory.com/2013/12/03/the-10-most-epic-small-town-corruption-scandals/2/ 구의역 사망사고 기사들도 살펴보라. 틀림없이 하청업체에게 2인1조 원칙을 무시하고 일을 처리하라고 지시를 한 담당자가 있을 것이고 그런 지시를 한 상관이 있을 것이다. 그들의 이름은 어디에도 보도되지 않는다.

"구조적 타살"이라는 말은 멋있다. 하지만, 비리와 사고를 100% 막는 구조와 시스템은 존재하지 않는다. 되도록 사람들이 도덕적으로 행동하도록 동기를 부여하는 구조와 시스템이 존재할 뿐이며 우리는 종국적으로 그 구조와 시스템을 운영하는 사람들의 도덕적 판단에 의지할 수밖에 없다. 그런 가장 큰 동기 중의 하나가 바로 타인들의 '눈'과 '입'이다. 과적을 하게 되면 과적지시를 받아 이행한 말단직원들이 있을 것이고 뇌물 사건에서도 뇌물을 전달한 자동차 기사들이 있을 것이다. 이들이 자유롭게 정보를 공유하고 고발할 수 있어야 한다. 타인들의 눈과 입으로부터 못된 결정자들을 보호해 주는 이상 아무리 구조와 시스템을 바꾸더라도 그건 나쁜 구조이며 시스템일 뿐이다.

20대 국회에서 「구의역 사고 방지법」을 통과시킨다고 하는데 그런 거 할 때가 아니다. 정보가 제대로 유통되도록 하는 것이 더욱 중요하다. 진실명예훼손죄(형법)를 폐지하는 게 훨씬 더 중요하다. 그 기반 위에서 사람들은 도덕적으로 행동할 동기를 갖게 된다. 옥시 때도 마찬가지이다. 틀림없이 카페트 항균제로 허가받은 물질을 흡입용으로 이용한다고 했을 때 안전성 검사를 요구하지 않고 허가해 준 공무원은 어디 있나. 국가품질보증 마크를 붙여준 담당자는 어디에 갔나. 도대체 얼마나 많은 참극을 겪어야 우리들의 목숨과 우리들의 건강이 '인격권'이라는 미사여구로 잘도 포장되는 우리들의 '체면'보다 더 중요하다는 교훈을 마주할 것인가.

공인이 또는 공익적인 정보에 대해서는 잊혀질 권리를 행사하지 못하게 한다고 해서 이 문제가 해결되는 것이 아니다. '공인', '공익' 등은 공동체의 다수의 또는 평균적 사고를 반영하는 개념이다. 표현의 자유가 지지하는 다원주의 사회의 이상은, 공동체 다수나 평균적 사고에 포함되지 않은 사상도 불법만 아니라면 존중되어야 한다는 것이다. 예를 들어, 위 유럽사법재판소 판결에서 한 사법개혁 연구가는 법률가들의 재산상태를 연구하기 위해 그 지역 경매자료와 법률가들의 이름을 교차조회할 필요가 있을 수 있는데 그런 연구가 별로 필요없다고 공동체의 다수가 결정한다고 해서 합법적인 정보에 접근하지 못한다는 것은 있을 수 없다.

우리가 잊혀질 권리에서 건질 것이 있다면 사람들이 과거의 과오 때문에 불합리하게 차별 받아서는 안 된다는 교훈일 것이다. 사람들의 개과천선을 관용해야 한다. 하지만, 관련 정보를 억제하려고만 하는 것은 기저의 갈등을 은폐하고 실체적 문제의 해결을 지연시킬 뿐이다. 타인의 과거를 알 수 없도록 법적으로 차단하는 방식을 통해서만 서로에게 너그러워질 수 있다면 그 사회는 진정한 관용의 문화를 성숙시킬 수 없다.

더욱 중요한 것은 우리나라에서는 「정보통신망 이용촉진 및 정보보호 등에 관한 법률」("정보통신망법") 제44조의2에 따라 누군가 명예훼손 또는 사생활침해를 소명만 하더라도 그러한 침해가 확실하지 않더라도 정보통신서비스제공자는 해당 정보를 임시적으로 삭제차단하도록 하고 있다. 이 '임시조치'는 정보의 복원에 대한 규정이 없어 실질적으로는 영구삭제로 이어지는 경우가 대부분이다. 또 「방송통신위원회의 설치 및 운영에 관한 법률」("방통위법") 제21조 4호에 따라 방송통신심의위원회가 "건전한 통신윤리의 함양을 위해 필요한" 경우에는 관련 정보에 대해 삭제차단 요구를 할 수 있도록 하고 있어 명예훼손 등 불법이 아닌 정보도 삭제될 수 있다. 또 정보통신망법 제70조 제1항, 형법 제307조 제1항, 공직선거법 제251조 모두 진실인 정보도 시간의 흐름에 관계없이 형사처벌할 수 있는 조항들이 존재한다. 결과적으로 대한민국은 국제인권기구인 프리덤하우스의 조사에서 OECD국가에서 드물게 온라인표현의 자유에 있어서 "부분적 자유국"으로 분류되고 있고 UN인권위원회로부터 작년 11월 진실명예훼손죄를 폐지할 것을 권고받은 바 있다. 여기에 다시 합법적인 "원치 않는 정보"를 삭제할 수 있는 제도를 만드는 것은 엄청난 퇴보이며 기존 제도들의 문제점을 해결하기 위해 정부, 산업계, 학계가 벌였던 표현의 자유를 위한 노력들에 찬물을 끼얹을 것이다.

잊혀질 권리가 정보주체가 원치 않고 정보주체에 대하여 '시의성 없는 정보'에 한정된다고 하더라도 문제이다. 정보의 시의성은 정보주체의 주관적 상황에 따라 판단할 수 없다. 가난하다가 잘 살게 된 사람 스스로에게는 가난의 기억이 무의미하겠지만 꼭 자수성가한 사람을 찾고 싶어하는 투자자에게는 아무리 오래된 정보라도 매우 유의미한 정보이다. 해운업자는 과거의 여객선 과적 사실이 지금 운행상황과는 무관하다고 주장하겠지만 조금이라도 더 안전한 배에 자녀들을 태우고 싶은 학부형들 입장에서는 매우 유의미한 정보이다. 단지 시간이 흘렀고 정보주체의 사정이 바뀌었다고 해서 그 정보가 타인들에게 얼마나 절실할 수 있는지를 배제하고 정보유통을 제한하는 것은 타인의 알 권리를 비례성 있게 보호하는 것이 아니다. 아빠를 찾고자 하는 "코피노"들의 절실함은 지금은 성실한 가정을 꾸리고 있는 아빠들의 잊혀지고 싶은 욕망을 압도할 수 있다.

공인이 또는 공익적인 정보에 대해서는 잊혀질 권리를 행사하지 못하게 한다고 해서 이 문제가 해결되는 것도 아니다. '공인', '공익' 등은 공동체의 다수의 또는 평균적 사고를 반영하는 개념이다. 그러나, 표현의 자유가 지지하는 다원주의 사회의 이상은, 공동체 다수나 평균적 사고에 포함되지 않은 사상도 불법만 아니라면 존중되어야 한다는 것이다. 대다수의 사람들은 어느 변호사가 12년전에 자신의 주택을 경매당했다는 사실에 관심이 없겠지만 그 시기의 법조인들의 경제사정을 연구하고자 하는 사법개혁 연구가에게는 매우 중요한 정보일 수 있다. 더욱이 우리나라에서는 '공인'이나 '공익'은 진실명예훼손죄 판결에서도 보이듯이 너무나 편협하게 해석되어 사용자의 임금체불,[26] 노인회 간부의 회원 폭행, 제약업체의 대리점주[27]에 대한 불공정행위 등을 사실대로 고발해도 공익을 인정받지 못한다.

잊혀질 권리를 주장할 때 빼놓지 않고 등장하는 '개과천선한 매춘부'는 잊혀질 권리 이전에 존재하던 사생활의 비밀 보호의 법리로 충분히 보호될 수 있다. 성매매는 활동의 성격상 일반에게 공개된 영역에서 이루어지지 않기 때문이다. '사소한 전과 때문에 취직하지 못하는 사람' 사례도 같이 논의되지만, 더욱 중요한 것은, 우리가 위 사람들을 보호하려는 이유는 이들이 불합리하게 차별을 당하지 않기를 바라기 때문이지 불법으로 확인된 행위들을 사생활로 보호하기 위해서가 아니라는 점이다. 후자가 이유라면, 비난가능성이 높은 사람일수록 모순되게도 더욱 강하게 보호해 주었어야 할 것이다. 위 사례들의 진정한 교훈이 차별금지라면, 관련 정보를 억제하려고만 하는 것은 사회의 갈등을 은폐하고 문제의 해결을 지연시킬 뿐이다. 역시 등장하는 '자기가 무심코 올린 정보를 삭제할 권리(right to erasure)'도 이용자와 정보호스트 사이의 계약관계나 저작권의 행사를 통해서 보장될 수 있다.

잊혀질 권리가 정보 자체를 원천적으로 삭제 차단하기보다는 유럽에

---

26 대법원 2004.10.15. 선고 2004도3912.
27 대법원 2004.5.28. 선고 2004도1497.

서처럼 검색이나 '이름 검색'에서만 배제한다고 하더라도 알 권리 문제
가 해결되는 것도 아니다. 자원이 있는 사람은 사람들을 고용하여 무차
별검색을 통해 검색배제된 정보를 찾아낼 수 있지만 자원이 없는 사람
은 그 정보를 찾아낼 수 없다. 특히 검색되지 않는 정보는 존재하지 않
는 것과 같다는 경구처럼 검색에 의존해야 하는 자원이 없는 사람의 상
대적 빈곤은 엄청날 것이다. 결국 인터넷은 힘 없는 개인들도 대기업과
같은 정보력을 갖도록 해 줌으로써 공정한 경쟁과 민주주의에 기여해
왔는데 인터넷의 사회적 의미가 훼손될 뿐만 아니라 정보의 불균형성을
더욱 악화시킬 것이다. 또 인터넷이 대중적으로 평등한 정보접근의 도
구로서의 의미를 잃게 되면 사람들은 타인들에 대한 평가에 있어서 오
프라인상의 평판에 더욱 의존하게 될 것이다. 결국 인터넷 시대 이전처
럼 광고홍보비용을 많이 지출할 수 있는 강자가 약자를 압도하는 평판
의 불균형성도 초래하게 되고 정치·경제·사회적 공정경쟁을 더욱 어
렵게 만들 것이다.

인공지능과 빅데이터, 그리고 프라이버시의 보호

이대희*

Ⅰ. 서 론

인공지능(artificial intelligence: AI)은 먼 미래의 기술 내지 소프트웨어가 아니라 이미 우리 주변에 존재하여 활용되고 있으며, 우리가 생각하는 것 이상으로, 상상할 수 있는 것 이상으로 빠르게 진화하고 그 진화의 속도도 증가하고 있다. 인공지능의 일부를 구성하는 것이 기계학습(machine learning) 및 딥러닝(deep learning, 좀 더 엄격히 말한다면, 딥러닝은 기계학습보다는 좁은 의미임)으로서, 일정한 예에 의하여 학습하는 것을 기초로 하고 있다. 곧 기계학습에 있어서는 문제를 해결하는 많은 규칙을 컴퓨터에게 가르치는 것이 아니라, 컴퓨터가 사례를 평가할 수 있는 모델을 제공하고 컴퓨터가 실수하는 경우 이러한 모델을 수정할 수 있도록 하는 일정한 지시를 제공하게 된다.

* 고려대학교 법학전문대학원 교수.

인공지능—프로파일링

인공지능은 빅데이터(big data)와 밀접한 관계를 가진다. 첫째, 인공지능의 존재 근거는 거대한 양의 데이터 내지 정보를 수집하는 것에 있고, 인공지능은 이러한 정보를 이용하여 학습을 하고 각각의 상황에 반응하기 위하여 필요한 경험을 할 수 있게 된다. 빅데이터는 인공지능이 계속 학습하고 진화하기 위하여 필요한 지식을 제공하는 셈이다. 곧 빅데이터는 인공지능의 기반 내지 존재근거가 되는 것으로서 인공지능이 그 역할을 하기 위해서는 빅데이터를 필요로 한다. 둘째, 빅데이터를 분석하는 것은 인공지능에 의존할 수밖에 없다. 빅데이터는 그저 데이터가 많이 존재한다는 것을 의미하는 것에 그치지 않고, 데이터가 매우 복잡하게 구성되어 있고 매우 많은 곳의 데이터들이 존재한다는 것을 의미한다. 따라서 빅데이터를 분석하여 이로부터 의미를 찾아내는 것은 매우 어렵게 되는데, 바로 여기에서 인공지능이 그 역할을 하게 된다. 곧 인공지능은 빅데이터로부터 어떠한 의미나 가치를 찾아내도록 하는 대규모 분석을 가능하게 한다. 요컨대 한편으로 인공지능은 빅데이터 분석에 따른 이익을 얻기 위하여 필수적인 수단이 되고 다른 한편으로 빅데이터는 인공지능이 존재하는 근거가 되므로, 인공지능과 빅데이터는 서로 보완적이고 발전적인 의존관계에 있다고 할 수 있다.

인공지능은 그 자체로서는 활용하기 어려운 자산인 빅데이터가 가지고 있는 가치를 열 수 있는 열쇠라 할 수 있고, 기계학습은 인공지능의 기초가 되고 인공지능을 가능하게 하는 기술적 메커니즘의 하나라고 할 수 있다.[1] 빅데이터는 인공지능이 존속할 수 있도록 하는 연료에 해당하는 것으로서, 신속하고 지속적으로 생산·추가되는 광범위한 데이터 집합물(dataset)의 총체이다. 결국 인공지능과 빅데이터는 필수불가결한

---

1   Information Commission's Office(IOC), Big data, artificial intelligence, machine learning and data protection 8(2017).

관계에 있게 되는데, 빅데이터 분석에는 프라이버시 문제가 수반될 수밖에 없다. 이 글은 인공지능의 활용과 필수적으로 연계되는 빅데이터를 분석하고 활용함에 있어서 수반되는 프라이버시 내지 개인정보 문제를 다루고자 한다. 프라이버시 보호에 대한 소비자들의 신뢰를 얻지 못한다면 인공지능이나 빅데이터 분석으로부터 나오는 혜택도 누리지 못할 것이므로, 프라이버시 보호는 매우 중요한 의미를 가진다. 우선 이 글은 인공지능과 빅데이터가 결합되어 활용되는 사례를 고찰하고, 인공지능 빅데이터 분석과 개인정보 보호원칙이 충돌되는 문제점을 분석하고자 한다. 이 글은 인공지능 및 빅데이터가 활용되는 시대에 개인정보 보호원칙을 엄격히 적용하지 않고 완화하여 융통적으로 적용될 필요성이 있다는 것을 제시하고자 한다.

II. 인공지능과 빅데이터의 활용

1. 인공지능과 빅데이터의 관계

인공지능이 강력한 계산능력을 가지고 있는 슈퍼컴퓨터 등과 다른 점은 그 자체가 일종의 지능을 보유한 것과 같이 작동한다는 점이다. 곧 인공지능은 일정한 작업을 수행하도록 프로그램된 것만을 수행하는 것이 아니라 변경되는 정보에 대응하고 자신이 학습한 것에 바탕을 두어 그에 상응하는 결정을 할 수 있다. 그런데 인공지능 시스템이 학습하도록 가르치기 위해서는 엄청난 양의 데이터를 필요로 하기 때문에, 기계학습 내지 딥러닝은 빅데이터와 필수불가결한 관계에 있게 된다. 기계학습은 기계가 새로운 데이터를 통하여 학습하고 진화해 가는 능력을 의미하는 것으로서, 인공지능의 일종이라 할 수 있다. 곧 기계학습은 프로그램된 지시(instruction)를 수행하는 것에 제한되는 것이 아니라 입력

된 데이터로부터 학습하는 알고리즘을 의미한다. 기계학습의 모델에 더 많은 데이터와 더 강한 계산능력을 부여할수록 결과는 좋아지게 된다. 따라서 빅데이터는 인공지능이 학습할 수 있도록 하는 자양분이 된다.

2. 인공지능과 빅데이터의 활용

이미 인공지능은 우리 주변에서 활용되고 있는데 첫째, 소비자가 원하는 최적의 상품을 권하는 것이다. 소비자에게 상품을 권하는 가장 전통적인 방법은 해당 소비자의 과거 구입한 목록에 바탕을 두는 것이다. 그러나 인공지능은 과거의 구매에만 기초하는 것이 아니라, 소비자가 특정 점포의 어떠한 위치에서 보낸 시간, 이러한 지점에서 소비자가 바라본 것, 구입한 것과 구입하지 않은 것의 비교 등에 기초하여, 소비자에 대하여, 소비자가 원하는 것에 대하여 파악하여 소비자가 구매하고자 하는 것을 정확하게 예측할 수 있다.

둘째, 인공지능은 온라인 또는 오프라인상에서 가상 도우미의 역할을 할 수 있다. 곧 무엇을 구매할 것인지 모르는 소비자뿐만 아니라 이미 특정 물품을 구매하고자 하는 소비자를 도울 수도 있다. 이들 도우미는 개인의 취향이나 필요성에 관한 광범위한 데이터에 바탕 하여 소비자에게 어떠한 물품을 권할 뿐만 아니라 소비자들이 필요로 하는 물품이 판매되기 시작할 때 이를 알려주기도 한다.

셋째, 인공지능은 고객의 전화, 전자우편, 기타 수단에 의하여 획득한 자료를 취합하고 분석하여 소비자에 대한 서비스 개선을 가능하게 한다. 여기에 해당하는 대표적인 것으로 IKEA의 'Ask Anna'를 들 수 있다. 'Ask Anna'는 "IKEA에 오신 것을 환영합니다. 저는 IKEA의 자동 온라인 도우미(automated online assistant) Anna입니다."라고 소개되어 있는데,[2]

---

2 IKEA, Ask Anna, https://theikea.wordpress.com/ask-anna/

그림 형태(여자)로 된 도우미로서 문자에 의하여 고객으로부터 질문을 받고 고객과 대화를 하면서 고객에게 서비스를 제공하고 있다.

넷째, 인공지능은 소비자에 대한 맞춤식 광고를 가능하게 한다. 정보를 제공할 수 있는 매체의 종류가 매우 많고 기업들이 제공하는 콘텐츠가 엄청나다는 것을 고려한다면 특정 소비자에 대하여 맞춤식 정보를 제공하는 것은 어렵다. 인공지능에 의하여 특정 소비자에 대하여 가장 효과적인 맞춤식 정보 내지 광고를 제공할 수 있게 된다.

Ⅲ. 인공지능과 개인정보

1. GDPR과 자동화된 처리에 대한 반대

인공지능의 주된 특성은 많은 양의 데이터 내지 정보를 수집하여 자동화된 결정이나 행위를 할 수 있다는 것에 있다. 인공지능의 가장 흔한 예로 언급되는 것이 자율주행자동차인데, 자율주행자동차는 거리에서 어떠한 일이 벌어지는가에 따라 자동적으로 결정을 한다. 인공지능에 의한 자동화된 결정은 개인에 대하여서도 영향을 미칠 수 있는데, 2018년 5월 발효하기로 예정되어 있는 유럽연합의 GDPR(General Data Protection Regulation)은 자동적인 처리(automated processing)와 관련하여 규정하고 있다.

인공지능, 빅데이터 및 프로파일링은 상호 연결되는 작업으로서, 이들의 결합은 개인에 대한 많은 양의 정보가 수집되고, 복잡한 알고리즘을 사용하여 일정한 관계나 유형을 알아내기 위하여 데이터를 분석·결합시키고, 개인을 유형화하거나 개인의 행위를 예측하기 위하여 분석·결합의 결과를 적용시키는 절차가 되고, 기존 인간의 능력과 비교할 수 없을 정도로 이러한 분석·결합·예측이 가능해지는 결과가 된다. 예컨대 웹사이트상에서 쿠키(cookie) 기능을 사용하여 맞춤식 정보를 제공하기 위하여 특정인의 취향을 알아내거나, 거주지나 과거의 보험사고 등의 요소를 평가하여 보험료를 책정하거나, 개인의 신용도 등 일정한 개인에 대한 성향을 인공지능에 의하여 빅데이터를 활용하여 파악하는 것이 가능하게 된다. 그런데 인공지능, 빅데이터 및 프로파일링의 결합은 개인에 대하여 매우 미세한 서비스 제공을 가능하게 하는 반면에 프라이버시 침해를 필수적으로 수반하게 된다. 예컨대 정확하지 않거나 최신화된 정보를 사용하지 않고 프로파일링이 이루어지거나, 프로파일링에 의하여 일정한 개인에 대하여 낙인을 찍거나 개인을 차별하거나, 프로파일링에 기한 정보만을 개인에게 제공함으로써 개인이 실제로 필요로 하는 정보를 제공하지 않게 됨으로써 개인이 정보를 선택하는 자유를 제한하거나, 필요 이상으로 과도한 정보를 처리하거나, 수집목적과 다른 목적으로 정보를 사용하는 문제점이 발생할 수 있다.

프로파일링은 프라이버시 침해위험을 야기시키기도 하지만 많은 혜택도 제공하므로 이를 적절히 활용하는 것이 필요하다. 이를 위해서는 프로파일링에 대한 투명성이 충분히 확보되고 개인의 이익을 보호하기 위한 안전조치가 이루어져야 할 것이다. 결국 프로파일링으로 인한 혜택을 누리는 동시에 프라이버시 침해위험을 방지하기 위한 조치가 필요한다. 이러한 조치 중의 하나가 자동화된 의사결정에 인간이 개입할 수 있도록 하는 것인데, GDPR은 바로 이 같은 접근방식을 채택하고 있다.

GDPR은 개인정보주체가, 자신에 대한 법적 효력을 낳거나 이와 유사하게 자신에게 상당한 영향을 미치는 것으로서, 프로파일링(profiling) 등 자동화된 처리(automated processing)에만 바탕 하여 이루어지는 결정에 따르지 않을 권리를 가지는 것으로 규정하고 있다(§22①). 결정에 따르지 않을 권리는 개인정보의 자동화된 '처리'에 반대할 권리를 의미하는데, 이러한 권리는 ① '결정'이 개인에 관하여 이루어지고, ② 결정이 개인에 대하여 법적인 효력을 가지거나 개인에게 상당히 영향을 미치는 것이고, ③ 결정이 '자동화된 처리에만' 바탕 하여 이루어져야 한다. 1995년의 개인정보보호지침도 '개인에 관한 자동화된 결정'에 반대할 권리를 규정하고 있으나(§15), GDPR은 프로파일링에 관하여 정의를 하는 동시에[§4(4)] 자동화된 처리에 프로파일링을 포함시킴으로써(§22①), 프로파일링에 대한 규제를 분명히 하고 있는 셈이다. 자동화된 처리에 대하여 개인정보주체가 반대할 권리는 기계가 100% 결정하는 것에 대한 우려에 기초하는 것으로서, 인간이 개입하지 않고 이루어지는 부당한 법적 효과가 발생하는 것에 대하여 책임을 정하는 매우 복잡한 문제를 해결할 필요성을 반영하고 있다.

자동적인 처리에만 바탕을 둔 결정으로는 온라인상에서의 대출신청이나 직원모집을 인간이 전혀 관여하지 않고 자동적으로 거부·거절하는 것을 들 수 있다(GDPR Recital 71). GDPR은 자동적인 처리의 예로서 프로파일링(profiling)을 들고 있는데, 프로파일링은 개인정보를 자동적으로 처리하는 모든 형태를 의미한다[§4(4)]. 곧 프로파일링은 자연인에 관한 일정한 개인적인 측면(personal aspect)을 평가하기 위하여, 특히 자연인의 직무수행, 경제 사정, 건강, 개인적 선호도, 관심사, 신뢰성, 행태, 위치, 움직임에 관한 측면을 분석하거나 예측하기 위하여 개인정보를 이용하는 것으로 구성된다[§4(4)]. 프로파일링은 ① '자동화된' 형태의 처리이고, ② '개인정보'에 기초하여 이루어져야 하며, ③ 그 목적이 자연인에 관한 '개인적인 측면'을 평가하기 위한 것이어야 한다. 프로파일링은 개인정보주체의 행태를 감시(monitor)하는 것과 관계되는 것으로서,[3] GDPR은 인터넷상에서 자연인이 추적되는지 여부를 확인할 것을

---

3 해설서는 개인에 대한 행태 감시를 GDPR의 적용의 측면에서 언급하고 있다. 곧 유럽연합에서 설립되지 않은 개인정보통제자 및 처리자가 유럽연합에 있는 개인정보주체의 개인정보를 처리하는 경우, 개인정보주체의 행위가 유럽연합 내에서 이루어지고 처리가 개인정보주체의 행위를 감시하는 것과 관계되는 경우, GDPR이 적용된다(§24).

주문하고 있다(Recital §24). 자연인이 추적되는지 여부에 대해서는 자연인에 관하여 프로파일링하는 것으로 구성되는 개인정보처리기술이 추적 이후에 사용될 가능성, 특히 개인에 관하여 결정하거나 개인의 선호도, 행태 및 태도를 분석·예측하려는 결정을 하기 위한 개인정보처리기술이 추적 이후에 사용될 가능성도 포함된다(Recital §24).

프로파일링은 개인을 상대로 직접 마케팅 활동을 하는 경우에 많이 사용될 수 있는데, GDRP은 프로파일링을 비롯한 직접 마케팅을 위한 데이터 처리에 대하여 반대할 권리를 개인정보주체에게 명확하게, 그리고 다른 정보의 제공과는 별개로, 명확하게 제공할 것을 주문하고 있다(Recital 70).

2. 자동화된 처리의 허용

자동적인 처리에만 바탕을 둔 결정에 따르지 않을 개인정보주체의 권리는, 결정이 ① 개인정보주체와 데이터통제자 간의 계약의 체결·이행을 위하여 필요한 경우, ② 예컨대 사기나 조세 포탈을 감시·예방할 목적과 같이, 유럽연합이나 유럽연합 회원국의 법(데이터통제자에 대하여 적용되고 개인정보주체의 권리·자유와 적법한 이익을 보호하기 위한 적절한 조치를 규정)이 허용한 경우, ③ 개인정보주체의 명시적인 동의에 기초하는 경우, 인정되지 않는다(§22②). 그러나 ①과 ③의 경우, 데이터통제자는 개인정보주체의 권리·자유와 적법한 이익을 보호하기 위한 적절한 조치를 이행하여야 한다. 이러한 조치에는 최소한 개인정보주체가 통제자 측에서 인간에 의한 개입을 하도록 하고, 개인정보주체 자신의 의견을 밝히고, 자동적인 처리에만 바탕을 둔 결정에 대하여 이의를 제기할 수 있도록 하는 권리가 포함된다(§22③).[4]

---

4 개인정보보호지침은 자동화된 결정에 반대할 권리를 규정하고 있다(§15). 그러나 프로파일링을 언급하지 않고 있고, 이러한 권리에 대한 예외로서 동의에 의한 예

그런데 한국이 인공지능, 프로파일링 및 빅데이터와 관련되는 개인정보 규범을 정립할 때 GDPR의 이러한 접근방법을 채택하여야 하는지, 아니면 이러한 접근방법을 채택하더라도 미세한 부분을 다시 조정하여야 하는지에 대하여 심각하게 고민하여야 할 문제이다. 곧 GDPR은 3가지 경우에 자동화된 처리 내지 프로파일링을 허용하고 있는데, 법률에 의하여 허용하는 것 이외에는 그 효용성이 낮을 수 있기 때문이다. 곧 개인정보주체와 통제자 간의 계약의 체결이나 이행을 위하여 프로파일링이 이루어지는 경우는 그리 흔하게 이루어지는 경우가 아니다. 또한 개인정보주체의 동의에 의하는 경우 동의의 요건이 엄격하다는 것을 고려한다면 이 역시 용이한 것이 아니다. GDPR은 개인정보주체가 희망하는 사항을 자유로이 제공하는 등에 의하여 자신에 관한 개인정보의 처리에 대한 동의를 나타내는 것으로 동의(consent)를 정의하고 있다. 자유로이 제공한다는 것은 당사자 간에 힘의 균형이 이루어지지 않는다면 동의가 될 수 없다는 것을 의미한다. 따라서 인공지능 내지 프로파일링이 이루어지는 환경에서 당사자 간에 이러한 조건에서 동의가 이루어진다는 것을 기대하는 것은 쉽지 않다. 또한 이러한 동의는 개인정보의 처리, 곧 수집이 이루어지기 전에 이루어져야 하는데, 후술하는 바와 같이 빅데이터 환경에서 수집 이전에 동의를 구하는 것은 매우 어렵다. 그렇다면 인공지능과 연관된 자동화된 처리 내지 프로파일링에 대한 GDPR의 접근방식은 매우 엄격한 것이라 할 수 있는데, 이러한 접근방식은 프라이버시 보호에는 매우 적절하지만 과연 빅데이터 내지 인공지능을 활성화하기에 충분한 것인지는 의문이다.

외를 규정하지 않고 있으며(§15②), 안전 조치와 민감정보에 대한 예외를 규정하지 않고 있다.

3. 자동화된 처리와 민감정보

자동적인 처리에만 바탕을 둔 결정에 따르지 않을 권리가 예외적으로 인정되지 않는 경우, 곧 자동적인 처리에만 바탕을 둔 결정이 이루어질 수 있는 경우(§22②)에도 민감정보에 바탕하여서는 자동적인 결정이 이루어질 수 없다(§22④). 민감정보에 바탕하여 자동적인 결정이 허용되는 경우는 민감정보의 처리가 예외적으로 허용되는 2가지에 한정하여 정보주체의 권리·자유와 적법한 이익을 보호하기 위한 적절한 조치가 취하여진 경우이다(§22④). 민감정보의 처리가 허용되는 2가지 경우로는 ① 정보주체가 민감정보의 처리에 명시적으로 동의한 경우와 ② 민감정보의 처리가 상당한 공익을 이유로 하여 필요한 경우이다[§22④, §9②(a), (g)].

4. 자동화 처리 관련 의무

GDPR은 자동적으로 이루어지는 결정이나 프로파일링과 관련하여 개인정보통제자에게 일정한 의무를 부과하거나 개인정보주체에게 일정한 권리를 인정하는 것 등을 규정하고 있다. 첫째, 개인정보통제자는, 개인정보주체에 관하여 공정하고 투명한 처리를 보장하기 위하여 필요한 정보 중의 하나로서, 개인정보주체에게 자동적으로 이루어지는 결정 및 프로파일링의 존재와 최소한 개인정보주체를 위한 정보 처리의 중요성 및 예상 결과와 이러한 처리에 관계되는 논리에 관하여 의미 있는 정보를 제공하여야 한다[§§13②(f), 14②(g)]. 여기에 해당하는 예로서 자동화된 처리에 의하여 보험료를 산정하는 경우 알고리즘이 어떻게 작동하는지, 보험료를 산정하기 위하여 알고리즘이 사용하는 위험판단요소 등에 관한 정보를 제공하는 것을 들 수 있다. 그런데 기계학습의 정확한 과정 내지 알고리즘을 설명하는 것 자체가 매우 어렵기 때문에 이러한 정보의 제공의무는 개인정보처리자에게 큰 어려움을 야기할 수 있다.

둘째, 개인정보주체는 자신에 관한 개인정보가 처리되는 경우 개인정보통제자에게 개인정보에 접근하여 위에서 언급한 자동적으로 이루어지는 결정 등에 대한 정보를 얻을 권리를 가진다[§15①(h)].

셋째, 자동화된 결정 및 프로파일링에 기초하여 이루어지고 자연인에 관하여 법적 효력을 낳거나 이와 유사하게 상당한 영향을 미치는 결정이 기초히게 되는 것으로서, 자연인에 관한 개인적인 측면에 대한 체계적이고 광범위한 평가에 대해서는 개인정보영향평가가 이루어질 것이 요구된다[§35③(a)].

넷째, 자동화된 처리에 바탕을 둔 결정에 따르지 않을 개인정보주체의 권리가 개인정보의 해외이전 사유가 되는 기업규칙(binding corporate rules: BCR)에 포함되어야 한다[§47②(e)].

5. 자동화된 처리에 반대할 권리

GDPR상 개인정보주체가 자동화된 처리에 반대할 수 있는 권리의 핵심은 개인정보의 자동화된 처리를 모두 배제하자는 것이 아니라 자동화된 처리에 바탕을 둔 결정에 인간이 개입할 수 있는 방법을 요구할 수 있다는 것에 있다.[5]

IV. 빅데이터와 개인정보

1. 빅데이터와 통제로서의 개인정보규범

빅데이터와 인공지능은 개인 및 사회적으로 많은 혜택을 가져다주기

---

5 IAAP, How big will big data be under the GDPR?, https://iapp.org/news/a/
   how-big-will-big-data-be-under-the-gdpr/

도 하지만 프라이버시를 침해할 위험성을 내포하고 있다. 프라이버시 문제가 해결되지 않는다면, 곧 인공지능 및 빅데이터에 의한 프라이버시 문제에 대한 개인 내지 소비자들의 신뢰성이 확보되지 않는다면, 인공지능 및 빅데이터의 전개에 따른 혜택을 누리기 어려울 뿐만 아니라 프라이버시까지 침해되는 최악의 상황에 처할 수 있다. 그런데 빅데이터 환경에서는 개인정보를 보호하기 위한 원칙이 관철되기 어렵다는 것이 문제가 되고 있다.

개인정보보호원칙(fair information practices principles: FIPPs)은 개인정보주체가 자신에 관한 정보를 통제할 수 있어야 한다는 프라이버시 개념의 구성요소이고 모든 국가의 개인정보규범을 관통하는 핵심적인 요소이다. 이 원칙은 개인의 프라이버시를 보호하기 위한 일련의 규칙으로서 1973년 미국 보건·교육·후생부(HEW)의 보고서에 처음 등장한 이후 OECD 가이드라인, 유럽연합의 95년 데이터 지침 및 2012년에 제안된 데이터 규정(GDPR), APEC Privacy Framework 등 개인정보 보호에 관한 국제규범과 주요 국가의 규범에 반영되어 있다. 한국의 개인정보보호법이나 「정보통신망 이용촉진 및 정보보호 등에 관한 법률」도 마찬가지이다.

개인정보보호원칙 중 '통지 및 동의(notice and consent) 원칙'은 개인정보보호원칙뿐만 아니라 통제로서의 프라이버시 개념의 핵심을 이루는 것이다. 그런데 자신의 데이터에 대한 통제라는 Westin 교수의 프라이버시 개념과 이를 반영하고 있는 개인정보보호원칙이 빅데이터 환경에서 관철되기 어렵다는 것이 문제이다. 빅데이터 분석은 많은 데이터를 분석하여 그 데이터가 수집 시점에서는 기대할 수 없었던 새로운 가치를 찾아내거나 예상할 수 없을 정도의 상관관계나 결과를 찾아내는 것이 그 본질이다. 특히 데이터의 수집목적이 수집한 데이터를 직접 사용하는 것에 있는 것이 아니라 이러한 데이터를 분석하여 나타나는 예기치 않았던 결과를 얻는 데이터의 2차적인 사용에 있다. 따라서 몇몇 개인정보보호원칙은 데이터의 이러한 수집과 이용이 이루어지는 빅데이터 환경에 적합하지 않은 것이 된다. 물론 모든 개인정보보호원칙이 빅데이터 환경에서 적합하지 않은 것은 아니며, 투명성의 원칙은 오히려 그 역할이 강조되어야 할 정도로 중요한 의미를 가진다.

2. 빅데이터와 통지 및 동의 원칙

빅데이터 환경에서는 '통지 및 동의 원칙'이 형해화(形骸化)됨으로써 프라이버시가 침해될 수 있다. 통지 및 동의의 원칙은 개인정보처리자가 개인정보주체에게 개인정보의 처리에 대하여 통지하고 이에 대하여 동의하게 함으로써, 개인정보주체가 자신의 개인정보가 어떻게 처리되는지를 인식하고(informed) 그 처리 여부를 선택할 수 있도록 하는 위한 것이다.[6] 수집 시의 목적과 다른 목적을 위하여 데이터를 사용하는 경우에도 마찬가지이다. 곧 통지 및 동의 원칙에 의하여 개인정보처리자는 개인정보 보호에 관한 투명성을 확보할 동기를 가지고, 개인정보주체는 자신에 관한 정보가 처리되는 것을 인식하고 이에 따라 자신의 개인정보 처리에 대하여 제대로 결정할 수 있다. 개인정보 처리에 대한 책임의 측면에서 본다면, 개인정보주체가 개인정보 처리에 대한 선택(choice)[7]

---

6 '통지 및 동의'는 한국의 개인정보보호법제는 물론이고 유럽연합, 미국, 그리고 국제규범에서 개인정보를 보호하는 가장 기본적인 원칙의 하나이다. 개인정보보호법 §15; 정보통신망 이용촉진 및 정보보호 등에 관한 법률 §22①; 위치정보의 보호 및 이용 등에 관한 법률 §18①; 신용정보의 이용 및 보호에 관한 법률 §15②; OECD 가이드라인 §7 (1980); EU 지침 §7(a); EU Regulation (Proposed) §6(a); APEC Privacy Framework §§15, 20; FTC, Privacy Online: A Report to Congress 15-16 (1998).

7 개인정보주체는 통지 및 동의에 기초하여 자신의 데이터에 대한 처리를 선택할 수 있기 때문에 통지 및 동의는 흔히 '선택(choice)'으로 표현되기도 한다. FTC, Protecting Consumer Privacy in an Era of Rapid Change: Recommendations for Businesses and Policymakers 19 (2012).

을 함으로써 개인정보주체가 책임을 부담하는 것이 된다.

동의는 개인정보주체가 자신의 데이터 처리에 동의를 하면 자신에게 어떤 결과가 발생할 것이라는 것을 완전히 이해한다는 것을 전제로 한다.[8] 통지 및 동의의 원칙은 온라인상의 거래가 없고, 데이터를 수집하거나 사용하는 자의 숫자가 적고, 데이터를 사용하기 위한 명확한 목적이 있었던 시대에서는 개인정보주체에게 큰 부담을 주지 않으면서 프라이버시를 보호하기 위한 적절한 수단이었다고 할 수 있다. 그러나 기술이 발전하고 데이터 이용이 증가함에 따라서 통지 및 동의의 원칙이 개인정보 보호규범에서 그 역할을 제대로 수행하는지에 대해서는 의문시되고 있고, 빅데이터 환경에서는 그 적절성 내지 합리성이 더욱 문제되고 있다.

개인이 데이터 처리에 대하여 동의하여야 하는 것이 급격하게 증가하였고, 통지 및 동의의 대상이 되는 데이터 처리정책은 내용이 매우 복잡하고 분량이 많아 개인정보주체가 이를 읽기 위하여 많은 시간이 소요되고 이해하기도 어렵고 또한 개인은 이러한 정책에 관심도 없으며, 개인정보처리자가 개인정보주체보다 월등히 많은 정보와 우월적인 지위를 가지는 정보의 비대칭성이 존재한다.[9] 이러한 상황에서는 개인정보주체가 데이터 처리를 이해하고 동의한 것이라 할 수 없고 동의의 진정성도 문제될 수밖에 없다. 결국 데이터 처리에 대하여 형식적인 동의를 받도록 하는 것은 개인정보처리자와 개인정보주체에게 상당한 부담이

---

8 Article 29 Data Protection Working Party and the Working Party on Police and Justice, The Future of Privacy: Joint Contribution to the Consultation of the European Commission on the Legal Framework for the Fundamental Right to Protection of Personal Data (02356/09/EN, WP 168) para. §67 (Dec. 1, 2009).

9 FTC, *supra* note 7, at 19; World Economic Forum, Unlocking the Economic Value of Personal Data: Balancing Growth and Protection 6 (2012); Ira S. Rubinstein, Big Data: The End of Privacy or a New Beginning?, INT'L DATA PRIVACY L. 2 (2013); Daniel J. Solove, Introduction: Privacy Self-management and the Consent Dilemma, 126 HARV. L. REV. 1880, 1883 (2013).

되고 비현실적일 뿐만 아니라, 개인정보 보호에 대한 책임을 개인정보 처리자가 아니라 개인정보 주체에게 있도록 한다. 개인정보주체는 동의 여부를 결정함으로써 자신에 대한 데이터의 처리에 대하여 선택할 수 있는 것이 아니라, 단순히 동의하여 서비스를 이용할 것인가, 아니면 자신이 구하고자 하는 서비스를 아예 포기할 것인가를 선택할 수밖에 없는 상황에 처하게 된다. 개인정보 처리자의 입장에서 보면, 통지 및 동의를 데이터 처리를 유효화하기 위한 방식으로만 파악하고 이에 따라 개인정보 처리에 대한 책임을 회피하기 위한 수단으로 활용하고자 한다. 통지 및 동의의 형해화는 결국 개인정보 주체의 프라이버시가 보호받지 못하는 결과에 이르게 된다.

3. 빅데이터와 데이터 최소화 원칙

빅데이터 환경에서는 데이터 최소화 원칙(data minimization principle)을 관철시키기 어렵다. 개인정보는 적법한 목적을 위하여 필요한 최소한도로 수집하여야 하고, 수집한 목적을 위하여 필요하지 않으면 삭제하여야 하며, 식별가능한 형태로 보관하는 것을 억제하여야 한다.[10] 그러나 빅데이터 자체가 가능한 한 많이 수집된 데이터에 의존하는 것이고, 장기간에 걸쳐 수집된 데이터에 기초하여 이루어지는 분석이 일반적이다. 따라서 빅데이터 환경과 최소화원칙은 상반되는 것처럼 보이고 데이터 수집의 최소화는 현실적인 접근방법이 된다고 하기 어렵다.[11]

---

10 HEW, Secretary's Advisory Committee on Automated Personal Data System, Foreword to Records, Computers and the Rights of Citizens (1973); EU 데이터 지침 §6; OECD 가이드라인(§7 수집제한의 원칙).

11 Peter Leonard, Consumer Data Analytics: Privacy Settings for 'Big Data' Business, 4 INT'L DATA PRIVACY L. 53, 58 (2014).

4. 빅데이터와 목적명확성의 원칙

빅데이터 환경은 목적명확성의 원칙(purpose specification principle)과도 충돌할 수 있다. 개인정보를 수집하는 목적은 최소한 데이터를 수집할 때에 명시되고 이러한 목적이나 이러한 목적과 부합하는 다른 목적을 사용하는 것에 제한되며, 목적이 변경되는 경우에는 변경 시에 명시된 목적을 위하여 사용하는 것에 제한된다.[12] 개인정보를 수집하는 주체는 개인정보주체에게 수집하는 목적을 알려주고 개인정보 주체는 이에 따라 개인정보를 제공하게 되므로, 수집 주체는 수집목적에 따라 사용하고 개인정보 주체도 수집목적에 따라 사용될 것을 예상하게 된다.

한국의 개인정보보호법은 개인정보처리자가 개인정보주체로부터 동의를 받는 경우 개인정보의 수집·이용 목적 등을 알리도록 하고 있고(§15②), 개인정보처리자는 이러한 수집목적 범위 내에서 이용할 수 있다(§15①). 다만 개인정보처리자가 이러한 범위를 초과하여 이용하기 위해서는 별도의 동의를 받거나 다른 법률에 특별한 규정이 있는 경우 등 예외적인 사유에 해당하여야 한다(§18). 그런데 빅데이터는 데이터를 재사용하고 분석하여 유용한 정보를 찾아내기 위한 것이고 이에 따라 수집할 당시와는 다른 목적을 위하여 사용될 수 있으므로, 빅데이터는 목적명확성의 원칙과 충돌할 수 있다.[13] 특히 한국의 개인정보보호규범은 GDPR이나 미국보다 더욱 엄격하기 때문에 빅데이터를 활용하는 것이 더욱 어려울 수 있다.

GDPR은 특정의·명시적·적법한 목적을 위한 개인정보의 수집만을 허용하고 있으나(purpose limitation principle), 예외로서 수집 당시의 목적과 양립할 수 있는(compatible) 방식으로 추가적인 처리를 허용하고

---

12 OECD 가이드라인 §9; 개인정보보호법 §3.
13 IWG, Working Paper on Big Data and Privacy: Privacy principles under pressure in the Age of Big Data Analytics 6 (2014), at 6.

있다[§5.1(b)]. 이러한 추가적인 처리가 수집목적과 양립하는 것이 되기 위해서는 첫째, 공익적인 기록보존 목적, 과학·역사연구 목적, 통계목적을 위한 것이어야 한다. 둘째, 이러한 목적의 처리에 대하여 개인정보주체의 권리와 자유를 위한 적절한 안전조치를 취하여야 한다(§89.1). 이러한 조치는 특히 데이터 최소화의 원칙을 준수하기 위하여 기술적·관리적 조치를 취할 수 있도록 하여야 하고, 가명화(pseudonymization)를 포함할 수 있다(§89.1).

데이터 통제자가 수집목적과 다른 추가적인 처리를 하는 경우 일정한 사항을 고려하여 수집목적과 양립할 수 있는지 여부를 확인할 수 있도록 함으로써(§6.4), GDPR은 수집목적과의 양립 여부 판단을 위한 가이드라인을 제시하고 있다. 이러한 고려 요소는 개인정보가 수집된 목적과 추가적인 처리의 목적과의 연관관계, 개인정보가 수집된 정황(전후관계, context), 특히 개인정보주체와 데이터 통제자 간의 관계, 추가적인 처리가 개인정보주체에게 미칠 수 있는 결과, 적절한 안전조치(암호화 및 가명화 포함)의 존재 등이다.

GDPR은 수집목적과 다른 목적을 위하여 처리하는 것을 전면적으로 금지하는 것이 아니라 일정한 경우 다른 목적을 위하여 처리하는 것을 허용하고 있다.

셋째, 빅데이터 환경에서는 통지 및 동의의 원칙을 관철하는 것이 더욱 어렵게 된다. 빅데이터를 분석하는 주체는 데이터를 분석하여 무엇을 발견할지 미리 알 수 없고, 따라서 개인정보를 수집하는 시점에서 특정 목적이나 상황에 있어서의 개인정보 처리에 대하여 개인정보주체에게 통지할 수 없다.[14] 개인정보 주체의 입장에서도 자신에 관한 정보가 어디까지 제공되어 이용될 것인지 알지 못하고, 수집된 개인정보가 다른 데이터와 결합하여 수집 당시에 생각했던 것보다 훨씬 많은 정보가

---

14   Rubinstein, *supra* note 9, at 5.

드러날 수 있다는 것을 알 수 없으며, 빅데이터 기술 및 분석에 의하여 자신에 관한 어떠한 상관관계 있는 정보가 나올지 알 수 없으므로 자신에 관한 정보처리에 대하여 동의할 수 없다.[15]

---

15 Ibid., at 5; David Navetta, Legal Implications of Big Data: A Primer 16, ISSA J. (Mar. 2013).

현행 보험약관 설명의무의 문제점과 개정방향

박세민*

Ⅰ. 보험환경의 변화

1. 금융환경의 변화와 보험소비자의 보호 중시

과거에는 존재하지 않았던 새로운 형태의 복잡한 금융보험상품이 계속 출시되는 상황에서 보험계약자는 이에 대한 전문지식을 가지지 못할 뿐만 아니라 보험상품의 개념조차 정확히 알지 못하는 경우가 많다. 보험상품과 종류에 따라서는 복잡한 보험료율 체계를 가지고 있는 것도 있고, 그 기간이 장기인 것도 있으며 또한 원본이 보장되지 않을 수도 있는 투자성 성격의 보험상품도 있다. 이러한 상황에서 보험자로 하여금 약관상의 중요한 내용 이외에도 보험상품 및 보험계약의 체결과 유지에 필요한 정보를 보험계약자가 이해할 수 있도록 구체적으로 설명해

---

* 고려대학교 법학전문대학원 교수.

줄 것이 점차 강하게 요구되고 있다. 또한 보험계약이 체결된 이후에도 보험계약자가 알아야 할 중요한 정보나 사실이 있으면 보험계약의 최대 선의적 성격상(principle of utmost good faith) 보험자는 이러한 정보를 보험계약자에게 정확하게 전달해 줄 필요성도 동시에 요구되고 있다. 즉 기존의 약관설명의무보다는 강화된 내용의 보험자 설명의무가 현실적으로 요구되고 있는 시점이다. 이는 보험소비자 보호의 문제와 직결되고 있고 보험법 현대화의 국제적 트렌드이기도 하다.

2. 약관설명의무 제도의 개정 필요성

현행 보험자의 약관설명의무는 1991년 12월 31일 보험법 개정 시 도입된 것이며, 일부 내용이 개정되어 2015년 3월 12일부터 현행 조문이 시행되고 있다. 보험상품은 과거와 비교할 수 없을 정도로 복잡화되었고 금융업 간의 겸업화 및 금융공학 기법의 도입 등 보험을 둘러싼 제반 환경에 급격한 변화가 생겼다. 현재 상법에 규정되어 있는 보험자의 약관설명의무는 시대가 변화함에 따라 그 내용과 적용범위에 적절한 변화를 추구해야 할 것으로 판단한다. 보험계약자의 권리와 의무가 무엇이고 면책사유나 해지사유가 무엇인가에 대해 단순히 정보를 제공하는 것으로는 보험계약자 보호의 목적을 달성할 수 없기 때문이다. 개정 보험법은 약관설명의무와 관련한 조문의 표제를 「보험약관의 교부·설명의무」로 변경하였다. 또한 변경된 조문의 표제에 맞게 개정 보험법에서는 '알려 주어야 한다'는 표현을 보다 명확하게 '설명하여야 한다'로 바꾸었다. 이는 적용범위에 관해 통일성을 추구하고자 하는 목적을 가진다. 사실상 약관의 교부는 약관명시의무 이행방법의 하나이기 때문에 개정 전 조문과 같이 교부의무와 명시의무를 병기하는 것은 가독성 측면에서 볼 때 바람직하다고 볼 수는 없다.[1] 현행 상법 보험편은 약관설명의무의 이행 방법 또는 중요한 사항이 무엇인가에 대해 명확한 규정을 두고 있지 않고 이를 전적으로 해석에 맡기고 있다. 보험자의 설명의무에 대해 상법 보험편 이외에 「보험업법」이나 「약관의 규제에 관한 법률」 등 다른 법률에서도 개별적, 중첩적으로 규정하고 있는 현행 입법방식에 변화를 주어 이를 단일법하에서 총괄적으로 규정하는 입법 방식에 대해서 면밀하게 검토를 해 볼 것이 요구된다. 여러 단행법에서 각기 중복적이거나 이질적인 규율방식은 조문의 적용과 해석에 적지 않은 혼란을 초래할 수 있기 때문이다.

II. 약관설명의무 이행시점의 변경

현행 상법 보험편 규정은 약관의 설명시기에 대해 '보험계약을 체결할 때'로 규정하고 있다. 그러나 청약자가 청약서를 작성하여 보험자에게 이를 교부하기 전에 보험자로부터 약관상의 중요한 내용에 관한 구체적이고 상세한 설명을 듣도록 하는 것이 본 의무의 취지에 부합한다고 할 것이다.[2] 물론 청약 후에 보험자로부터 약관을 교부받고 그때 설명을 들은 후에 보험자가 승낙을 하기 전에 보험계약자가 자신의 청약을 철회할 수 있다고 해석할 수도 있겠지만, 보험자가 보험증권과 약관집을 우편으로 교부할 때를 승낙의 시점으로 보는 현재의 관행을 고려해 보면 이러한 해석은 실제로 소비자로 하여금 미리 약관의 내용에 대한 설명을 듣도록 하려는 본래의 목적이나 취지와 상당한 거리가 있다. 보험계약자 입장에서 볼 때 약관설명과 관련하여 중요한 시점이란 보험계약의 청약 시이며, 결코 보험증권수령 시 또는 보험자의 승낙시점이

---

1 같은 취지로, 장경환, "보험약관의 교부·설명의무—입법취지와 성격을 중심으로", 보험학회지, 46집, 1995, 114면 이하.

2 최준선, 보험법·해상법(제3판), 삼지원, 2008, 41면; 김성태, 보험법강론, 법문사, 2001, 193면; 정동윤, 주석상법(보험), 한국사법행정학회, 2001, 66면; 박세민, 보험법(제3판), 박영사, 2015, 147면.

아니다. 보험계약을 체결하려는 소비자 입장에서는 면책사유나 담보범위 등 약관의 중요한 내용에 관한 설명을 청약을 하려는 단계에서 설명듣고 이를 참작하여 계약체결 여부를 결정하고자 하므로 현행 상법의 입법 태도는 개정되어야 한다. 물론 지금도 청약단계에서 보험자 측으로부터의 약관 및 보험상품에 대한 구두설명이 이행되고 있지만, 정보의 제공과 함께 구체적인 설명이 이루어질 때 그 효과가 극대화될 수 있으며 그 시점은 청약시점이어야 한다. 단순히 보험모집인으로부터의 구두설명이나 보험약관이나 보험상품에 대해 보험안내장 등 일부 내용만이 포함된 상품요약서에 의존한 설명만으로는 불완전 판매에 대한 분쟁시비를 예방하는 데 부족하다고 할 수 있다. 또한 일부 견해에 따라 제1회 보험료를 수령하는 시점을 보험계약의 성립시점으로 본다고 하더라도 실무상으로 제1회 보험료는 거의 대부분 청약서를 작성하면서 납입하게 되므로 결국 보험자의 약관설명의무의 이행시기는 청약시점으로 이해해야 할 것이다. 이렇게 해석하지 않고 해당 조문을 문리적으로만 해석하여 청약시점이 아닌 체결시점(승낙시점)으로 본다면 현재와 같은 약관설명의무 위반에 대한 소비자의 분쟁조정 신청과 소송은 줄어들지 않을 것이다. 약관설명의무의 이행시점을 청약시점으로 변경하는 것은 새로운 내용이 아니라 현재의 실무상의 모습을 반영하는 것이며, 보험자로 하여금 설명의무의 이행시점을 보다 명확히 함으로써 분쟁발생 가능성을 조금이라도 완화하려는 목적을 가지는 것이다.

유럽연합은 유럽 보험계약법 준칙(Principles of European Insurance Contract Law: PEICL)을 2009년에 발표하였는데 이는 보험계약법 분야에 대한 유럽연합의 공동체 입법화 단계의 일환으로 작성된 것이다. 유럽 보험계약법 준칙 제2:201조 제2항은 정보는 청약자가 계약을 체결할지의 여부를 고려할 수 있도록 충분한 시간 안에 제공되어야 한다고 규정하고 있다. 청약자가 계약을 체결할지의 여부를 고려할 수 있게끔 해야 한다는 것은 이들 정보가 계약 체결 이전에 청약자에게 제공되어야 한다는 것을 간접적으로 보여 주는 것이라 할 수 있다. 일각에서는 보험계약 청약단계에서 계약과 관련된 핵심적 내용만 설명하고, 약관의 중요한 내용은 현행과 같이 계약체결 시에 설명하도록 함이 합리적이라고 해석하기도 한다. 그러나 계약상의 핵심내용과 약관상의 중요한 내용을 실질적으로 명백하게 구별할 수 있는가의 문제가 있고, 이러한 방식으로 이원화하더라도 현재 폭주하고 있는 분쟁건수가 감소할 것으로 보기 어렵다. 분쟁 내용을 판단함에 있어서 법원이나 금융감독원에서는 소비자에 대한 청약시점에서의 약관설명의무 이행 여부를 문제 삼고 있기 때문에 약관설명의무의 이행시점을 아예 청약 시로 명확히 하는 것이 중요하다. 보험회사로 하여금 그 의무이행의 시점을 확실하게 인지하도록 함으로써 분쟁가능성을 줄일 수 있는 가능성이 높기 때문이다. 이러한 취지에서 볼 때 향후 제정하게 될 통합규정 또는 현행 상법 보험편 약관설명의무의 개정작업 시 약관설명의무는 청약시점에 이행되어야 하고 그 후 보험계약체결 이후에도 보험자는 일반적인 설명의무를 부담하도록 규정해야 한다.

III. 취소권 행사기간

보험설계사를 통한 대면방식 또는 인터넷 온라인 등을 통한 비대면 방식 등으로 보험소비자가 스스로 청약서를 작성하고 이를 전달하게 되면 청약에 대해 특별한 거절사유가 없는 한 1-2주일 후에 보험회사로부터 보험증권과 자신이 체결한 보험계약 내용과는 관계가 없는 특약까지 모두 포함되어 있는 두꺼운 책자 형태의 약관집 또는 이러한 내용이 담긴 CD가 송달되어 온다. 이들 자료를 꼼꼼하게 읽고 이해해 보려고 노력하는 소비자는 그리 많지 않은 것이 사실이다. 더구나 자신이 가입하지도 않은 특약까지 포함되어 있는 약관모음집에서 자신에게 해당되는 약관을 정확히 찾아내는 것조차 보험소비자에게는 쉬운 일이 아니다. 이러한 상황에서 개정 전 상법 보험편 제638조의3에서 규정하고 있듯이 보험계약이 성립한 날부터 단지 1월 내에 보험계약자가 약관설명의무 위반을 이유로 취소권을 행사하는 것은 실제로 매우 어려운 일이었다. 현행 규정대로라면 1월의 행사기간 안에 행사하지 못하면 계약의 취소는 불가능하게 된다. 보험계약자가 약관설명의무를 이유로 보험계약을 취소권 행사기간 내에 행사하기 위해서는 이 기간 안에 불완전판매 사실을 보험계약자가 인지하고 취소권 행사를 결정해야 하는데 이 기간 안에 약관설명의무 위반사실을 소비자가 인지하는 것은 매우 어렵다. 개정 전 상법 보험편에서 규정하고 있는 1월의 제척기간은 소비자 입장에서 볼 때는 지나치게 단기라고 비판받아 온 바 있어 이번 개정을 통해 이를 3월로 연장한 것이다. 제척기간의 연장은 환영할 만하다. 그러나 아래에서 지적하는 기산점의 문제가 개정되지 않으면 제척기간 연장 효과는 그리 크지 않을 것이다.

IV. 취소권 행사기간의 기산점

보험법 개정안 논의 과정에서 취소권 행사기간의 기산점에 대해 현행 '보험계약이 성립한 날'을 변경하여 '보험증권을 받은 날'로 바꾸자는 의견이 제시되었다. 일반적으로 청약에 대해 보험회사가 보험증권을 발송하는 때에 청약에 대한 승낙이 있다고 해석되며, 이때 보험계약이 성립된 것으로 본다. 그런데 보험증권을 언제 발송했는가를 보험계약자 측에서 알기는 어려우며 자신에게 우편 등으로 도달이 되어야 비로소 승낙사실을 알게 되는데 기산점을 보험계약의 성립 시로 본다면 보험계약자 입장에서는 적지 않은 날짜를 고스란히 잃게 되는 경우가 있을 수 있으므로 보험계약자가 실제로 보험증권을 받은 날을 기산점으로 하자는 것이다. 그러나 이 의견은 채택되지 않았고 개정 보험법은 취소권 행사기간만을 1월에서 3월로 연장하였다. 실무상 보험계약을 청약하려는 자의 청약에 대해 보험자는 서류를 검토한 후 인수여부를 결정하고 승낙여부를 통지하게 되는데 일반적으로 승낙통지에 갈음하여 보험증권을 발송하게 된다. 보험증권을 발송하게 되는 때에 보험계약이 성립한 것으로 보게 되는데 보험계약자는 보험증권을 수령해야만 공식적으로 승낙의 의사표시를 수령한 것이 된다. 실무상으로는 보험계약자가 승낙의 통지를 받기 전에 이미 보험계약이 성립되어(보험증권이 우편에 의해 발송되었으므로) 취소 행사기간은 이미 진행되게 되므로 보험계약자는 불이익을 당하게 된다. 특히 보험증권을 발송하였으나(보험계약의 성립시점), 보험계약자에게 아직 보험증권이 도달되지 않는 경우도 존재한다. 따라서 취소권의 행사기간과 행사기회를 보험계약자에게 보다 확실하게 보장하기 위해 취소권 행사기간의 기산점은 보험계약자가 '보험증권을 받은 날'로 변경하는 것이 타당하고 합리적이라 할 수 있다. 한편 이와 별도로 국회에서 보험약관 교부·명시의무 위반 시 보험계약을 취소할 수 있는 기간을 "위반사실을 안 날로부터 1월, 보험계약이 성립한 날로부터 2년"으로 개정하는 법률안이 발의되기도 했다.[3] 생각건대 약관 설명의무 위반사실을 보험계약자가 안 날을 제척기간의 기산점으로 하는 것이 두텁게 소비자를 보호할 수 있을 것이나, 보험계약의 불확정 상태를 지나치게 장기화하는 것도 법적 안정성 측면에서 볼 때 바람직하지는 않다고 할 수 있다. 기산점은 '보험증권을 받은 날'로 변경하고 제척기간은 3월로 하는 것이 합리적인 변경이라 할 수 있다. 한편 약관설명의무 이행시기를 '청약 시'로 변경한다면 취소권의 제척기간 기산점도 현행과 같이 보험계약의 성립일로부터가 아니라 '청약 시'로 해야 하지 않는가라는 의견이 있으나, 취소권이란 취소할 수 있는 사유를 안 날로

---

3 의안번호 9322호.

부터 그 기간이 시작되는 것이다. 소비자는 청약시점에 보험자로부터 약관에 대한 설명을 들었다고 해도 그 설명이 제대로 된 설명인지, 누락된 것은 없는지, 보다 구체적이고 상세한 설명을 듣지 못한 것은 아닌지 등에 대해서는 청약시점에는 알지 못한다. 그 후의 시점에 알게 되는 것이다. 따라서 취소권의 행사기간을 청약 시로 한다는 것은 합리적 근거가 없다고 여겨진다.

V. 취소권 행사기간의 연장과 이에 따른 문제점

1. 기존의 취소권 행사기간에 대한 비판과 개정 보험법

개정 전 상법 보험편 제638조의3에서 규정하고 있듯이 보험계약이 성립한 날부터 1월 내에 보험계약자가 보험자의 약관설명의무 위반을 이유로 취소권을 행사하도록 하는 것은 보험계약자 입장에서 볼 때에는 그 기간이 너무 짧다는 지적이 오랫동안 제기되어 왔다. 2010년 한국소비자원의 발표 자료에 따르면 4.7%만이 1월 내에 약관설명의무 위반 등에 대한 사실을 소비자가 인지하고 있는 것으로 나타나고 있다.[4] 이러한 지적을 수용하여 앞에서 설명한 바와 같이 개정 보험법에서는 "보험계약이 성립한 날부터 3개월 이내에 그 계약을 취소할 수 있다"고 취소권 행사기간을 연장하였다.[5]

---

4   김대희, "보험계약자 보호를 위한 설명의무 강화방안에 대한 소고", 보험법연구 제6권 제2호, 2012, 46-47면.
5   이 개정안에 대한 비판으로는 손해보험협회 법무회계팀, "상법 보험편 개정안의 주요 쟁점 사항에 대한 고찰", 손해보험 2009년 8월호, 42-44면.

2. 취소권 행사기간 연장에 따른 문제점과 보완의 필요성

그런데 취소권 행사기간을 3월로 연장함에 따라 적지 않은 실무상의 문제점이 발생할 수 있다. 1년 이하의 단기보험과 법령에 의해 가입이 강제되는 의무보험의 경우에 주로 문제가 발생할 수 있다.

(1) 1년 이하의 단기보험

보험기간이 1년 이하의 단기보험의 경우에는 구체적인 사실관계와 계약의 내용을 고려하여 이러한 보험에 대해서는 계약 취소권의 행사기간을 현행과 마찬가지로 1월로 유지할 필요가 있다. 왜냐하면 이러한 단기보험의 경우에는 보험계약에 따라 보험기간이 개정 보험법에서 규정하고 있는 계약취소권 행사기간(3월)보다 단기간인 경우가 존재할 수 있기 때문이다. 이러한 보험계약의 경우에 보험사고의 발생 없이 보험기간이 종료했다면 보험계약자로서는 보험료 지급의 대가로서 위험보장이라는 이익을 이미 향유한 것이다. 그런데 보험기간이 이미 경과했음에도 불구하고 계약 성립일로부터 3월이 경과하지 않았음을 이유로 하여 계약취소의 가능성을 인정하여 보험료를 돌려받을 수 있도록 해석하는 것은 논란의 여지가 있기 때문이다.

예를 들어 운송보험의 경우 보험기간을 처음부터 3월 이내의 기간으로 정할 수도 있지만, 이러한 약정이 없으면 보험기간은 운송인이 운송물을 수령한 때로부터 수하인에게 운송물을 인도할 때'이다.[6] 그런데 수령에서부터 인도할 때까지 그 기간은 3개월 미만이 대부분이라 할 수 있다. 해상보험의 경우에도 사정은 마찬가지이다. 선박보험의 경우에는 보험기간은 하물 또는 저하의 선적에 착수한 때에 개시되어 도착항에서 하물 또는 저하를 양륙한 때에 종료하며,[7] 적하보험의 경우 보험기간은

---

6 상법 제688조.
7 상법 제699조 제1항 및 제700조 본문 전단.

하물의 선적에 착수한 때에 개시되어 양륙항 또는 도착지에서 하물을 인도한 때가 보험기간의 종료시점이 된다.[8] 그런데 대부분의 경우에 그 기간은 일반적으로 3개월 미만이라 할 수 있다. 물론 해상보험이나 항공보험과 같은 기업보험은 상법 보험편 제663조 단서에 의해 불이익변경금지의 원칙이 적용되지 않아 약관에서 달리 정할 수 있긴 하지만, 금융감독원에 의한 감독을 받아야 하는 약관에 취소권 배제를 명시하거나 3월이 아닌 기존과 같은 1월의 취소권 행사기간을 내용으로 하여 약관을 시행하는 것이 보험회사에게 쉬운 일은 아닐 것이다. 임원배상책임보험과 같은 경우에도 취소권 행사기간 3월 적용은 적절하지 않다고 보여진다. 보험법의 원리상 보험계약자가 개인소비자가 아닌 법인인 경우에 보험상품에 대한 이해능력 또는 분석능력이 보험회사에 비해 열등한 지위에 있지 않기 때문이다. 여행자보험의 경우에는 보다 뚜렷이 이러한 모습을 볼 수 있다. 여행자보험에서 보험기간은 "집을 출발하여 여행을 마치고 집에 도착할 때까지"로 정하고 있는데 장기여행의 경우를 제외하고는 보통 1개월 이하인 경우가 대부분이라 할 수 있다. 그런데 여행에 임박하여 가입하는 경우가 대부분인 특성상 보험사고 없이 여행을 마친 보험계약자가 계약체결 과정에서의 중요내용에 대한 설명이 없었다는 것을 이유로 계약취소권 행사를 할 가능성이 있다. 이러한 경우에 보험료가 저렴한 관계로 보험자는 계약취소를 주장하는 민원에 대하여 보험기간이 경과하였음을 이유로 거절하기보다는 이를 어쩔 수 없이 수용하여 보험료를 반환해 줄 가능성이 있는데 이는 분명 합리적인 모습은 아니라 할 것이다.

(2) 의무보험

법령에 따라 가입이 의무화된 보험의 경우에는 의무보험의 성격을 고

---

8 상법 제699조 제2항 및 제700조 본문 후단.

려할 때 계약취소권의 적용대상에서 제외해야 하는 것을 고려할 수 있
다. 의무보험은 대부분 책임보험인데, 계약취소권을 인정하게 되면 보
험계약은 성립 시로 소급하여 무효가 되어 처음부터 무보험상태인 결과
가 초래되어, 의무보험의 취지와는 맞지 않게 피해자 보상에 문제가 발
생할 수 있는 가능성이 있다. 또한 보험가입을 의무화하고 있는 개별 법
률은 미가입 시 제재를 규정하고 있는바, 계약취소로 인한 보험 미가입
상태는 법위반으로 이어져 오히려 보험계약자에게 불리한 결과를 야기
하기도 한다. 또한 의무보험에 대해서는 보험회사로 하여금 인수거절을
하지 못하도록 하는 것이 원칙인바, 같은 취지에서 의무보험에 대해서
는 설명의무 위반을 이유로 하는 보험계약자의 3개월 취소권 행사에 대
해 일정한 제한을 두는 것이 제도의 취지와 부합한다고 보여진다. 의무
보험의 예와 미가입에 따른 제재는 다음과 같다.

① 화재사고와 관련한 의무보험

「화재로 인한 재해보상과 보험가입에 관한 법률」에 따르면 국유건
물·공유건물·교육시설·백화점·시장·의료시설·홍행장·숙박업
소·다중이용업소·운수시설·공장·공동주택과 그 밖에 여러 사람이
출입 또는 근무하거나 거주하는 건물로서 화재의 위험이나 건물의 면적
등을 고려하여 대통령령으로 정하는 건물 즉 특수건물[9]의 소유자는 동
법 제4조 제1항[10]에 따른 손해배상책임을 이행하기 위하여 그 건물에
대하여 손해보험회사가 운영하는 신체손해배상특약부화재보험에 가입
하여야 한다.[11] 미가입 시 500만 원 이하의 벌금을 부과하고 있다.[12] 또

9　화재로 인한 재해보상과 보험가입에 관한 법률 시행령 제2조.
10　화재로 인한 재해보상과 보험가입에 관한 법률 제4조(특수건물 소유자의 손해배
　　상책임) ① 특수건물의 소유자는 그 건물의 화재로 인하여 다른 사람이 사망하거
　　나 부상을 입었을 때에는 과실이 없는 경우에도 제8조에 따른 보험금액의 범위에
　　서 그 손해를 배상할 책임이 있다. 「실화책임에 관한 법률」에도 불구하고 특수건
　　물 소유자에게 경과실(輕過失)이 있는 경우에도 또한 같다.

한 다중이용업주는 다중이용업소의 화재로 인하여 다른 사람이 사망 · 부상하거나 재산상의 손해를 입은 경우의 배상책임을 이행하기 위하여 화재배상책임보험에 가입할 의무가 있으며 미가입에 따른 제재는 200만 원 이하의 과태료로 규정되어 있다.[13]

② 자동차손해배상보장법에 따른 의무보험

자동차손해배상보장법에 따라 자동차보유자가 가입해야 하는 대인배상책임보험 I 이나 2000만 원 이하의 대물배상책임보험은 의무보험이다. 미가입 시 300만 원 이하의 과태료가 부과되고 있다.[14] 2012년 6월부터 1일 단위로도 가입이 가능하게 된 자동차보험 단기특약 등에 대해서도 같은 문제가 발생할 수 있다.

③ 수상레저안전법상의 의무보험

수상레저기구의 소유자는 수상레저기구의 운항으로 다른 사람이 사망하거나 부상한 경우에 피해를 보상하기 위한 보험에 가입할 의무가 있으며, 미가입 시 50만 원 이하의 과태료가 부과되고 있다.[15]

④ 고압가스안전관리법상의 의무보험

고압가스관련 사업자 등은 고압가스의 사고로 인한 타인의 생명 · 신체나 재산상의 손해를 보상하기 위한 보험에 가입할 의무가 있으며, 미가입 시 2천만 원 이하의 과태료가 부과되고 있다.[16]

11　화재로 인한 재해보상과 보험가입에 관한 법률 제5조.
12　화재로 인한 재해보상과 보험가입에 관한 법률 제23조.
13　다중이용업소의 안전관리에 관한 특별법 제13조의2 및 제25조 제1항 제6의2호.
14　자동차손해배상보장법 제5조 및 제48조 제3항 제1호.
15　수상레저안전법 제34조 및 제59조 제2항 제6호.
16　고압가스안전관리법 제25조 및 제43조 제1항 제6호.

⑤ 어린이놀이시설 안전관리법상의 의무보험

어린이놀이시설의 소유자로서 관리책임이 있는 자 등은 어린이놀이시설의 사고로 인해 어린이의 생명·신체 또는 재산상의 손해가 발생하는 경우 그 손해를 배상하기 위한 보험에 가입할 의무가 있으며, 미가입시 500만 원 이하의 과태료가 부과되고 있다.[17]

⑥ 학원의 설립·운영 및 과외교습에 관한 법률상의 의무보험

학원설립·운영자 및 교습자는 학원·교습소의 운영과 관련하여 학원·교습소의 수강생에게 발생한 생명·신체상의 손해를 배상하기 위한 보험에 가입할 의무가 있으며, 미가입 시 300만 원 이하의 과태료가 부과되고 있다.[18]

(3) 소 결

이러한 실무상의 문제점을 고려할 때 보험기간이 1년 이하의 단기보험이나 의무보험 또는 기업·단체보험 등에 대해서는 개정 보험법에서 연장된 3월의 취소권 행사기간을 일률적으로 적용해서는 안 될 것이다. 1년 이하의 단기보험에 대해서는 기존과 마찬가지로 1월의 취소권 행사기간을 적용함이 타당하며, 의무보험의 경우에는 제도의 취지나 그 구체적 타당성을 고려할 때 취소권 행사 자체에 대하여 일정한 제한을 두는 것을 고려해야 할 것이다. 또한 정부나 기업 등 보험업법상 전문보험계약자로 분류되는 계약자에 대해서는 계약의 취소권 행사 대상에서 제외하는 것을 고려할 수 있을 것이다. 정부나 기업은 개인 소비자에 비해 전문적으로 약관내용이나 보험상품을 분석하거나 이해할 수 있는 능력과 환경을 가지고 있기 때문에 취소권 제도의 취지상 이를 인정할 실익이 크지 않다고 할 수 있다. 보험업법에서 전문보험계약자는 설명의무

---

17 어린이놀이시설 안전관리법 제21조 및 제31조 제1항 제5호.
18 학원의 설립·운영 및 과외교습에 관한 법률 제4조 및 제23조 제1항 제1호.

의 대상에서 제외된 것도 같은 맥락이라 할 수 있다.

　이 문제와 관련된 또 하나의 문제는 의무보험과 깊이 연관이 있는 임의보험에 있어서의 취소권 행사기간이다. 법령에 따라 가입이 의무화된 보험은 보험기간이 대부분 1년인데, 이와 밀접한 연관성을 지닌 임의보험에 대하여 취소기간 3개월을 적용하는 것이 바람직한지를 고려할 필요가 있다. 자동차보험의 경우에는 자동차손해배상보장법에 따른 의무보험에 임의보험이 특약으로 부가되는 방식이고, 다른 보험은 의무보험 자체만으로 구성(의무보험이 주계약)되거나 임의보험에 의무보험이 특약 형태로 부가되는 방식이다. 의무보험과 밀접하게 관련된 임의보험의 예로는 첫째, 자동차보험과 관련하여 자동차손해배상보장법 제5조에 따라 가입할 의무가 있는 대인배상Ⅰ과 대물배상을 제외한 임의보험(대인배상 Ⅱ, 자기신체사고·무보험자동차에 의한 상해·자기차량손해를 보장하는 보험)의 경우, 둘째 화재보험과 관련하여 특수건물의 소유자가 신체손해배상특약부 화재보험에 부가하고 풍재·수재 또는 건물의 무너짐 등으로 인한 손해를 담보하는 보험에 가입하는 경우가 있다. 셋째로 구내치료비특약과 관련하여 영업배상책임보험의 경우에 시설 이용자의 상해사고로 인한 손해발생 시 피보험자의 법률상 손해배상책임이 성립하지 아니하는 경우에도 당해 사업장에 대한 이미지 관리 측면에서 그 치료비를 보상하기 위하여 가입하는 보험이 있다. 의무보험에 대한 계약취소권을 제한함이 타당함을 고려할 때, 이와 연관성을 지닌 임의보험에 대해 3개월이라는 취소기간을 그대로 적용하는 것에 대해 검토의 여지가 있다. 의무보험과 연관성을 지닌 임의보험이 의무보험에 의해 보상되는 한도를 초과하는 손해배상을 위한 계약인 경우, 이러한 임의보험에 대한 장기간의 취소권을 인정하는 것은 피해자 손해배상 및 피해구제라는 배상책임보험의 취지에 부합하지 않는다고 해석될 수 있기 때문이다.

VI. 취소권 외의 위반효과

1. 「약관의 규제에 관한 법률」 제3조의 적용

보험법학계의 일부에서는 약관설명의무 위반 시 취소권 행사기간이 경과하게 되면 설명되지 않은 약관도 계약의 내용에 편입될 수 있다고 주장하면서 계약의 일부가 된다고 해석한다. 즉 「약관의 규제에 관한 법률」 제3조의 적용을 배제하는 것이다. 그러나 보험자의 약관설명의 무 위반에 대해 약관의 규제에 관한 법률 제3조의 적용을 보험계약에서 배제하려는 이러한 주장과 해석은 현행 대법원의 판례와 정면으로 충돌 된다. 이에 관한 대법원 등 각급 법원의 입장은 확고하다. 즉 설명되지 않은 약관의 내용은 계약의 내용에 편입될 수 없다는 것이 법원의 입장 이다. 이러한 상황에서 볼 때 보험자가 설명의무를 위반하여 보험계약 이 체결된 경우에는 해당 내용을 계약의 내용으로 주장할 수 없다는 내 용을 법조문에 명확하게 추가함이 타당할 것이다. 대법원이 약관의 구 속력의 근거를 의사설(계약설)로 보는 한, 약관설명의무 위반의 효과로 서 상법 보험편 이외에 약관의 규제에 관한 법률 제3조의 중첩적 적용 에 관한 현재의 입장이 바뀔 것으로 보기는 현실적으로 대단히 어렵기 때문이다. 다시 말해 대법원은 약관의 구속력의 근거를 계약 당사자가 약관의 내용을 계약의 내용으로 하겠다는 점에 대해 의사의 합치가 있 다는 것을 전제로 하여 약관의 구속력을 인정하고 있으며, 이러한 이유 에서 설명되지 않은 약관은 취소권 행사기간의 경과 여부에 관계없이 계약의 내용으로 될 수 없다고 해석하고 있고 이것이 약관의 규제에 관 한 법률 제3조의 내용이기도 하다. 따라서 현재 견고하게 확립되어 있 는 대법원의 판시 내용을 입법에 반영하여 법률과 판결의 내용 조화를 이루는 것이 바람직하다고 할 수 있다. 이것이 불필요한 분쟁을 예방할 수도 있기 때문이다.

2. 손해배상책임

약관설명의무 위반효과로서 대법원에서는 보험자의 보험업법 제102조에 기초한 손해배상책임을 인정하고 있다. 보험업법 제102조의 손해배상책임이 구체적으로는 보험모집과 관련하여 인정되고 있는데 입법론상으로는 보험모집의 문제는 결국 보험계약의 권리와 의무로 연계되기 때문에 보험업법이 아닌 상법 보험편에서 이를 직접적으로 규정하는 것을 고려할 수 있다. 상법 보험편에 보험자의 손해배상책임에 관한 조항을 만들고, 보험모집의 경우와 보험자의 설명의무 위반에 관한 조문에서 이를 준용하는 방식을 취하는 것을 고려할 수 있을 것이다. 손해배상책임의 문제는「독일 보험계약법」상의 정보제공의무 위반의 효과로서도 인정되고 있고, 또한 우리나라의「자본시장과 금융투자업에 관한 법률」에서도 설명의무 위반효과로서 인정되고 있다.「유럽 보험계약법준칙」제2-202조에서도 손해배상책임을 위반효과로서 인정하고 있다.

한편 위반효과와 관련하여 모든 설명의무 위반에 대해 보험소비자에게 취소권을 부여하고 손해배상 청구권을 인정할 수 있는가의 문제에 대해서는 신중한 입장을 취해야 할 것이다. 취소권 인정과 관련해서는 현행과 마찬가지로 약관설명의무 위반에 대해서만 취소권을 부여하고, 기타 일반적인 설명의무에 대해서는 별도의 위반효과를 부여함이 타당할 것이다. 또한 손해배상청구권은 보험자의 설명의무 위반의 모습에 비난가능성이 높다고 해석될 때에 제한적으로 이를 인정할 수 있을 것이며 이를 위해 조문에 그 요건을 명시할 필요가 있다.

VII. 약관설명의무 적용 배제

약관설명의무와 관련하여 법령에 의하여 정하여진 것을 되풀이하거나 부연하는 정도에 불과한 사항에 대해서는 설명의무에서 제외하고 있다. 그런데 이에 대해서는 좀 더 유연한 해석이 필요하다. 대법원은 약관의 내용이 보험계약자에게 불리한 것이라 하더라도 약관 내용이 법령에 이미 규정되어 있는 경우라면 보험자의 약관설명의무의 대상에서 제외하는 것으로 해석하는 경향이다.[19] 대법원의 해석대로라면 상법 제651조상의 고지의무나 제652조나 제653조의 통지의무에 관한 약관사항도 설명이 면제될 수 있는 것으로 해석될 수 있다. 대법원의 해석태도가 약관설명의무의 대상과 범위에 대해 명확하게 정할 수 있는 장점은 있겠으나, 단지 법령에 정해져 있다는 객관적인 사실을 강조하여 실제로 보험계약자가 법령에 정해진 사실 자체를 전혀 모르고 있는 경우까지도 약관설명의무 범위에서 제외함으로서 소비자가 제대로 보호를 받을 수 없도록 하는 것은 보험자의 약관설명의무 제도의 본래의 취지를 고려할 때 문제가 있다고 여겨진다. 타인의 사망을 보험사고로 하는 경우에 생명보험표준약관 제19조 제1호에서 타인의 서면동의를 보험계약 체결 전까지 얻지 않으면 당해 보험계약을 무효로 하고 있는데 이러한 내용은 상법 제731조에 규정되어 있어 약관이 이를 되풀이하거나 부연하는 정도에 불과하므로 보험자의 설명의무 대상이 되지 않는다고 해석하는 견해가 있다. 그러나 타인의 사망을 보험사고로 하는 보험계약을 체결함에 있어서 체결 전에 피보험자에 의한 서면동의를 받도록 하는 요건은 보험계약을 무효로 만들 수도 있는 중요한 내용에 해당되므로

---

19 대판 1999.9.7, 98다19240; 대판 1998.11.27, 98다32564; 대판 2000.7.4, 98다62909; 대판 1994.10.25, 93다39942; 대판 2001.1.15, 2000다31847; 대판 2003.5.30, 2003다15556; 대판 2004.11.25, 2004다28245; 대판 2004.4.27, 2003다7302.

보험자의 설명의무의 대상으로 보아야 할 것이다. 또한 약관내용이 거래상 일반적이고 공통된 것이어서 보험계약자가 별도의 설명 없이도 충분히 예상할 수 있었던 사항에 대해서도 약관설명의무의 대상에서 제외하고 있는데[20] 무엇이 거래상 일반적이고 공통된 것인가에 대한 기준도 마련되지 않은 상황에서 대법원이 이에 대한 구체적이고 합리적인 기준을 마련하지 않은 채 이를 약관설명의무의 대상에서 제외하고 있는 이러한 해석 태도는 재고의 여지가 있다고 여겨진다. 무엇이 거래상 일반적이고 공통된 내용인지에 대한 보험계약자의 인식의 정도도 보험계약자에 따라 많은 차이가 있을 수 있기 때문에 그 적용 면제 범위를 해석함에 있어서는 보다 면밀한 검토와 주의를 요한다.[21]

VIII. 입증책임

보험약관을 교부하고 중요한 내용을 보험계약자에게 설명했다는 사실에 대해서 보험자가 그 입증책임을 부담하게 된다. 이를 위해 실무상으로 청약서상에 청약자로 하여금 보험약관을 교부받고 중요한 내용에 대해 설명을 들었다는 것에 대해 자필서명에 의한 확인을 하도록 하고 있다. 그런데 이 자필서명에 대해 실무상으로 사실상의 추정력만 인정되는 경향인데 이에 대해서는 법률상의 추정력을 인정해야 할 것이다. 현재 사실상의 추정력만 인정되고 있기 때문에 중요한 약관의 내용을 설명듣고 보험계약자가 스스로 서명을 하고도 시간이 흐른 후에 설명을 들은 바 없다고 주장을 하게 되면 자필서명의 존재에도 불구하고 보험자측에서 계약 체결시점에 이미 설명했음을 다시 입증해야 하는데 이는

---

20 대판 2010.3.25, 2009다91316, 91323; 대판 1994.10.25, 93다39942; 대판 2001.7. 27, 99다55533; 대판 2004.4.27, 2003다7302; 대판 2003.5.30, 2003다15556.
21 박세민, 보험법(제3판), 2015, 박영사, 157면.

실무상으로도 그 입증이 어려울 뿐만 아니라 이러한 입증책임을 보험자에게 인정하는 것 자체가 부당하다고 판단된다. 이러한 해석은 양 당사자 사이의 법적 분쟁의 소지를 야기하게 된다. 약관 내용에 대한 보험자의 설명을 들었다고 보험계약자가 자필서명을 하게 되면 여기에 법률상의 추정력을 인정함으로써 보험계약자가 나중에 설명을 듣지 않았다고 주장하는 경우에 이러한 사실(설명이 없었다는 사실)을 보험계약자 스스로 입증하도록 함이 타당한 것이다. 자의에 의한 자필서명 후에는 보험계약자 측이 보험자의 설명의무 불이행 사실을 입증하도록 하는 것이다. 스스로 자필서명을 하고도 나중에 보험자로부터 중요한 내용의 설명을 듣지 못했다고 주장하는 등 보험계약자가 이 제도를 남용하게 되면 소비자와 보험자 간의 분쟁이 줄어들 수 없기 때문이다. 이러한 해석은 계약해석의 대원칙인 신의성실의 문제이기도 하며, 보험소비자 보호의 문제는 선량한 보험소비자만을 대상으로 하여야 하기 때문이다.[22]

IX. 마무리

보험법의 현대화 추세에 맞게 보험선진국에서는 보험계약법 등을 개정하면서 보험자의 정보제공의무의 내용과 그 적용 범위를 확대하고 있다. 우리나라에서는 보험자의 정보제공의무가 보험자의 설명의무로 해석될 수 있으며, 보험자의 설명의무는 계속 강화되고 있다. 그런데 현재 보험자의 약관설명의무와 (일반적) 설명의무는 상법 보험편이나 보험업법 등 개별 법률에서 각각 따로 규정하고 있어 중복되는 면이 많다는 지적이 감독당국에 의해 제기되고 있다. 이들 개별 법률에서 규정하고 있는 해당 조문의 내용이 궁극적으로는 보험계약의 권리와 의무 등 사법

---

22 박세민, 보험법(제3판), 2015, 박영사, 162-163면.

관계에 관한 것인 경우에 이들 조문을 통합하는 것이 필요하다. 통합 조문은 보험계약의 모집이나 체결 등 보험계약 관계자의 권리와 의무에 관한 것이므로 상법 보험편에서 다루는 것이 합리적이며, 이를 위해서는 보험업법상의 해당 조문의 삭제가 미리 전제되어야 한다. 그렇지 않으면 보험자는 감독법적 차원에서의 보험업법에 의한 규제와 사법관계에 대한 상법 보험편에 따른 규제를 받는 등 이중적 규제를 받을 수 있기 때문이다. 한편 이러한 설명의무의 통합과 아울러 현행 보험자의 약관설명의무 조문의 내용도 대대적인 개정을 필요로 한다. 약관설명의무는 그 이행시점을 청약 시로 변경해야 한다. 현행 취소권의 제척기간의 기산점은 보험계약자가 보험증권을 받은 날로부터 시작되도록 개정해야 하며, 취소권 행사기간이 3월로 연장됨에 따라 1년 이하의 단기보험과 법령에 의해 가입이 강제되는 의무보험의 경우에는 취소권 연장의 적용을 제한하는 것이 타당하다고 여겨진다. 한편 약관의 구속력의 근거를 의사설로 법원이 해석하는 한, 설명되지 않은 약관의 내용은 계약에 편입되지 않는다는 법원의 해석 방식은 변함없이 유지될 것으로 쉽게 예상할 수 있다. 따라서 약관설명의무 위반효과로서 이러한 법원의 확고한 해석 내용을 통합규정에 반영하는 것을 적극적으로 고려할 필요가 있다. 이를 통해 불필요한 분쟁을 줄일 수 있을 것으로 판단되기 때문이다.

4차 산업혁명과 노동법의 과제

박지순*

I. 문제제기

디지털 정보통신기술(ICT)의 발전 및 확산으로 일상생활은 물론 산업구조와 노동방식에도 근본적 변화가 일어나고 있다. 과거 1차와 2차의 산업혁명(물질혁명)은 기계에 의한 인간노동력의 생산성이 향상되거나 대체되었다면, 3차와 4차 산업혁명(지능혁명)에서는 개별인간의 사고과정과 행동방식이 자동화된 연산처리장치에 의하여 풍부화되거나 대체된다는 데 핵심이 있다.

4차 산업혁명의 총아라고 할 수 있는 디지털 및 센서기술은 특히 생산공정 분야에서 결정적인 변화를 이끌 정도로 핵심기술로 발전하고 있다. 그 결과 전 세계의 기업들의 작업조건과 작업환경도 새로운 모습을 갖게 될 것이다.

4차 산업혁명의 경제적, 사회적 영향은 이미 다른 곳에서 다수 소개

* 고려대학교 법학전문대학원 교수.

되었지만,[1] 노동계, 구체적으로 근로자들의 실제 업무환경과 작업방식에 어떤 영향을 미치거나 미칠 수 있는지 그에 따라 현행 노동법의 규정이 이미 예고된 변화를 객관적으로 타당하게 포섭할 수 있는지, 관련법령의 개정 필요성이 어느 정도로 요구되는지는 아직 구체적인 검토가 이뤄지고 있지 않다.

국내에서는 4차 산업혁명과 산업구조 및 노동방식의 변화 사이의 연관성에 대한 구체적이고 실증적인 분석이 이뤄지고 있지 않지만 디지털화가 업무내용, 업무수단, 작업조직 등 일자리와 노동에 미치는 영향을 조사한 독일 연방노동복지부의 최근 보고서[2]에 따르면 디지털화는 제조업종을 넘어서 서비스업종까지 노동계 전반으로 폭넓게 확산되고 있음을 알 수 있다. 즉, 전체 취업자의 83%가 디지털 기술을 업무에 활용하고 있으며, 기업에 관련된 서비스의 경우 98%가 디지털 기술을 사용하고 있는 것으로 나타났다. 나아가 500명 이상 대기업의 중간관리자급 이상 직원 중 82%가 스마트폰, 노트북 또는 태블릿과 같은 이동식 디지털 기술이 접목된 제품을 사용하고 있다.[3] 디지털기술은 노동세계의 변화(업무내용, 방식의 변화)를 촉진하는 핵심요소임엔 틀림없지만 동시에 목표설정(성과주의)에 의한 근로자의 간접통제, 일과 사적 생활의 경계가 무너짐으로써 노동착취를 수반할 수 있다는 부작용도 제기된다.

이와 같은 현상이 노동현실에 어떠한 변화를 초래하고 노동법은 이에 대하여 어떻게 대응해야 하는지 고민하지 않을 수 없다. 본고에서는 4차 산업혁명에 수반되는 노동법적 관련점, 그중에서도 산업화시대의 바이블로 자리를 지켜 왔던 근로기준법의 관련 규정에 대한 개선 방향에 대하여 검토한다.

---

1 기술적, 경제적 영향에 대한 구체적인 내용에 대해서는 김기선, "디지털화와 노동," 노동정책연구(2016), 16권 4호, 각주 3), 4)에 인용된 문헌 참고.

2 BMAS, Digitalisierung am Arbeitsplatz, 2016, S. 6.

3 BMAS, a.a.O., S. 8.

II. 4차 산업혁명에 의한 산업 및 노동방식의 변화

1. 4차 산업혁명과 산업 4.0

증기기관, 컨베이어벨트와 대량생산체제, 컴퓨터의 비약적 발전과 자동화에 이어 이제 4차 산업혁명이라 부르는 지능혁명의 시대가 열리고 있다. 독일은 오래전부터 범정부차원에서 연구개발을 촉진하고 과학기술 혁신을 추진함으로써 독일 산업계가 세계 시장을 선도할 수 있도록 "하이테크 전략 2020"[4]이라는 새로운 첨단기술 전략을 수립하였다. 이 전략은 글로벌 당면과제로서 5대 주요분야인 기후/에너지, 건강/식량, 정보통신, 교통, 안전을 채택하고 이를 구체적으로 실현할 중점 미래계획 11개를 발표한 바 있다.[5] 독일 정부는 이 11개 미래산업계획에 디지털화에 따른 지식산업화 준비와 미래의 노동환경/노동생활에 관한 2개의 프로젝트를 추가하여 산업 4.0(Industrie 4.0)이라는 하이테크 전략 중에서도 가장 핵심이 되는 전략을 수립하였다.

산업4.0은 제조업을 중심으로 다양한 분야의 디지털화를 추진하고 빅데이터와 같은 인터넷 기반을 활용하여 생산성과 경쟁력을 확보하려는 독일의 신산업정책을 수립하기 위한 정책플랫폼이다.[6] 산업 4.0은 사물인터넷(IoT)에 기반한 스마트팩토리의 실현을 위하여 국가 차원에

---

4   DieHightech-Strategie2020 für Deutschland, von Helge Braun (Parlamentarischer Staatssekretär), Bundesministerium für Bildung und Forschung, S. 10. 관련 홈페이지: https://www.hightech-strategie.de.

5   중점 미래계획에 포함된 주요 사업으로는 친환경·고효율에너지의 미래도시개발, 바이오연료 지원개발, 에너지공급 다변화, 질병예방 등 국민건강증진, 노령인구의 생활안정, 전기자동차 개발, 통신네트워크, 디지털화에 의한 지식산업 활성화 등이다.

6   독일 산업 4.0 정책플랫폼 홈페이지: http://www.plattform-i40.de

서 생산방식의 혁명적 변화를 추진하는 데 그 목적이 있다. 이를 통해
작업장, 기계, 종업원, 고객 등의 포괄적인 커뮤니케이션이 구현되고 이
른바 가상물리 시스템(CPS)의 도움으로 물리적 세계와 디지털세계가 서
로 결합된다.[7] 그 덕분에 상당히 떨어진 곳에서도 실시간으로 생산공정
이 통제될 수 있고 재고와 부품의 조달이 서로 조율될 수 있다. 생산공
정은 더욱 유연해지고 고객의 요구사항이 실시간으로 반영된 맞춤형 다
품종 소량생산이 가능해지는 것은 불문가지다.

독일의 산업 4.0이 추구하는 목적은 먼저 제조업 부문의 가격 경쟁력
약화로 야기된 독일 국내 제조업의 위기를 극복하기 위하여 IT기술을
접목한 플랫폼 경제를 바탕으로 산업구조를 혁신하고 안정적인 경제성
장을 이뤄 나가는 데 있다. 그리고 독일은 중소기업이 산업기반을 지탱
하고 있으므로 중소기업이 산업의 구조적 혁신으로부터 도태되지 않도
록 중소기업에 대한 연구개발 지원에 중점을 두고 있다. 또한 디지털시
대의 노동의 미래상을 확보하는 것도 중요한 목적이다. 독일이 안고 있
는 국내산업의 공동화에 따른 고용기회 감소와 독일 내 저출산 고령화
에 따른 노동인구 감소와 같은 사회구조적 문제에 대처하는 데 산업 4.0
이 그 해법이 될 수 있다고 본 것이다. 즉, 산업 4.0을 통해 기업들을 스
마트팩토리로 전환하는 등 제4차 산업혁명 시대에 맞는 산업구조의 변
화를 추진하되, 디지털화에 따른 근로자들의 미래 노동환경 변화, 노동
시장 변화에 대처하기 위한 노동법제도와 사회보장법제도의 정비 및 재
검토가 함께 이뤄져야 한다고 본 것이다. 특히 후자에 관한 논의의 플랫
폼이 노동 4.0(Arbeiten 4.0)이다.[8]

---

7 BMBF, Zukunftbild "Industrie 4.0", S. 6f.
8 독일 노동4.0 플랫폼 홈페이지: http://www.arbeitenviernull.de. 독일 연방노동
   복지부는 2016년 11월말 지난 2015년 초에 발의된 산업4.0시대의 노동문제에 관
   한 논의를 종결하는 백서(Weißbuch Arbeiten 4.0)를 발간하였다.

2. 근로조건과 노동문화의 변화—노동 4.0

모든 산업혁명은 노동방식과 업무환경에 상당히 중요한 영향을 미쳤다. 산업4.0의 시대에도 마찬가지로 인간의 노동은 현저한 변화를 경험하고 있으며 더욱 확산될 것으로 예상된다. 물론 앞으로 10년 또는 20년 후의 노동이 구체적으로 어떠한 모습을 가질 것인지 확신하기는 쉽지 않다. 앞으로 계속해서 논란이 있겠지만 지능적 기계와 로봇에 의하여 노동과정이 자동화되고 상당히 광범위한 산업 및 업종에서 인간의 노동력이 불필요하게 되거나 더 이상 사람이 존재하지 않는 공장이 나타날 가능성이 점차 커지고 있다. 당장 상당수의 근로자들은 새로운 요구조건을 경험하게 될 것이고 지속적으로 업무자격이나 능력이 바뀌게 될 것이다. 인간의 노동은 수행업무 단위에서 기획업무 중심으로 이전하고 디지털 능력은 근로자의 핵심적 자격(직업능력)이 되고 있다. 직업훈련 및 직업교육분야에서는 일찍부터 교육훈련내용을 새로운 변화에 맞게 구성해야 한다는 요구가 높아지고, 재직자훈련 및 연수교육의 질도 뒤떨어지지 않도록 해야 한다. 그래야만 근로자의 고용유지 · 고용안정이 가능하기 때문이다.

디지털 네트워크화가 진전된 사업은 근로자의 시간적, 공간적 경계를 없애고 지속적으로 업무와 관련된 정보에 대한 접근을 허용하며, 격지간 생산과정의 적극적 통제도 가능하게 만들었다. 근로자는 이를 통해 자신의 개인적인 생활을 훨씬 더 적극적으로 조직할 수 있게 되고, 반면에 기업은 유연하고 상황에 적응할 수 있는 생산이 확대될수록 상시적 전환배치(구조조정)를 요구받게 된다.

기업이 생산공정을 효율적으로 조직하기 위해서는 개별화되고 유연한 취업형태가 필요하다. 디지털경제의 발전으로 기업은 근로자를 통한 전통적인 생산방식을 벗어나 네트워크를 이용한 생산 또는 서비스 조직을 구축하게 된다. 기업은 인터넷 플랫폼을 통해 필요한 업무나 제품을 공모하고, 해당 업무는 이 플랫폼에 참여하는 불특정 다수, 즉 군중(crowd)에 의하여 이행된다. 플랫폼에 참여하는 취업자의 범위는 국내라는 공간적 제한을 벗어나 전 세계로 확대된다. 이제 전통적인 근로자라는 법적 지위의 범주를 벗어나는 것이다. 유연화수단으로서 요구되는 파견근로 또는 도급계약은 새로운 취업형태 외에도 여전히 의미를 가지고 있으며, 통상적인 근로관계와 비전형적 취업형태 간의 구별 문제는 여전히 어렵거나 더 어렵게 되고 있다. 입법정책적으로도 딜레마가 발생한다. 서로 다른 다양한 취업형태에 대하여 불가결한 규율을 찾아내서 규제하고, 다른 한편으로 산업입지로서 경쟁력을 갖추기 위해서 필요한 규제완화의 과제가 있다. 그렇지만 이는 서로 보완적인 문제이지 서로 경쟁적인 과제가 아니다. 오래전부터 유연안정성(Flexicurity)은 노동시장 규제의 대원칙으로 자리 잡고 있다.

　4차 산업혁명에 의한 기술의 발전은 산업적 생산공정만을 변화시키는 것이 아니다. 사회문화적 가치 변화도 유연한 노동가능성을 그 원인의 하나로 한다.[9] 근로자 개인의 삶의 과정, 인생이 요구조건이 많은 직업활동과 결부될 수밖에 없기 때문에 그에 상응하는 수요나 요구도 더욱 개방적, 적극적으로 개진되고 있다. 따라서 노동4.0은 단순히 지능화된 작업장에 대한 직접적 효과에만 한정되는 것이 아니라 근로시간에 대한 자기결정 및 일과 생활의 조화에서 보여 주는 바와 같이 점점 더 사적 생활 영역과 연계된 근로조건의 형성에 대한 기대까지 포함한다.

　이와 같이 디지털화된 노동세계(노동4.0)의 중요한 특징으로 먼저 비동시적이고(asynchron) 탈중심적으로(dezentral) 제공되는 노동의 유연성이 촉진되고, 아웃소싱에 의한 생산 및 물류기지의 이전이 가능하게 되었다는 점이다. 또한 근로자는 자신에게 맡겨진 업무과제를 스스로 찾아내고 조직하는 등 점차 사용자의 지휘명령으로부터 벗어나는 경향

9　디지털혁명이 일으키는 문화적 가치변화에 대해서는 BMAS, Grünbuch Arbeitsrecht 4.0, S. 18 ff. 참고.

을 보여 주고 있다. 그리고 노무제공 그 자체가 아니라 노무제공의 결과
가 중요해지고 있다. 사용자는 근로자의 성과에 대하여 급여를 지급하
고자 하고, 단순히 근로시간에 자리를 지킨다는 이유로 급여를 지급하
고자 하지 않는 경향을 보여 준다.

　독일 노동4.0 백서는 이러한 배경에 기초하여 근로자 또는 구직자의
고용능력(Employability)을 강화하기 위한 방안, 근로시간의 유연화 및
자기결정권 제고, 서비스산업의 근로조건 개선, 근로자의 건강과 안전
개선, 취업자의 개인정보 보호 강화, 근로자의 경영참여 및 공동결정 제
도 확대·개선, 자영업의 촉진과 보호 확대 등을 주요 논의주제로 제시
하고 있다.[10]

III. 노동법의 체계와 내용에 관한 새로운 접근

1. 사회질서의 변화와 노동법의 과제

　4차 산업혁명에 따라 근본적으로 변화하고 있는 사회정책적 패러다임
에 관한 사회적 실재(Soziale Realität)를 현행 노동법질서의 기본 가치가 큰
문제 없이 계속해서 반영할 수 있는지 검토해야 한다. 근로기준법으로 대
표되는 노동보호법제는 19세기 이후 정립된 계급적 사고(Klassendenken)
의 토대 위에서 절대주의의 극복을 위한 민주주의적 참여정치 시스템으
로 등장한 시민사회(societas civilis, Bürgergesellschaft, civil society) 모델
을 기반으로 성립된 것이었다. 헌법적 자유주의와 기본적 인권 사상을
기초로 국가로부터 독립된 사회에서 국가의 개입으로부터 개인의 행동
의 자유를 보호하는 것이 시민사회의 목적이다. 시민사회의 가장 큰 특

10　독일 노동4.0 백서의 내용에 대해서는 한국노동연구원, 국제노동브리프, 2017.4,
　　9면 이하 참고.

징은 그 구성원(시민)이 공적 생활영역에서 적극적인 참여를 통해 발전시켜 나간다는 점에 있다. 노동과 경제적 발전, 교육과 문화 그리고 종전의 사회적 신분에 의한 활동의 제약을 해소함으로써 구성원의 시민화를 촉진하고 임의의 단체활동을 통한 시민화된 효과를 발휘하도록 하는 데 기본적 가치를 둔다.

세계화와 디지털혁명이 노동시장에 미치는 영향은 개개인에게 점점 더 많은 개인주의화를 가능하게 할 뿐만 아니라 또 이를 요구한다. 시민사회는 이러한 변화된 조건에서 국가, 경제, 사회 그리고 개개인의 시민 사이의 관계를 설명하는 키워드가 되기도 한다.

노동법은 역사적으로 그 관계당사자 개개인의 자유와 시장참여자로서의 역할을 강조하기보다는 서로 관련이 없거나 심지어 배타적인 이해관계를 가진 세력들을 하나의 통합된 조직으로 일체화하는 결과를 만들어 냈다. 동시에 사용자는 자신의 개인적인 가치관념 및 경제적 이해관계 및 종업원과의 관계에 관계없이 국가와 동일한 수준으로 모든 근로자에 대한 보호의무를 부여받았다.[11]

이러한 현상에 대하여 어떤 조건에서 그리고 어느 범위까지 현행 노동법이 가지고 있는 모호한 가치기준에 대한 사용자의 의무부담이 정당화될 수 있는지 의문이 제기된다. 넓은 의미에서 노동법의 규율시스템이 해당 사회질서모델과 가장 잘 부합될 때 그 효과가 극대화될 수 있다. 이러한 이유로 특히 점점 확대되고 있는 경제 및 노동과정의 세계화, 개별 근로자의 개인주의화, 이해관계의 다변화 등에 대하여 관심을 기울여야 할 필요가 있다.[12]

1953년 근로기준법 제정으로 시작된 노동법의 역사에서 지금까지 크고 작은 수많은 개별 법령의 제정 및 개정이 있었지만 위에서 설명한 방

---

11 Annuß, NZA 2017, 345, 346.
12 노동법질서의 메가트렌드로서 세계화의 문제에 대해서는 박지순, 노동법학회 발표문 참고.

법으로 사회변화와 사회정책의 큰 틀에서 수정과 변화를 반영하지 않은 채, 주로 부분적인 미세 조정만을 추구해 온 측면이 있다. 그러나 최근의 변화는 이와 같이 미세 조정만으로 대처하기 어려운 노동법의 메가트렌드가 형성되고 있다. 우리의 사회질서에서 노동법의 역할을 재조명하고 그에 기초하여 미래지향적인 노동법질서의 형성을 위한 제안이 필요한 시점이다.

따라서 위에서 제기한 4차 산업혁명시대의 산업 및 노동정책의 변화는 단순히 일부 조문의 부분적, 미세적 수정만으로 대처할 수 없는 사회구조적 변화에 대응할 수 있도록 혁신적인 변화를 요구할 수 있다. 그러한 의미에서 노동 4.0의 문제는 단순히 기술적 변화에 대응하는 제도적 수정이라기보다는 새로운 직업, 노동방식의 변화, 근로자 또는 취업자의 가치와 이익의 변화를 기초로 노동의 미래(Zukunft der Arbeit)에 관한 새로운 방법론에 관한 질문이라고 할 수 있다.

2. 근로시간에 대한 법적 규제의 방향

(1) 배 경

디지털기술의 발전은 근로자들의 시간적, 장소적 유연성을 창출하였다. 복잡한 생산공정들이 서로 네트워크화된 시스템에 의하여 세계 어느 곳에서나 그리고 주간, 야간 가리지 않고 통제될 수 있다. 현장에서의 기계작동은 IT 기술에 기반한 기계관리에 의하여 대체된다. 근로자는 장소적, 시간적 자유를 향유할 수 있다. 고정된 법정 근로시간제도보다도 근로시간을 사적 수요에 맞게 다양하게 편성할 수 있는 가능성이 높아졌다. 정보통신기술 설비의 도움으로 자택에서 생산과정에 개입할 수 있게 되고, 출퇴근에 의한 시간손실을 절약할 수 있다. 그 결과 노동법은 현대적 미디어매체를 이용하여 기업의 이익과 종업원의 복지를 증진시킬 수 있는 유연성을 허용해야 하고 동시에 업무와 사적 생활의 경계가 완화됨으로써 발생할 수 있는 부작용에 대해서도 주의를 기울여야 한다는 도전에 직면하고 있다.

근로시간과 장소의 규정은 사업장 내 근로자들의 업무 조직뿐만 아니라 근로자들의 일상생활과 사회적 활동에 대해서도 상당한 영향을 미친다. 사용자 측은 사업장의 수요를 더 적절하게 반영할 수 있도록 근로시간법이 근로시간 편성에 대하여 좀 더 개방적으로 규율해야 한다고 주장한다. 노동조합 측은 퇴근 후 연락금지, 초과근로시간의 엄격한 규제, 근로시간의 자유로운 선택가능성 확대 등을 주장한다.

(2) 근로시간에 관한 법적 규제의 내용과 논의 방향

원칙적으로 근로기준법의 법정 근로시간은 공법상 강행적 한계를 설정한 것이고, 구체적으로는 노사의 집단적, 개별적 합의에 의하여 해당 업종이나 업무 또는 근로자의 개별적 형편에 맞게 법정 근로시간의 범위 내에서 서로 자율적으로 규율할 수 있다. 그렇지만 실제로는 근로기준법이 업종이나 업무에 관계없이 획일적인 근로시간 규제로서 작동하고 있다.

현행 근로기준법의 (획일적) 근로시간 규제는 사실상 현실과 맞지 않는다. 법정 근로시간의 구조(1주 40시간, 1일 8시간의 엄격한 기준, 1일의 주휴일, 8시간에 1시간의 의무적 휴게시간)는 다양한 산업부문이 가진 특수성과 실제 수요 등에 맞지 않는 경우가 적지 않다. 실제의 업무 필요성과 노동의 현실에 맞는 개혁 필요성이 시급한 상황이다.

기본적인 문제영역은 근로자의 건강보호를 준수하면서 기업과 근로자의 유연성에 대한 이익의 균형을 어떻게 찾을 것인가, 근로자 개인의 근무시간 결정의 자유를 얼마나 확대할 것인가, 근로자들 간 서로 다른 기대와 수요를 어떻게 조화할 것인가라고 할 수 있다.

근로시간제도 개선과 관련하여 위험요인으로 기업의 유연성 수요 증대, 비자발적 근로시간 단축, 회사와의 지속적인 연결, (무급의) 초과근로, 연차휴가 미사용, 빈번하게 이뤄지는 휴일근로 등이 지적된다. 반면 기회요인으로는 근로시간에 대한 자기결정권 확대, 일과 생활(직업과 사적 생활)의 조화에 대한 관심 확대 등이 지적된다.

구체적인 개선과제로 장시간근로 해소를 위한 연장근로시간 단축 외에도 유연근무시간제 확대, 근로시간 저축계좌제 도입, 1일 24시간 내 연속 휴식시간제 도입, 연장근로 · 휴일근로 및 가산수당 제도 개선, 재량근로제 개선, 근로시간 특례제도 개선, 근로시간 적용제외 개선 등 다양하게 포진되어 있다.[13]

(3) 근로시간 규제의 유연화

현행 근로기준법상의 근로시간은 엄격한 규제에서 벗어나지 못하고 있다. 노동의 디지털화는 근로시간의 획일적, 경직적 운영과는 친하지 않다. 무엇보다 1일 8시간이라는 규제가 논점이 되고 있다. 독일에서도 입법정책적으로 1주 48시간이라는 최대 근로시간의 범위 내에서 1일의 근로시간을 유연하게 편성할 수 있도록 하자는 논의가 활발하게 전개되고 있다. 이와 같은 방안은 이미 유럽연합 입법지침(Art. 6 RL 2003/88/EG)에도 반영되었으므로 유럽연합의 지침과 부합한다.[14] 경영계에서는 현존하는 유연근무시간제도의 만족도가 높지 않은 상태에서 1일 8시간 근로제를 개방함으로써 경제적 수요에 더욱 부합하는 유연방안이 될 것으로 기대하고 있다.[15] 특히 연속최소휴식시간제의 도입이 광범위하게

---

13 실근로시간 단축 방안, 가산임금 문제와 근로시간특례제도(근기법 제59조)에 대한 개선방안은 그 대상을 축소하는 방향으로 개선안이 마련되어 있으므로 본고에서는 논외로 한다.

14 유럽연합 입법지침은 1일 근로시간 상한을 규정하지 아니하고 1일(24시간) 내 최소 연속적인 휴식시간(11 시간)을 보장하는 방향으로 근로시간 규제 방식을 전환하였다.

15 Positionspapier der BDA zur Digitalisierung von Wirtschaft und Arbeitswelt, Mai 2015.

논의되면서 엄격한 근로시간 상한과 최소휴식시간제가 함께 작동하는 규제방식은 시간적으로 유연한 업무수행을 어렵게 만들 수 있다. 또한 휴게시간과 유급휴일제도도 과거 산업화단계의 제조업 종사자에 맞춘 규제로서 산업 4.0시대에는 맞지 않는 규제이다.

노동세계의 변화, 특히 디지털화에 의한 노동방식의 변화는 근로시간 편성의 유연성을 보장하는 새로운 근로시간규제방식을 요구한다. 새로운 규제방식이란 근로자의 개인적 수요(요구사항)를 반영할 수 있고, 기업주의 유연한 생산 및 작업공정을 고려할 수 있어야 한다. 구체적으로 근로자와 사용자가 자율적으로 혁신적인 근로시간모델을 만들어 낼 수 있도록 더 많은 권한을 부여해야 한다. 1주 40시간의 원칙을 지킨다면 1주 4일제 근무도 가능할 수 있다. 물론 임산부나 연소자의 경우는 이 경우에도 건강상의 이유로 1일 근로시간의 상한이 준수되어야 할 것이다.[16] 다만, 근로시간과 휴식모델은 개별적인 것이 아니라 단체적, 조직적 성격을 가지고 있으므로 단체협약 당사자 또는 적어도 근로자대표와 다양한 근로시간 모델을 합의하고 그에 따라 개별근로자들이 선택할 수 있도록 하는 것이 바람직할 것이다.

(4) 유연근무시간제의 개선

현행 유연근로시간제는 기업실무에서 제대로 작동되지 않는다. 2주 단위, 3개월 단위의 탄력적 근로시간제(근기법 제51조)는 기업의 현실과 부합하지 않는다. 다른 한편으로 근로자도 (不拂的) 장시간근로에 의한 임금손실의 가능성을 불안해 한다.

탄력적 근로시간제는 좀 더 유연하게 조직되어야 한다. 탄력적 근로시간제는 1주 40시간의 근로시간 단축을 실현하는 수단이기도 하다. 이를 통해 연간 총근로시간을 단축할 수 있다. 유럽연합의 입법지침도 단

---

16 Schaub/Vogelsang, ArbRHandb, 16.Aufl., 2015, §160 Rn. 19 ff.

위기간을 6개월로 하고 있으며, 단체협약으로 1년까지 단위기간을 정할 수 있도록 개방하고 있다.

재량근로의 범위(근기법 제58조 제3항)도 지나치게 협소하다. 현행법은 연구 및 전문직에만 재량근로제를 인정하고 있다. 재량근로제는 독일에서는 신뢰근로시간제(Vertrauensarbeitszeit)라고 부른다. 근로자는 자기책임으로 근무시간을 조직하고, 사용자는 근로시간에 대한 지휘명령을 포기하는 것이다.[17] 그 대신 사용자는 근로의 결과에만 관심이 있다. 즉, 사용자의 지휘명령은 근로의 내용에만 적용된다. 산업4.0은 각 업무영역을 전체적으로 네트워크화하면서 재량근로제에 대한 새로운 기준을 만들어 낸다. 근로자는 자신의 근무성과를 위하여 어느 곳이든 언제든 자신에게 필요한 정보에 접근할 수 있으며, 근로의 성과는 언제라도 사용자에게 전달될 수 있다. 양 당사자의 이익은 명확하다. 근로자는 자신의 사적 생활에 맞게 근로시간의 편성과 배분을 자유롭게 할 수 있으며, 근로성과에 대한 강조점이 강화되면 근로의 질이 증가한다. 물론 모든 근로관계, 모든 업무에 대하여 재량근로제가 합의되기는 어렵다. 그렇지만 디지털혁명으로 인하여 종래의 직무활동의 내용과 가치를 다르게 형성할 수 있는 가능성이 열리게 되었다. 재량근로의 범위도 근로기준법이 확정적으로 규제하는 것은 더 이상 실무와 부합하지 않는다.

(5) 일과 사적 영역의 조화

근로시간의 유연화는 근로자에게 일과 사적 생활의 구분을 어렵게 하고 결과적으로 근로강도를 높이는 부작용을 초래할 수 있다.

근로시간과 휴식시간의 명확한 구분이 필요하다. 현행법상으로는 퇴근 후 휴식상태에 있는 근로자에게 스마트폰이나 이메일을 통해 업무를

---

17 Schaub/Vogelsang, ArbRHandb, 16.Aufl., 2015, §160 Rn. 33 ff.

지시하거나 자료를 검토하도록 하고 그 결과를 다시 보내도록 하는 것은 명백히 휴식의 단절을 초래하는 것이다. 이러한 문제는 1일 최소휴식시간제를 도입한 유럽연합 회원국에서도 마찬가지이다. 독일 근로시간법은 11시간의 연속적인 휴식시간 중 업무지시로 휴식의 단절이 발생할 경우 휴식시간을 새로 기산하도록 하고 있다. 이와 관련하여 예컨대 이메일에 대한 답장 등 비교적 경미한 시간의 부담이 전체적으로 휴식에 영향을 주는지 여부에 대해서는 상당히 논란이 되고 있다.[18] 그렇지만 그 경미한 부담의 경계를 명확히 하는 것은 쉽지 않은 일이다. 독일에서는 이와 관련하여 두 가지 해법이 제시된다. 그 하나는 휴식시간을 단축할 수 있는 사례를 1년간 일정 횟수 인정하되 그 경우에도 현행 11시간인 최소휴식시간이 9시간을 하회할 수 없도록 하고 그 단축된 휴식시간 부분에 대해서는 조정·보상되도록 하는 방안이다. 다른 하나는 디지털기기를 이용한 통신가능성을 상대적으로 경미한 시간까지는 허용하는 것이다. 물론 이 경우에도 최소 9시간의 연속적 휴식시간을 보장하며, 그와 같은 경미한 휴식단절이 가능한 일수를 월단위로 제한한다는 보호조건이 가능하다고 한다.[19]

그 밖에 특히 연차휴가 사용률이 낮은 우리 기업의 현실에서 시간적, 공간적 제약을 극복하는 ICT의 활용이 확대되면 휴가사용 중에도 업무연락이나 접촉이 확대될 수 있다. 따라서 근로자의 근로시간을 유연화하는 대신에 직업활동과 사적 생활이 조화될 수 있도록 제도보완이 필요하다. 사용자로서는 충분히 예상가능하고 심지어 사소한 업무임에도 휴가를 단절하고 나머지 휴가일을 포기하게 만드는 것은 허용되지 않는다. 휴가 중 방해받지 않을 권리를 보장하는 것이 필요하다.

---

18 영향을 주지 않는다는 견해: Baeck/Deutsch, ArbGG, 3. Aufl., 2014, §5 Rn. 14; Bissels/Domke/Wisskirchen,DB2010,2054. 영향을 미친다는 견해: Buschmann/Ulber, ArbZG, 8. Aufl., 2015, §5 Rn. 2.

19 Krause, NZA 2016, 1005.

시간선택제 근로(자발적 단시간근로)도 일과 사적 생활의 조화, 일과 가정의 조화의 관점에서 적극적으로 활용될 수 있다. 시간선택제 근로는 경력단절 여성이나 은퇴기 중장년층을 위한 일자리 대안으로 제시된 바 있으나, 실제 그 활용도는 매우 미미했다. 디지털 혁명시대에는 일자리나누기(Job-Sharing)의 모델에 따른 시간선택제 방식이 다시 고려될 필요가 있다. 복수의 단시간근로자들이 하나의 업무(직무)를 공유하는 방식이다. 근로시간의 편성과 배분은 해당 직무에 소속된 근로자들이 자율적으로 결정하고, 자신들의 근로시간계획을 적시에 만들지 못하면 그에 관한 지시권을 사용자에게 반납하는 방식이 고려될 수 있다. 이러한 Job-Sharing은 서구에서는 80년대, 우리나라에서도 10년 전부터 논의되어 왔으나 실무상 거의 의미를 갖지 못했다. 그러나 디지털 기기의 획기적 발전은 이러한 제도의 활성화에 대하여 새로운 가능성을 부여하였다.

(6) 재택근무/이동형 근무의 확대

유연한 근로시간과 이동형 근무는 서로 보완적이다. 아직 우리나라에서는 재택근무가 활성화되어 있지 않지만 독일의 경우 전체 취업자의 31%가 주로 또는 부분적으로 재택근무에 종사한다.[20] 디지털기술 진보와 함께 전통적인 재택근무에 관한 합의가 더욱 각광을 받고 있으며, 나아가 고정된 사무실로부터 벗어나 다양한 장소에서 근무하는 수요도 더욱 늘고 있다.

재택근로/텔레워크의 방식은 매우 다양하다.[21] 따라서 근로계약 당사

---

[20] Studie Bundesverband Informationswirtschaft, Telekommunikation und Neue Medien(BITCOM), Arbeiten in der digitalen Welt, 2013.

[21] 텔레워크의 확대 경향과 유형 그리고 그에 따른 노동법적 쟁점에 대해서는 박지순, "텔레워크의 의의와 노동법적 기본문제," 인터넷법률 23호(2004), 119면 이하에서 상론한 바 있으나 디지털기술의 비약적 발전으로 최근 그 현실화 가능성이 높아지고 있다.

자는 전적으로 재택근무 방식으로 합의할 수도 있고 업무량에 따라 또는 개인적인 사정에 따라 자발적으로 재택근로를 이용할 수도 있다. 그 밖에 사업장근무 중 다양한 이동형 근무의 형태(호텔, 기차, 레스토랑 등)도 생각해 볼 수 있다.[22]

먼저 법적 관점에서는 위에서 설명한 근로시간의 문제가 제기된다. 업무와 휴식(여가)의 경계가 완화됨으로써 장소적, 시간적 관점에서 이해할 수 있다. 이때 사용자가 사업장 밖에서 이뤄지는 근무활동에 대한 안전과 건강보호에 대하여 어디까지 책임을 부담해야 하는지 문제된다. 예컨대 산업안전보건법 및 산업안전보건규칙이 재택근무자의 자택에 대해서도 적용될 수 있다고 본다. 그러나 자택 외의 유연 근무장소(이동형 근무의 경우)에 대해서는 현실적으로 적용이 어렵다. 근무기간의 지속성과 건물관련성 등이 중요한 기준이 될 수 있을 것으로 생각된다.[23]

이동사무실에서의 안전건강보호 문제는 사용자가 필요한 보호조치를 행해야 할 필요가 있는지 일반원칙에 따라 판단해야 한다. 다시 말하면 사용자가 근로자의 업무환경에 어느 정도 영향을 미칠 수 있느냐에 따라 사용자의 보호의무의 존부가 판단될 수 있다. 업무에 사용하는 이동식 기기를 사용자가 제공·관리하는 경우에는 현행 법규정에 따라 안전보건조치의무를 부담해야 한다.[24] 근로자의 재해와 질병의 발생에 대한 사용자의 책임은 그의 보호의무 범위 내에서만 인정될 수 있다. 디지털화된 업무환경 하에서는 근로자에게 발생한 재해가 업무상 재해인지 여부에 대한 산재보험법상의 판단이 상당히 곤란한 경우가 많다. 시간과 장소에 관계없이 업무가 가능하다면 '업무성'(보험적용 대상인 '업무'와의 내적 관련성)의 판단이 쉽지 않을 것이다.[25] 책임의 위험을 명확히 하려

22 Oberthür, NZA 2013, 246.
23 Kollmar, ArbStättV, 3.Aufl., 2009, §2 Rn. 20 ff.
24 Oberthür, NZA 2013, 248.
25 ErfK/Rolfs, SGB VII, §8 Rn. 2.

면 '장소와 무관한 업무'에 관한 법률상 근거를 명시할 필요가 있다.

3. 새로운 안전보건 기준의 정립

디지털화로 업무 유연성이 확대되고 업무속도가 증가하며, 업무의 진행이 점점 정밀해짐에 따라 근로자로서는 심리적, 정신적으로 과도한 부담을 안게 될 가능성이 크다. 이와 같은 정신적 부담의 증가로 인한 업무상 질병(스트레스에 기인한 우울증, 과로)을 줄이기 위한 안전보건시스템의 혁신이 필요하다. 더 나아가 사람과 기계(로봇, AI 등)의 업그레이드된 협업에 대비한 새로운 안전 전략도 수립해야 한다. 뿐만 아니라 위에서 지적하였듯이 재택근로/원격근무 확산에 따른 추가적인 안전 및 건강 보호 대책이 마련되어야 한다. 사업장 내에서는 컴퓨터 모니터 작업 등 디지털 작업환경에 대한 안전점검이 적절히 이뤄지고 있더라도, 그와 같은 조치가 근로자의 개인적 생활공간까지 이뤄지고 있는지, 또는 앞으로 이뤄질 수 있는지 의문이기 때문이다.

현행 산업안전보건법은 주로 장시간근로에 의한 과로, 가학적 인사관리(모빙, 집단괴롭힘 등)에 따른 우울증, 감정노동과 같은 고객대면 업무 종사자 등의 정신적·심리적 위험요인을 대상으로 보호대책을 집중적으로 다뤄 왔으나, 4차 산업혁명에 따른 업무방식의 변화는 그와 같은 정신적·심리적 부담 문제가 특별하고도 제한적인 사안이 아니라 디지털화가 미치는 전 범위에 대한 보편적 위험요인으로 인식하고 그에 따른 안전보건 정책 과제가 마련되어야 한다는 점을 보여 주고 있다.

그러나 아직까지 산업4.0 등에 따른 구체적인 위험요인에 대한 분석과 그에 따른 건강위험의 완화를 위한 방안 마련을 위한 정책과제를 구체화하는 데 한계가 있으므로 각 기업의 실무상의 경험을 축적하고 문제점과 해결방안에 대한 공동의 노력을 추구해 가기 위해 독일의 '안전보건 4.0'과 같이 정부 차원에서 새로운 안전보건 TF를 마련하여 조사에 들어가고, 각 기업별로 해당 업종과 업무방식의 특수성을 고려하여 자율적인 위험성평가기준을 마련할 수 있도록 그 기준과 대응수단을 제시하는 데 노력해야 한다.

4. 해고규제의 방향

실체적 해고보호는 시민사회를 지향하는 노동법질서의 핵심분야의 하나라고 할 수 있다. 해고보호는 직장에서의 인격의 자유로운 발현을 위한 보호수단이며 사용자가 자신의 행위의 자유를 수행하는 과정에서 적절한 객관적 사유없이 근로자에게 상당한 거래비용을 초래하면서 직업적 변경 및 그에 결부된 사회적 조건의 변화를 강제할 수 있는 상황을 통제하는 역할을 담당한다. 근로자가 직장을 바꿀 경우 전형적으로 발생하는 상당한 비용과 외부적인 일자리의 경쟁자에 대한 경쟁상의 문턱을 설정하는 것 사이에 어느 정도 비례성이 인정될 수 있다.

그러나 엄격한 근로관계 존립 및 근로자지위의 보호를 목적으로 하는 해고규제에 관한 구체적인 법제의 내용이 현대적 시민사회의 중요 원칙들과 구조적으로 모순되는 것은 아닌지 비판적으로 검토되어야 한다. 구성원들이 유연성(Flexibilität)과 변화에 대한 대비를 요구하고 개인의 자유의 실현을 중심에 놓는 사회에서는 엄격한 해고규제에 관한 보호모델은 객관적으로 설명되기 어려운 것이 사실이다.[26] 반면에 사용자가 특별한 해고사유 없이도 적절한 보상금을 지급하고 근로관계를 종료시킬 수 있도록 하는 것이 자유주의적 시민사회모델에 일관성 있게 포섭될 수 있을 것이다.

그렇지만 현실에서는 해고제도의 개선 문제는 금단의 영역으로 남아 있다. 해고의 유연화에 대한 논의를 노동법의 해체와 동일시하면서 논

---

26 Willemsen, NJW 2000, 2779. 이 논문에서는 해고제도가 실재성을 상실한 제도라고 비판한 바 있다.

의의 대상에서 배제하는 경향이 있다. 최근 통상해고에 대한 논란도 이러한 경향의 일부를 보여 주는 사례라고 생각된다. 그러나 최근 이탈리아, 스페인, 프랑스의 노동개혁 사례에서 보듯이 해고규제의 완화는 이제 노동법개혁의 핵심적 과제가 되고 있다. 예컨대 부당해고의 효과로서 원직복직에 갈음하는 금전보상제도를 근로자의 신청뿐만 아니라 사용자의 신청으로 그 요건을 확대하자는 요구[27]가 있다. 또한 소규모 영세사업장의 무분별한 해고분쟁 및 소송남용을 방지하기 위하여 일정한 문턱 기준(예: 상시 근로자 10명 이상을 사용하는 사업, 이탈리아 노동법 제18조는 15명 이상 사업장에 대해서 적용)을 신설하는 방안도 제시된다. 그 밖에 현행 경영상해고의 요건을 개정하여 경영상 해고사유의 구체화 및 해고회피노력을 구체화하는 방안이 오래전부터 제시되고 있다.[28]

5. 근로계약법의 제정

(1) 현행 노동법의 구조와 한계 — 규범적 측면

가. 개별법과 집단법의 이원구조

노동법은 근로관계의 당사자인 근로자의 보호를 그 목적으로 하며, 이를 위하여 국가의 개입에 의한 최저기준을 정립하는 개별적 근로관계법과, 노사의 협약자치를 통해 근로조건의 결정과 변경을 도모하는 집단적 노사관계법의 분야로 전개되었다.

원칙적으로 개별 근로관계는 근로계약(고용계약)을 통해 당사자 간의 사적 자치를 기반으로 형성되는 것이 원칙이나, 노동법은 각 개별법령을 통해 사적 자치에 한계를 긋고 근로관계에 적용되는 근로조건의 내용을 정하여 행정감독과 벌칙을 통해 그 적용을 강제한다. 전통적으로

---

27 김희성, 해고법제의 개선방향, 100~101면.
28 조준모/박지순/권순원, 이탈리아, 스페인 노동개혁 보고서, 노사정위원회, 2016 참고.

이를 노동보호법이라고 불렀다. 노동보호법의 범주에서 개별적 근로관계를 규율하는 대표적인 법률은 근로기준법, 선원법 등이 있고, 이를 보완하는 부속법률로 최저임금법, 산업안전보건법, 근로자퇴직급여 보장법 등 다수의 법령이 존재한다. 이 부속법률들은 모두 근로기준법의 적용관계를 기본으로 하고 있다. 따라서 이 법률들은 모두 근로기준법상의 근로자를 보호대상으로 하고 있다.

한편, 근로관계가 가진 계속적 계약관계로서의 특성, 즉 근로조건의 향상 및 변경 필요성과 근로자와 사용자 사이에 현실적으로 존재하는 불평등한 지위를 고려하여 헌법과 법률은 근로자에게 이른바 근로3권을 보장하고 있으며, 이를 구체화한 것이 집단적 노사관계법이다. 집단적 노사관계법은 사용자와 대등한 지위에서 교섭하고 협약을 체결할 수 있도록 근로자단체(노동조합)의 조직·운영, 근로자단체와 사용자 사이의 단체교섭 및 단체협약의 체결, 그리고 쟁의행위 등 단체행동의 가능성(이를 집단적 노사관계라 한다)을 보장하는 데 중점이 있다.

이와 같이 개별적 근로관계법은 근로관계의 내용을 구성하는 근로조건을 당사자의 자치가 아니라 국가가 직접 규율·집행하는 데 그 특징이 있는 데 비하여, 집단적 노사관계법은 근로자의 단체와 사용자가 서로 대등한 지위에서 근로조건을 결정할 수 있도록 그 교섭의 규칙을 정하는 데 특징이 있다. 하지만 집단적 노사관계법의 목적도 결국 근로자의 사회경제적 지위향상에 있으므로 개별적 근로관계법과 구별되는 독자적 목적을 추구하는 것은 아니며, 오히려 개별적 근로관계법을 보완하는 역할을 담당하므로, 현행 노동법에서 개별적 근로관계법과 집단적 노사관계법은 하나의 불가분적 일체를 이루는 것으로 이해할 수 있다.

나. 근로기준법의 역사적 의의

오늘날 노동법의 규율대상이 되는 노동문제는 산업혁명에 의한 공장제 생산방식이 확산되면서 현실화되었다. 즉, 노동력을 제공하지 않고서는 생활할 수 없는 근로자들이 낮은 임금조건과 열악한 작업환경에서 장시간 동안 집단적으로 공장노동에 종사하게 되면서 낮은 임금에 따른 생활고, 업무상 재해에 의한 생명·건강의 危害상태가 계속되자 국가는 근로자보호를 위하여 어떤 대책을 강구하지 않으면 안 되었다. 그 결과 제정된 것이 규제법으로서의 공장법(노동보호법)이다.[29] 노동보호법은 사업장에서 종속적 노동을 제공하는 근로자들의 보호를 위하여 19세기 전체에 걸쳐 생성되었으며, 우리나라에서는 일본 노동기준법을 모델로 하여 1953년 제정되었다.

이와 같이 노동법은 근로자의 열악한 경제적·사회적 조건을 해소 내지 완화하기 위하여 국가가 직접 사용자를 대상으로 규제를 가하여 근로자에게 발생할 수 있는 각종 불이익과 위험으로부터 보호하는 방식으로 발전하여 왔다. 근로자는 사용자에 대하여 종속적 지위에서 노동력을 제공하기 때문에 구조적으로 불평등한 관계에 있고, 그에 의하여 근로자의 근로조건이 주로 사용자의 일방적인 결정에 맡겨지고 있는 현실을 개선하는 데 목적이 있다. 따라서 국가의 개입 또는 집단적 협약자치를 통해서 일정수준의 근로조건을 확보함으로써 사용자의 일방적 결정 구조를 규제하는 것이 노동법의 책무였고, 이러한 의미에서 근로기준법과 노조법은 역사적으로 노동법의 핵심영역으로 인식되었다.[30]

다. 근로기준법의 구조와 한계

개별적 근로관계법은 감독제도와 벌칙의 적용이라는 공법적 수단에 의하여 일정한 최저기준의 준수를 사용자에게 강제하는 협의의 노동보호법과 사법상의 최저기준 설정에 한정된 근로계약법으로 분류할 수 있다.[31] 노동법의 체계에서 이 양자가 어떻게 조합되어야 하는지가 특히

---

29 김형배, 「노동법」(제9판), 박영사, 1997, 29면.

30 박지순, "노동법 규제개혁의 관점과 방법," 경영법률 20권 1호, 한국경영법률학회, 2009, 73면.

31 박지순, "노동법 규제개혁의 관점과 방법," 102면. 양자의 구분에 관해서는 하경효, "노동법의 기능과 법체계적 귀속," 「사회변동과 사회질서」(김형배 교수 정년 기념논문집), 박영사, 2000, 243면.

문제가 된다. 과거에도 근로관계는 근로자와 사용자의 자유로운 의사의 합치에 의하여 성립한 계약관계이므로 권리의무의 내용은 당사자 사이의 합의에 의하여 정해진다는 것은 근대법의 기본원칙으로서 부인되지 않았다. 민법은 일방 당사자가 상대방 당사자에게 노무를 제공하는 근로관계에 대해서 고용이라는 계약유형을 두고 그 계약관계에 관한 최소한의 준칙을 두는 데 그쳤다(민법 제655조 내지 제663조).

근로기준법은 근로관계상의 계약내용에 대하여 근로자 보호를 위하여 벌칙을 전제로 한 강행적 준칙과 기준을 마련하여 이를 근로계약이라고 하고 있다. 이와 같은 근로관계가 계약관계라는 것은 민법 및 근로기준법에서 당연히 명시되어 있지만, 그 실제적인 영향력을 크지 않았다. 민법의 고용은 노동법제의 발전에 의하여 근로관계에 대해서는 극히 한정된 보충규범을 정한 데 그치고 근로기준법은 공법적 성격이 중심이 되어 근로관계의 계약적 성격을 희석시켰기 때문이다. 즉 근로기준법은 근로계약을 적극적으로 평가하고 이를 근로관계의 기본에 두는 법률이 아니라 사용자의 사실상의 단독결정을 강행법규에 의하여 극복하는 데 그 일차적 목적을 두고 있다.

그렇지만 이와 같이 국가가 감독과 벌칙을 배경으로 관철하고자 하는 강행적 기준은 필연적으로 고용관계의 본질이자 원칙이라고 할 수 있는 당사자의 사적 자치를 형해화하고, 규제의 가능성과 필요성의 관점에서 근로기준법의 적용이 적절하지 아니한 적용제외 대상을 광범위하게 인정하지 않을 수 없다는 현실적 문제에 직면하고 있다. 국가는 근로기준법의 실효성을 고려하여 그 적용범위를 무제한 확대할 수 없고 그 때문에 비교적 엄격한 근로자개념을 정의하고 집행하기 때문에 사각지대의 발생을 저지하기 어렵다.

또한 근로기준법에서 규율하고자 하는 근로계약(법)의 내용은 이를 과연 최저기준으로 규제하는 것이 적절한지에 대한 의문도 법체계적 관점에서 제기된다. 당사자 간의 계약해석의 문제와 그에 적용될 해석기준 그리고 그 해결주체의 문제(행정관청 → 사법부)가 제기되는 것이다. 당사자 간의 모든 법률관계의 내용을 강행적 최저기준임을 전제로 국가의 감독과 벌칙으로 규제하는 것이 가능한지에 대해서도 의문이 제기된다. 특히 아래에서 보는 것처럼 취업형태의 다양화는 그러한 의문을 더욱 증폭시키고 있다.

결론적으로 근로기준법은 근대 산업사회에서 국가의 후견적 보호를 필요로 했던 종속적 단순노무자들에게는 적합한 규율모델이었으나, 산업구조가 고도화되고 취업형태가 다양화되고 있는 오늘날에 와서는 취업자 일반을 보호할 수 있는 보편적 타당성을 인정받기 어렵게 되었다. 새로운 근로계약법의 제정이 논의되는 이유와 배경은 여기에 있다.[32]

(2) 근로계약법 제정 배경과 필요성—사실적 측면

가. 기업 노동조직 변화와 취업형태의 다양화

종래 노동법은 공장근로자이든 사무근로자이든 상당기간 동일 사업장에서 상용직으로 계속해서 취업하는 근로자를 전제로 하여 근로조건 보호에 관한 규제를 완성하였다.[33] 과거 산업사회에서는 공동의 이해관계를 갖는 다수의 근로자가 협력하여 노동하는 협동적 형태의 노동조직이 주된 규율대상이었기 때문이다. 그렇지만 최근에는 산업구조의 고도화로 인하여 노동조직의 성격이나 구성에도 큰 변화가 일어나게 되었고, 이로 인해 개별 근로자의 근로조건도 개별화[34]가 발생하고 있다. 다

---

32 김형배, "한국에 있어서의 노동법 패러다임의 전환," 「노동법학」(제28호), 한국노동법학회, 2008, 10면. 이철수 교수는 전통적 노동법학의 방법론에 대한 반성과 새로운 노동법의 패러다임으로서 근로계약법 제정의 필요성을 강조하고 있다. 이철수, "근로계약법제와 관련된 방법론적 검토," 「노동법의 존재와 당위(김유성 교수 정년기념논문집)」, 2006 참고.

33 박지순, "노동법 규제개혁의 관점과 방법," 82면.

34 근로조건의 개별화는 능력·성과주의의 보급, 근로조건의 개별적 결정 프로세스로 설명될 수 있다. 자세한 내용은 하경효 외, 주요국의 근로계약법제에 대한 논의 및 우리나라에의 적용방안 연구, 7~9면.

시 말해서 과거에는 근로조건을 집단적·획일적으로 결정하는 방식이었다면, 최근 같은 노동조직에 속하는 근로자에 대해서도 개별적으로 근로조건을 결정하는 방식의 필요성이 늘고 있는 것이다.

또한 과거로부터 행해져 오던 장기적 고용관행 및 연공적 보상체계에 대한 검토가 행해지고 있을 뿐만 아니라, 중도채용의 증가 등 채용방법의 다양화, 성과주의·능력주의에 기초한 보상제도의 도입·확대 등 인사관리의 개별화·다양화가 진전되고 있다. 따라서 종래의 근로기준법으로 규율하기 곤란한 근로계약법상의 다양한 해석문제가 발생하고 있고, 이를 해결하기 위한 계약법적 규칙의 재정비가 요청된다.[35]

근로자의 취업형태도 종래 노동법이 규율하던 표준적 또는 전형적 근로관계로부터 벗어나는 사례가 증가하고 있다. 예를 들어 기간제 근로자, 단시간 근로자, 파견근로자 그리고 근로자에 유사하지만 비근로자로 취급되는 가내수공업종사자(가내근로자), 프리랜서, 특수형태근로종사자 등이 급속하게 증가하고 있으며,[36] 전형적 근로관계를 전제로 한 근로기준법의 규율체계만으로는 이와 같은 다양한 취업형태를 합리적으로 규율하는 데 한계가 있을 수밖에 없다.[37]

나. 규제방식의 변화와 실효성

산업화 이후 전통적인 노동법은 공장제 생산체계 하에서 균질한 집단으로서의 근로자를 전제로 하여 강행적 규범에 의한 일률적인 규제를 실시하고, 이를 형사처벌 및 행정감독으로 담보한다는 규율방법을 사용하여 왔다. 우리나라를 비롯한 각국마다 노동보호법 체계로 제정된 근

---

35 임종률 외, 근로계약법제에 입각한 근로기준법 개선방안 연구, 1면.
36 비전형 근로관계의 증가에 대하여 노동법은 두 갈래의 과제를 제시한다. 그 하나는 전형적 근로관계에 비하여 근로조건의 부당한 차별을 받지 않도록 하는 것과 노동법의 적용을 회피하기 위한 탈법적 행위가 발생하지 않도록 적절한 조치를 행하는 것이다(박지순, "노동법 규제개혁의 관점과 방법," 83면).
37 임종률 외, 근로계약법제에 입각한 근로기준법 개선방안 연구, 1~2면; 하경효 외, 주요국의 근로계약법제에 대한 논의 및 우리나라에의 적용방안 연구, 6~7면.

로기준법, 최저임금법 등이 그 대표적인 입법례라고 할 수 있다.[38]

하지만 급격한 환경변화 하에서 노사 당사자가 대등한 지위에서 자주적으로 근로조건을 결정하고, 또한 분쟁이 발생하는 경우 이를 신속하고 적정하게 해결하는 것이 더욱 중요하게 되며, 그때 노사 당사자의 행위규범이 되고 분쟁해결 시 판단규범이 되는 공정하고 객관적인 규칙이 필요하게 된다. 또한 근로계약에 관한 현행 법률과 판례법리는 근로계약관계를 둘러싼 환경변화에 충분히 대응할 수 없을 만큼 불충분하다고 할 수 있다.[39]

다. 개별 노동분쟁의 합리적 해결 필요성

최근 해고나 인사이동 또는 근로조건의 변경 등을 둘러싸고 개별적 근로관계에 관한 분쟁이 증가하고 있다. 계속적인 신뢰관계를 기반으로 하는 노사 간에 있어서 분쟁은 노사 쌍방에 대해 상당한 시간적·금전적 부담을 발생시키고, 양자 간의 신뢰관계가 회복하기 어려울 정도로 악화되는 경우가 있다. 따라서 근로계약에 관한 공정한 해석 및 행위규범을 정하고, 분쟁예방과 신속한 해결을 도모하는 것이 중요한 과제가 되고 있다.[40]

우리 근로기준법은 최저근로기준을 정하고 있을 뿐 개별근로관계에서 발생하는 분쟁을 해결하기 위한 근로계약에 관한 규정체계가 불충분하며, 따라서 구체적인 계약상의 분쟁사례에 대해서는 불문의 판례법리를 통해 해결하고 있다.[41]

---

38 노상헌, "근로계약법제의 입법화와 쟁점,"「강원법학」, 강원대 비교법학연구소, 2009, 96면.
39 임종률 외, 근로계약법제에 입각한 근로기준법 개선방안 연구, 1면.
40 임종률 외, 근로계약법제에 입각한 근로기준법 개선방안 연구, 2면.
41 노상헌, "근로계약법제의 입법화와 쟁점," 96면.

IV. 노동법의 보호요건의 개선과 사회보험법의 과제

1. 노동법상 보호의 차별화

(1) 보호필요성과 노동법 적용의 차별화

노동법은 원칙적으로 소득과 직장 내 지위에 관계없이 모든 근로자를 보호대상으로 한다. 다만 일부 노동법의 분야에서는 관리감독자의 지위에 있는 경우(근로기준법 제63조에 따라 근로시간, 휴게, 휴일에 관한 규정의 적용제외), 사용자의 업무 또는 사용자의 이익대표자로서 업무를 수행하는 자의 경우(노조법 제2조 제4호 단서 가목에 따른 노동조합의 가입자격 제한) 등 해당 근로자에 대한 적용제외규정을 두고 있다.

위에서 말하는 관리감독자란 일종의 신분적 의미로 사용되고, 노조법상 사용자 또는 사용자의 이익대표자는 업무와 관련하여 그 요건이 설명된다. 근로자들 사이에 노동법의 적용제외 요건으로 사용되는 이와 같은 개념은 근로자 수가 적은 중소기업에서는 비교적 명확히 대상자가 결정될 수 있으나, 다수의 근로자가 근무하고 있는 대기업의 경우에는 그 판단이 현실적으로 어렵다.

일반근로자와 마찬가지로 업무수행과 방법에 대하여 지휘감독을 받으며 근무하는 것이 아니라 스스로 업무내용과 방법을 통제하면서 성과 중심으로 근무하면서 부분적으로 특정 업무의 통할이나 인사적 권한에 대한 책임이 없이도 억대의 연봉을 받고 있는 근로자들은 스스로 기업가적 관점에서 시장가치를 만들고 자신의 개인적 능력을 바탕으로 자신의 노동력을 환가함으로써 직장상실과 결부된 거래비용을 충당할 수 있는 수익을 현실화한다. 따라서 이들에 대한 실체적 해고보호는 정당화되기 어렵다.[42] 이러한 근로자들이 근로시간 등 근로기준법의 적용을 받는 것도 불합리한 측면이 있다.

이와 같이 근로자라는 지위 또는 신분에 기초한 보호범위의 확정 및 보호의 차별화는 소득에 따른 기준이 보완되어야 어느 정도 합리성을 가질 수 있다. 예컨대 2017년 현재 국민연금의 소득상한액이 월 449만 원임을 고려하면 이 소득상한액의 2배 이상을 받고 있는 근로자를 기준 으로 적용범위의 기준을 설정하는 것도 하나의 방법이다.[43]

(2) 스타트업 기업을 위한 노동법의 적용유예

스타트업(Start-up) 기업이란 혁신형 기술과 아이디어를 보유한 초기 창업 기업으로서 자체적인 비즈니스 모델을 가지고 있는 작은 그룹이나 프로젝트성 회사를 가리킨다. 코스닥 상장과 인수나 합병(M&A) 같은 것을 통해 대규모 자금을 조달하기 이전 단계라는 점에서 벤처와 차이 가 난다. 이러한 회사들은 대부분 신생이며, 새로운 비즈니스 모델을 개 발하거나 새로운 시장을 찾아나서는 데 주력한다. 스타트업이란 용어는 닷컴 버블 이후 함께 등장하는데, 당시에는 닷컴 회사들을 지칭하는 의 미로 쓰였다.

스타트업 기업 중 실제로 지속적인 사업 또는 사업조직으로 발전하는 사례는 매우 드물다. 그만큼 실패 가능성이 높다. 그럼에도 불구하고 스 타트업 기업은 반복해서 도전하게 되며 그렇게 해야 한다. 그 과정을 통 해 부가가치가 높은 최종생산물에 도달한다. 스타트업이 실질적으로 국 민경제에 기여하고 노동시장에 적극적인 영향을 미치기 위해서는 한시 적 규제완화도 고려할 수 있다.

스타트업 기업의 인력운영은 유연해야 한다. 독일의 경우 해고제한법 은 계속근무 6개월 이상인 근로자에 대해서 적용되며, 일반 사업장에서

---

42 독일 해고제한법은 이른바 관리직 사원(Leitende Angestellte)에 대해서는 소정의
    요건을 충족하면 통상의 해고보호를 금전보상으로 갈음할 수 있도록 규정하고 있
    다.

43 이에 관해서는 이미 Annuß, NZA 2017, 345, 349 참고.

객관적 사유 없이도 최대 2년까지 허용되는 기간제 근로자의 사용기간은 새로 성립된 기업에 대해서는 4년까지 확대된다. 스페인의 경우도 50명 미만의 근로자를 사용하는 기업에 대해서는 신규채용 근로자에 대해서 1년까지 시용, 수습기간으로 인정하여 노동법 적용의 예외를 인정한다. 이처럼 직접 스타트업 기업을 수혜자로 하는 노동법제는 없지만 사실상 신규사업 및 소규모사업에 대한 다양한 적용제외를 허용함으로써 노동법적 위험을 완화하고 인력운영의 유연성을 확보하게 해 준다. 물론 이 경우에도 사내 스타트업과 같이 기존 기업의 스타트업 기업은 신규사업으로 인정하기 어려울 것이다.

2. 새로운 자영업자와 사회안전망

(1) 현황과 문제점

산업4.0의 가장 큰 특징의 하나는 ICT기술의 새로운 전개에 터잡아 인터넷-플랫폼에서 이뤄지는 작업의 조직화를 들 수 있다. 그러한 의미에서 플랫폼이코노미(Plattform-Economy)라고 부르기도 한다.

산업4.0의 가장 대표적인 형태로 통상 Crowdworking 또는 Crowdsourcing이라고 부르는 유형인데 이는 디지털화된 아웃소싱 형태라고 볼 수 있다.[44] 기업들은 개별 프로젝트 또는 소규모의 업무과제를 웹기반 플랫폼에 기술하고, 등록된 유저는 자신의 노동력과 능력을 전 세계에 제시하고, 기업이 기술한 업무과제를 장소에 구애받지 않고 완성할 수 있는 가능성을 갖는다.[45] 기업들은 내부적인 인적 자원의 부족문제를 해소할 수 있고, 주문이 급증할 경우에 유연하게 대응할 수 있으며, 이른바 집단지성(Intelligenz der Masse)에 의하여 이익을 추구할 수 있다. 크라우드워킹은 현대화된 통신수단을 사용한 제3자인력투입(Drittpersonaleinsatz)의

44 　대표적인 사례로 Amazon Mechanical Turk and Clickworker.
45 　crowdworking에 관한 자세한 내용은 Däubler/Klebe, NZA 2015, 1032 참고.

새로운 형태라고 할 수 있다.

플랫폼이코노미의 다른 형태로 노무제공자의 업무 자체가 한 사람의 소비자의 주문에 의하여 제공하는 최종적인 생산물/서비스인 경우도 있다. 이를 On-Demand-Economy라고 부른다.[46]

크라우드워킹의 법적 문제에 대해서는 지금까지 별로 다루지 않았다. 크라우드워킹을 법적으로 통일된 개념으로 이해하는 것은 불가능하고 하나의 類개념(Sammelbegriff)으로서 구체적 사례마다 서로 다른 내용으로 형성된 취업형태라고 보는 것이 타당하다. 즉, 크라우드워커를 자영업자로 분류할 것인지 아니면 노동법 및 사회보험법상 근로자로 볼 것인지는 각각의 개별 사례마다 구체적으로 판단할 수밖에 없다.

이러한 플랫폼이코노미 종사자(다음부터는 플랫폼취업자라고 부른다)들은 부분적으로 최저임금에도 미치지 못하는 극단적인 저임금을 받거나 사회보험의 적용도 배제되는 경우도 적지 않다(이른바 디지털 프레카리아트 digitales Prekariat). 바로 이 지점에서 현행 노동법이나 사회보험법의 한계가 존재한다. 플랫폼 취업자는 높은 소득불안정과 취업불안정을 가지고 있음에도 불구하고 우리 노동법과 사회보험법(고용 및 산재보험)은 기본적으로 '종속적 지위'에서 근로를 제공하는 '근로자'를 전제로 하고 있기 때문에, 적용대상에서 제외된다.

(2) 노동법적 분류

플랫폼취업자 중에는 근로자 또는 특수형태근로종사자로 볼 수 있는 형태를 가진 자가 있음을 배제할 수 없지만,[47] 대부분 위탁사업주의 사업조직에 편입되지 않고 그의 지휘명령 없이 자유롭게 노무를 제공한다

---

46 가장 대표적인 사례는 Uber와 같은 차량운행 제공 플랫폼이라고 할 수 있다. Lingemann/Otte, NZA 2015, 1042 참고.

47 Uber운전자의 근로자성에 대해서는 박지순, 산업4.0과 노동법 및 사회법의 과제, 노동의 미래: 자영노동?, 전북대 노동사회법센터 학술세미나 발표자료, 2016.12. 28.

는 점에서 근로관계는 원칙적으로 부인될 것이다.

크라우드워커의 경우 업무수행을 위한 장비를 스스로 갖추지 않은 경우도 있다. 대체로 이 분야의 기업(사업주)들은 혁신, 연구, 개발, 마케팅 등에 대해서도 외부 전문가를 투입한다. 창의적이고 고부가가치 영역에서 크라우드워커는 디자인, 로고의 개발을 위해 특정의 불가결한 소프트웨어를 사용해야 하는 경우도 있다. 따라서 업무의 성격에 따라 자신의 장비를 직접 투입하느냐 아니면 업무위탁 사업주의 장비와 소프트웨어를 사용하느냐 하는 것은 부차적인 문제가 된다. 독일 노동법원의 판례 중에는 노무제공자가 약정된 노무를 제공하기 위해서 기술적 장비나 시설, 지원인력을 위탁사업주에게 의존한다는 점만으로는 근로자성을 인정하기 어렵다고 한다.[48]

크라우드워커는 장소에 구속되지 않고 노무를 제공한다. 업무의 성과제공에 대한 시간적 구속은 있으나 사용자의 근로시간에 대한 지휘명령과는 성격이 다르다.

크라우드워커는 전통적인 노무제공자에 비하여 보호 필요성이 더 많다고 하기도 어렵다. 기업가적 위험을 부담하기도 하지만 기업가적 기회도 그에 못지않다. 크라우드워커는 중개플랫폼을 통해 잠재적 위탁사업주와 더 원활한 접근성을 갖기 때문이다. 그러한 이유로 특수형태근로종사자(독일식 표현으로 근로자유사의 자, Arbeitnehmerähnliche Personen)로 분류하기도 어렵다. 즉, 근로자와 특수형태근로종사자 외의 새로운 자영업자에 해당한다.

크라우드워커는 현행법상으로는 민법, 특히 약관 등의 규제에 관한 법률 등에 의하여 불공정한 계약조건으로부터 보호를 받을 수밖에 없다. 크라우드워커에 대하여 근로자개념의 확대를 통해 근로자와 대등한 보호기준을 요구하는 것은 노동법체계에 부합하지 않는다. 그보다는 현

---

48 LAG Rheinland-Pfalz, BeckRS 2009, 53359.

행 노동보호법체계에서 외관자영업자(근로자로서의 실질을 가지고 있음에
도 형식적으로 자영업자로서 계약관계를 가진 자)를 파악해 내는 기준을 산
업4.0의 노동현실을 반영하여 발전시킬 필요가 있다. 그 밖에도 노동법
의 일부 보호기준과 사회보험법 편입을 위하여 독일에서는 크라우드워
크 형태로 이뤄지는 디지털화된 재택근로를 포함하는 가내노동법
(Heimarbeitsgesetz, HAG)의 현대화를 요구하는 주장도 있다.[49] 또한 플
랫폼취업자들의 집단적 자기결정을 지원하기 위하여 노동조합의 가입
을 인정하든가 아니면 위탁사업주의 종업원대표조직에 포함하는 방안
도 제기된다. 그 밖에도 저소득층에 속하는 1인 자영업자에 대하여 사
회보험 가입 의무를 확대하고 지원하는 방안이 필요하다.

그렇지만 플랫폼 취업자의 이해관계가 너무나 다양하고 상당수는 집
단으로 계약조건이 연결되는 것에 거부감을 가질 수도 있을 것이다. 즉,
조직화의 필요성은 어느 정도 인정되지만 가능성 및 효과성에 대해서는
장담하기 어렵다.

결국 가장 시급하고 현실적인 보호방안은 근로자 중심의 사회보험체
계를 개선하여 1인 자영업자를 포괄할 수 있는 '새로운 사회보장시스템'
을 구축하는 것이라고 할 수 있다. 사회보험의 적용확대가 일차적으로
고려되겠지만 직업상 위험(실직, 재해)을 보상하는 데 목적을 둔 현행 고
용보험이나 산재보험은 모두 근로자성을 전제로 구성된 것이다. 그렇기
때문에 보험급여의 요건과 지급내용, 보험료 산정 방법 등 보험적용과
관련하여 상당히 복잡한 문제가 발생한다(예를 들어 고용보험의 구직급여
요건인 '비자발적 이직'을 자영업자에게 어떻게 적용할지부터 난관에 부닥친
다).

이와 관련하여 프랑스의 사회보장제도 개편 방향이 관심의 대상이 되
고 있다. 새로 집권하여 노동개혁을 추진하고 있는 마크롱(Emmanuel

---

49 이에 관해서는 위의 박지순, 산업4.0과 노동법 및 사회법의 과제 참고.

Macron) 대통령은 4차 산업혁명 시대의 실업문제에 대비한 주요 사회보험제도의 개혁방안을 발표하였다. 그중 실업보험제도 개편은 특히 사각지대에 있는 비정규직 근로자나 자영업자 그리고 자발적 실업자를 보호함으로써 취업자 전체를 대상으로 하는 보장제도를 구축하는 데 초점을 맞추고 있다. 그리고 이를 위한 재원은 실업보험료가 아니라 사회보장세(CSG)의 징수로 확보한다는 것이다. 이와 같이 프랑스는 종래의 전통적인 근로자를 대상으로 설계된 기존 사회보험체계로는 급변하는 노동시장 구조변화에 대응하는 데 한계가 있다고 보고 새로운 방식의 사회안전망을 구상하기에 이른 것이다.

이를 통해서 알 수 있듯이 앞으로 논의되어야 할 과제는 기술혁신에 따른 장기적인 변화에 대응하기 위해서는 근로자와 자영업이 혼재되는 광의의 고용이 확산된다는 전제하에, 현행 노동법과 사회보험법의 구조적 한계를 극복하고 다양한 유형의 취업자를 포괄할 수 있는 보호방법을 어떻게 구축할 것인지 여부이다. 노동법의 구조개혁은 시간이 많이 걸리는 데 비해 사회보장제도의 구축은 상대적으로 개혁이 신속하게 이뤄질 수 있는 분야이다.

V. 맺음말

4차 산업혁명, 디지털 혁명은 인간노동의 기본조건과 내용을 변화시키고 있다. 이미 장소에 구애받지 않는 노무제공과 전통적인 근무시간 외에 기업과 연결되는 사례가 오래전부터 일상이 되었다. 노동의 유연성(flexibility)과 고용이동성(mobility)에 대한 요청은 현대적 노동법 및 노동정책의 중심화두가 되고 있다. 노동법은 기술적, 사회적 진보에 대한 연결점을 놓쳐서는 아니 된다. 이를 위해서는 기존의 산업화단계에 정향하여 수립된 경직된 노동법구조를 유지하기 보다는 입법적 수정을 행할 때이다. 특히 근로기준법의 근로시간제도는 현실의 생활관계를 반영하여 시급히 개정될 필요가 있다. 기업과 근로자들은 근무장소와 근로시간을 유연하게 형성할 수 있는 가능성을 가져야 하며, 공법상의 규제를 완화시킬 필요가 있기 때문이다. 이때 개선의 핵심 키워드는 자율성의 강화이다.

노동법은 시민사회를 지향하는 현대 사회질서 모델과 그 목표를 분리해서는 안 된다. 19세기의 계급적 사고에서 벗어나 시민사회의 구성원으로서 근로자 개개인의 자율과 참여를 보장하는 방향으로 발전해야 한다. 4차 산업혁명은 시민사회에서 노동법의 역할을 재검토하고 새로운 방향성을 모색하도록 중요한 전기를 마련하고 있다.

노동법 전문가들과 실무가들은 산업4.0과 그에 수반된 노동4.0이 몰고 올 노동법에 대한 도전을 과소평가해서는 안 된다. 노동법은 기술적, 경제적 발전과 눈높이를 맞추어야 한다. 노동4.0은 노동법4.0에 의해서만 서로 양립될 수 있으며, 그렇지 않으면 노동법의 시스템이 근본적으로 위협을 받게 된다.

기업지배구조 시론(試論): 이사회 운영현실과 개선을 위한 대안의 모색*

김태진**

Ⅰ. 허(虛)와 실(實)―주식회사는 이사회에 의해 운영된다(?)

2016년 하반기에 대한민국을 강타한 이른바 '최순실 게이트'는 법적으로도 많은 논란과 사회적인 파장을 불러왔다. 삼성의 경우 최순실의 딸 정유라를 지원한 데에 대한 대가로 특혜를 받았다는 의혹으로 인해 결국 2017년 2월 17일 삼성전자 이재용 부회장이 구속되는 등 SK, 롯데 등 국내 굴지의 대기업들의 이름이 매스컴을 장식한다.

우연의 일치인지, 삼성그룹은 이재용 부회장이 구속되어 부재하게 된

---

* 이 글은 아래의 논문을 토대로 하여 2015년 이후 최근까지의 법 개정 내용을 새롭게 반영하고 또 독자들이 보다 이해하기 쉽도록 다시 작성한 글임을 알려 드립니다; 김태진, "우리는 이사회에게 무엇을 기대할 것인가―이사회 실패 현상을 극복하기 위한 대안으로서 법인이사론을 중심으로," 경영법률 제25집 제4호(2015.7).

** 고려대학교 법학전문대학원 부교수.

이후 2017년 3월 1일자로 그룹 내 컨트롤타워였던 미래전략실을 폐지하고, 16개 상장사를 포함한 59개 계열사 모두 각 이사회를 중심으로 자율적으로 운영될 것임을 밝혔다. 이를 두고 '사실상 그룹 해체 시대'라고까지 표현한 매체도 있었다. 이사회를 중심으로 한 회사 경영이 이렇게 호들갑을 떨 정도로 대단하고 새로운 것일까?

법률에서는 주식회사는 원래 이사회에 의해 운영되는 것을 전제한다. 따라서 이사회에 의한 회사 경영은 당연한 것이다. 우리 상법은 주식회사의 업무집행은 이사회 결의로 이루어진다고 명시하고 있는 것만 보아도 알 수 있다.

물론 여기서의 '회사의 업무집행'이 무엇인지 다소 막연하지만, 주주총회에서 반드시 결정해야 하는 사항들을 제외한 주요 경영사항에 대해 어떻게 처리할 것인지를 정하는 의사 결정 단계[1]와 그 결정된 바에 따라 금전을 지출하거나 계약을 체결하는 등의 구체적인 행동을 실행에 옮기는 집행단계로 구별된다.

그러나 곰곰이 생각해 보면, 이사회는 회의체 기관이므로 스스로 직접 무언가 행위를 하기에는 적절하지 않기 때문에 필연적으로 누군가에게 회의에서 결정된 바에 따른 집행 업무를 맡길 수밖에 없다.

상법은 이사회가 구체적으로 누구에게 집행 업무를 맡기는 것인지에 대해서는 침묵하고 있다. 그 대신 간접적으로 대표이사가 대외적으로 회사를 대표할 권한이 있음을 법에서 규정하고 있을 뿐이다. 따라서 위 표현을 뒤집어 해석하면, 대외적으로 회사를 대표할 권한이 있는 대표이사에 의해 대외적인 일은 처리된다는 것이므로 결국 회사의 대외적인 집행업무는 대표이사가 담당하는 것으로 이해하고 있다. 반면 회사의 내부적인 사항들은 대외적인 대표권과 무관하므로 전적으로 회사의 자율과 자치에 맡겨져 있다(물론 현실에서는 내부적인 사항들 역시 대표이사

---

1 회사법상 중요한 사항에 대해서는 주주총회를 통해 주주들의 의사결정절차가 요구되기도 한다.

가 최종적인 결정권자일 것이지만).

종전에는 이사회의 구성원인 각 이사들도 반드시 법률상 요구되는 것은 아니지만 어느 정도는 회사의 업무집행에 참여하는 것이 당연한 관행이라고 보았었다. 다만 업무를 보다 효율적으로 집행하기 위하여 대체로 상명하복의 피라미드식 구조를 택하고 있었으므로 아무래도 그와 같은 내부 조직을 이루고 있었고, 이는 회의체인 이사회에서는 각 이사들이 모두 동등하게 1인 1표를 행사한다는 점에서 이론적으로는 동등한 지위인 것과 대비된다. 회사 내부의 집행조직은 회장, 사장, 부사장, 전무, 상무, 이사, 부장, 차장, 과장, 대리, 사원 등의 계급으로 구성되고 일반적으로 상무 이상의 직급에 있는 자를 임원이라 한다(다만 여기서의 임원은 법적인 의미의 '임원'은 아니다).[2]

최근에는 미국식 스타일을 참조하여 내부조직의 최고 정점에 있는 자를 이른바 최고경영자(chief executive officer: CEO)라 부르기도 한다. 최고경영자는 대표이사와 반드시 동일할 필요는 없고 상법은 최고경영자에 대해서는 아무런 규정도 두고 있지 않지만 우리나라 기업 현실에서 대표이사는 대개 최고경영자를 겸하고 있다.

이처럼 상법은 회사의 운영은 이사회에서 결정한다고 규정하고 있지만 실제로는 최고경영자를 정점으로 하는 내부조직(이를 통틀어 '경영진'이라고 할 수 있다)에 의하여 운영되고 있는 것이 현실이고 심지어 이사회 역시 최고경영자의 영향력하에 있는 경우가 많다.

더구나 이사회 내에서 상근하지 않는 사외이사의 숫자가 점차 증가하면서 이사들이 회사의 내부 사정을 파악하지 못하게 되면서 이사회는 법에서 요구하는 절차를 갖추기 위해 불가피하게 진행하는 일종의 비용 개념처럼 인식되는 한편, 이사회 스스로도 회사에서 준비한 안건을 실질적으로 검토하지 못한 채 그저 눈감아 주고 승인해 주는 데에 그치기

---

2 따라서 법률상 임원과 구별하기 위하여 '경영임원'으로 부르기도 한다.

도 한다. 현실의 세계는 이처럼 법이 예정한 것과 다르다면 그 이유는 무엇이고 과연 대안을 찾을 수 있을까?

II. 이사회의 역할 및 한국 기업 현실

1. 이사회 본연의 역할—Decision making과 Decision control 의 균형점

상법은 이사회에 대해 회사의 업무집행과 이사의 직무집행 감독을 기대한다. 말하자면 의사결정기능 이외에도 위에서 본 바와 같은 회사 업무집행을 감독하는 기능도 요구한다는 의미이다.

이사회는 이사를 내부자에서 발탁하는 구조의 '내부자 중심 모델'과 '외부자 중심 모델'로 구별할 수 있다. 내부자 중심모델은 원래 중세 길드에서 유래하는 전통이며 외부자모델은 아이젠버그 교수(미국 버클리대)에 의하여 새롭게 고안된 것이다.

내부자 중심의 이사회는 회사의 의사결정 역시 구성원이 결정해야 한다는 이념에서 비롯된 것인 데 비하여, 외부자 중심의 이사회는 회사의 운영 자체는 사회적 경륜이 풍부한 외부인사(경영전문가)에게 맡기는 것을 전제로 이사회는 이를 감독하는 기능만 담당한다고 본다.

오늘날 현대적인 의미의 이사회에서는 회사를 경영하는 기능보다는 최고경영진에 대한 감독기능이 중요시되고 있어 후자인 외부자모델이 실무계나 학계에서 더 각광받고 있다. 특히 이사회 내에 사외이사를 반드시 이사 총수의 4분의 1 이상 의무적으로 두도록 하고, 대규모 상장회사의 경우 사외이사를 3명 이상으로 하되 이사 총수의 과반수가 되도록 하여야 한다고 비율을 가중시킨 이후 이사회는 감독자로서의 역할이 더 중요해졌다.

더구나 상법에서 이사회에 의하여 회사의 업무집행이 이루어져야 한다고 여전히 규정하고 있기는 하지만, 실제로 이사회가 회사 운영에 관여하는 부분은 주로 최고경영진의 선임과 해임, 대규모 재산의 차입 등 주요 거래를 승인해 주는 정도로 제한되었다. 전략적인 회사의 비전이나 목표를 제시하는 것을 도와주는 역할은 과거에 비해 축소되었다고 할 수 있다.

2. 한국 기업에게 있어 법과 현실

한국의 상법은 1962년 제정되면서 독일과 미국의 제도가 혼합된 일본식 이사회제도를 채택하였다. 상법상 이사회는 업무집행기관으로 법정되어 있었지만 실제로 업무의 집행은 대표이사가 수행하였기 때문에, 현실에서는 이사회가 집행기관이라고 하여 실무상 혼란은 그다지 발생하지 않았다.

다만 업무집행의 감독이 제대로 이루어지지 않는다는 인식 하에 감독기관이 적절하게 설계되지 못하였다는 점이 늘 지적되어 오곤 하였다. 주주는 정작 회사의 업무가 어떻게 집행되는지에 대해 무관심한 채 주주로서의 권리행사(특히 의결권)에 소홀하였고, 회사 경영진에 대해 의미있는 감독을 행사할 수 있는 실제적인 능력도 부족하였다.

이러한 현실 속에서 경영진에 대한 통제의 마지막 보루는 결국 법률에 의해 책임을 추궁하는 구조(즉 상법상 이사에 대한 책임추궁의 형태)로 이루어져 왔다.

미국의 경영자본주의, 독일의 금융자본주의, 일본의 분산형 법인자본주의와 달리 한국은 이른바 개인자본주의, 즉 회사 형태가 지배주주의 개인적 이익 추구를 위한 수단 내지 지배주주의 경영권을 유지하기 위한 수단으로 변질되었기 때문이라는 지적도 있다.

이처럼 지배주주가 회사의 중요의사결정을 지배하고 있는 시스템에서 독립적인 제3자에 의한 감시라는 것이 성립하기는 어려울 것이다.

그렇다면 실제로 회사의 업무는 대표이사에 의하여 이루어지고 이사회는 대표이사의 업무집행과 관련하여, 적절한 조언과 감독(모니터링)을 하는 기관이라고 새롭게 정의하고 수용하는 것이 어쩌면 솔직한 타협책일지 모른다.

III. 이른바 '이사회 실패론'

1. 고전적 의미

국가마다 '이사회'라는 주제어를 놓고 보면 모든 국가에 나타나는 공통점이 하나 존재하는데, 그것은 바로 이사회가 법에서 정한 것과 달리 제대로 그 기능을 수행하지 못하고 있다는 점이다.

이미 18세기경에도 애덤 스미스(Adam Smith)는 South Sea Company의 이사들을 예로 들면서, 위 이사들이 자신의 돈이 아니라 타인의 돈에 대한 관리자이므로 이들에게 동업관계(private partnership)에서 각 구성원(partner)이 자신의 돈을 감시하는 것과 같은 주의의무로 관리하는 것을 기대하기 힘들다고 지적하였고, 그로부터 거의 2세기가 지난 후 미국의 어느 대법관 역시 "이사회는 실질적으로 '감독하지도 않고,' '퍼레이드에서 장식용으로만 쓰이지 실제 전투에서는 쓸모없는 명예직 대령들'로 이루진 경우가 많다"고 혹평한 바 있다.

이러한 현상이 발생하는 이유는 법이나 규정에 의해 이사회에서 반드시 정하도록 되어 있지 않은 많은 사항들이 이사회의 보고를 거치지 않고서 경영진에 의하여 막바로 이루어지기 때문이고, 이는 과거에도 마찬가지였다.

1931년 세계적인 통화위기와 파운드화의 폭락을 불러온 오스트리아

굴지의 은행 크레디트 안슈탈트(Credit Anstalt)가 도산할 때, 1930년대 초 독일 기업이 도산할 때(이로 인해 독일 은행 시스템이 붕괴되고 히틀러가 등장하게 되었다)와 제2차 세계대전 후 영국의 롤스로이스(Rollls-Royce), 미국의 펜 센트럴 철도회사(Penn-Central Railroad), 이탈리아 몬티카티니(Monticatini)가 파산했을 때조차도 그들 기업의 이사회에는 이러한 심각한 문제점이 전혀 보고되지 않았었다.

그러므로 이사회가 회사 업무집행에 효과적으로 대처하지 못하는 현상은 아쉽게도 오래 전부터 나타났던 고질적인 증상이라 할 수 있다. 더구나 각종 기업 내 불상사가 드러나면 그 다음 수순으로서 이사의 책임을 철저히 따지는 구조인데, 이로 인해 오히려 이사들은 최대한 책임을 회피하기 위하여 가능한 주변과 동조하는 선에서 소극적인 입장을 취하게 되어 더욱 이사회의 역할을 쇠퇴시켜 왔다.

2. 이사회 독립성 강조와 오늘날의 이사회 실패

위에서 본 바와 같이 이사회 제도 자체가 많은 국가에서 오랫동안 우리의 기대와 달리 제대로 작동하지 않았다. 그러므로 이는 새삼스럽게 대두된 문제는 아니다.

그런데 오늘날의 이사회는 무엇 때문에 또다시 이사회 실패론이 대두되고 있는 것일까?

그 배경으로서 이사회의 독립성을 강화하는 최근의 추세에서 찾아볼 수 있다.

먼저 1980년대 중반부터 2000년대 중반까지 미국에서는 이사회의 독립성이 강조되었다.

이사회의 독립성 증가는 재량적 판단을 요하는 안건들, 예컨대 경영실적이 좋지 않은 최고경영자를 해임하거나 기업인수제안을 검토하는 등의 안건에 대해서는 이사회가 잘 대처하게 하였다. 특히 엔론과 월드

컴의 분식회계 등 대형 기업 불상사가 발생하면서 입법자와 정부는 이 모든 것이 기업지배구조의 실패 때문이라고 믿게 되었다. 그리고 어찌 되었든 그 이후 결과적으로 2002년 서베인즈-옥슬리법(Sarbanes-Oxley Act)이 제정, 시행되었고, 미국식 기업지배구조에는 감사위원회, 보상위원회, 지명위원회 등의 위원회 독립성요건을 정하고 감사위원회의 역할을 확대한 것 이외에도 이사의 독립성과 관련하여 위 법률은 적어도 1년에 1번은 최고경영자 없이 사외이사들만으로 구성된 회의를 하도록 하고, 사외이사들을 대표할 선임사외이사(lead director)를 선출할 것을 정하고 있다.

그러나 이사회의 독립성을 강화하였음에도 불구하고, 사외이사 중심의 이사회는 기업 실적에도 부정적인 영향을 주었다는 실증연구결과가 제시되었다. 물론 독립적인 사외이사의 도입이 미국이 아닌 영국이나 대만 등에서는 긍정적 효과를 보였고, 한국에서도 1999년 금융위기 이후 2000년 상법 개정을 통해 일부 대규모 회사에 대해 사외이사 선임을 강제하고 감사위원회를 반드시 설치하도록 하는 등 법적인 면에서 큰 변화가 있었는데 그 결과 기업의 시가 상승의 면에서 긍정적 효과를 주었다는 연구결과가 있다.

그러나 여전히 독립된 사외 이사 중심으로 이사회를 재편하였음에도 불구하고 오늘날의 이사회가 애초에 기대한 만큼은 잘 작동하지 않고 있는 원인에 대해서는 여러 가지 의견이 제시되고 있다. 그중에는 역으로 독립된 사외이사가 급증하였기 때문에 이사회가 잘 작동하지 않게 되었다는 견해가 최근 유력해지고 있다.

오늘날의 이사회 구성과 관련하여, 법에서는 사외이사의 중요성을 강조하면서 기업들은 사외이사의 수를 늘렸다. 그러나 정작 사외이사들은 이사직을 수락한 이후에도 이사 업무를 전업으로 하지 않기 때문에 자신들의 원래 본업에 전념하면서 이사 업무는 일종의 파트타임(part-time) 업무 정도로만 받아들이고 행하고 있다는 점이다. 그러나 사외이사들을 너무 탓할 수도 없다. 왜냐하면 그들 역시 생활인으로서 자신(또는 부양 가족)의 생계를 책임져야 하는데(물론 이로부터 자유로운 일부가 있을 수는 있겠으나) 수입의 대부분을 차지하는 본업을 소홀히 할 수는 없기 때문 이다!

사외이사는 시간적, 경제적 제약을 받을 수밖에 없다. 하지만 기업을 경영한다는 것은 상근을 전제한 것이므로 여기서 간극이 발생하는 것이 다. 비상근하면서 어쩌다 분기별로 한 번씩 대충 살펴보는 것만으로는 그 회사의 업무를 충분히 익히기에도 벅차며, 하물며 회사의 중요하고 도 중대한 사안을 철저하게 분석, 검토하는 것은 거의 불가능에 가깝다. 그러므로 현실 속 이사회는 경영진이 준비한 틀 안에서 진행되며, 그들 이 제공한 서류를 바탕으로 당부만을 검토하는 수준에 그치고 있다.

물론 이사회는 성과와 업적을 내지 못한 대표이사(내지는 CEO)를 해 임시킬 권한을 가지고 있기는 하다. 그러나 이사회가 대표이사(또는 CEO)를 해임할 수 있다는 의미는 이사회가 대표이사(또는 CEO)의 권한 을 침범하거나 위협할 수 있는 존재임을 의미하는데 쉽게 말하면 이사 회가 대표이사(또는 CEO)에게는 마치 적군과 같은 존재일 수도 있다는 뜻이다. 그렇다면 대표이사(또는 CEO)는 이사회가 명목상의 존재라 하 더라도 전혀 불만이 없을 뿐만 아니라 오히려 내심 이사회의 권한이 더 줄어서 완전히 소멸하기를 바랄지도 모른다.

오늘날 이사회가 기능적인 면에서 약해지고 있는 것은 피할 수 없는 현실이다.

3. 이사회와 회사 지배구조

이사회 체제를 강조하는 것도 결국 회사의 지배구조를 개선한다는 것 으로 이해할 수 있는데, 이와 같이 하는 이유는 바로 회사의 지속적이고 도 건전한 발전, 성공을 이루기 위함이다. 회사의 지배구조 자체가 회사

설립과 운영의 궁극적인 목적은 아니다. 회사의 기회와 성공은 바깥(즉, 시장과 고객)에 있는 것이고, 내부에 있는 것은 비용이다. 따라서 적정 수준 이상으로 지배구조 설정에 규제를 두면, 시장과 고객에 투입해야 할 회사의 에너지와 돈이 지배구조 설계에 투입되어 버리는 것이다. 그러므로 지배구조에 있어서 유일하며 절대적인 해답을 찾으려는 생각은 버리야 힐 것 같다. 진지하게 생가해 보자. 회사의 많은 문제들이 정말 기업지배구조의 실패 때문이고 이사회 실패 또한 기업지배구조의 설계를 실패하였기 때문일까? 오히려 그 안에 있는 인간의 탐욕이 더 근원적인 원인이 아닐까? 이사회실패론에 대한 대안은 결국 이사 각자가 제대로 역할을 수행하게 만드는 데에 있다.

IV. 대안의 모색

1. 법적 규제

위에서 본 바와 같이 국내의 대표적인 기업들 중에는 지배주주 혹은 그 일가에 의하여 통솔되는 지휘부에 의하여 선단식으로 경영되는 면이 없지 않다. 현행 대규모 기업집단에 대한 공정거래법에 의한 경쟁제한적 기업결합과 경제력집중 억제장치를 제외하고는 달리 회사법적 규제도 없으므로 기업집단에 대한 법적인 규율 내지는 검토가 필요한 시점이다.

이러한 법적 규제를 잘 설계하기 위해서 이사회의 특성에 주목하여 몇 가지 사항에 대해 논의해 보자.

2. 회사의 존재의의, 목적과 이사회

사람은 특정한 목적하에 의도적으로 만들어진 존재가 아니지만, 회사는 다르다. 회사는 처음부터 목적이 있어 설립된 존재이다.

단, 회사의 이윤 내지는 이익은 원인이 아니라 그 결과물이고 회사를 존속하게 하는 필수조건이다. 회사의 이익을 기업의 목적으로 보거나[3] 더 나아가 유일한 존재이유라고 오해할 경우 기업의 영리추구행위 전체에 대해 부정적이거나 적대적인 반기업정서까지 초래하게 될 수 있고 더 나아가 기업의 영리성 개념까지도 공격을 받을 수 있다.

회사는 이익 그 자체 혹은 회계학적인 이윤 그 자체를 목적으로 하기보다는 이익을 내기 위해서 어떻게 운영할 것인지 그 영리추구행위에 관심을 가져야 하고 이익의 원천이 되는 고객 내지는 시장을 창조하는 것에 시선을 두어야 한다. 회사의 목적은 이처럼 내부가 아닌 외부에 있다.

한편 회사는 자신이 속한 지역공동체, 사회와의 관계 속에서만 존재한다. 그러므로 우리 사회의 구성원들이 부담해야 할 최대의 사회적 책임이 스스로 각자의 자리에서 본연의 기능을 잘 수행하면 되는 것이듯 회사는 영리추구행위를 할 때 사회에 대한 공헌까지 완수하게 된다. 즉 회사가 사회에 대해 져야 하는 책임의 출발점은 바로 사회로부터 수임한 사항—부의 생산과 고용창출능력—을 유지하는 것이라고 생각한다.

이렇게 본다면 기업의 이익추구와 사회에 대한 공헌은 서로 모순된 관계가 아니다. 기업의 책임과 권한의 틀 안에서 조화로운 해석이 가능하다. 만약 회사가 어떤 사안에 대해 사회적 책임을 져야 하는지가 문제된다고 한다면 그 상황에 관하여 회사가 (통제)권한이 있는가, 아니면

---

3 이윤 자체가 기업의 동기가 된다고 보는 견해는 고전파 경제학자들이 이론적으로 설명할 수 없는 경제현실을 설명하기 위해 생각해 낸 것에 불과하고, 이윤은 기업 활동의 목적이 아니라 '조건'일 뿐, 기업의 의사결정에서 원인이나 이유, 근거가 되는 것이 아니라 결정의 타당성에 대한 판정기준이다.

권한이 있다고 보는 것이 마땅한지를 생각해 보면 된다. 왜냐하면 회사의 권한이 전혀 없는 상태이거나 역으로 권한을 갖지 말아야 하는 상항이라면 그러한 상황하에 회사가 영리활동을 외면하고 (의도적으로) 사회에 대한 책임을 지는 것은 권력욕에 불과하며, 이는 그러한 사회적 책임을 정당하게 부담해야 하는 다른 단체로부터 권한을 빼앗는 셈이 되어 스스로의 기능을 잃어버리는 것이다.

회사의 소유와 경영의 분리는 주식회사의 특징이지 주식회사 제도의 결함―컴퓨터의 버그(오류)와 같은 것―이 아니다. 그러므로 이사회의 본연의 기능을 생각할 때에도 결국 회사가 제 기능을 잘 수행할 수 있도록 설계되어야 한다는 점을 잊지 말아야 한다.

결국 회사의 이사회를 구성하는 각 이사들의 자질이 중요하다.

그런데 최근 들어서는 사외이사 중심의 이사회를 강조하면서 경영에 대한 조언 기능보다 경영진의 업무집행에 대한 감시 기능만이 강조되는 경향에 있다.

따라서 이사회의 업무에 충분한 시간을 할애할 수 있고, 또 회사의 업무 정보를 충분히 이해할 수 있는 능력을 가진 자를 이사로 선임할 수 있어야 한다는 점, 이사 업무에 보다 특화되고 자신의 판단에 책임을 질 수 있는 자가 이사가 되어야 한다.

3. 이사회 인적 구성 개선을 위한 전문성 요건

지배구조의 문제는 법률 제도 자체의 문제라기보다는 어떻게 운영하는지가 더 중요하고, 이를 위해서는 회사의 이사회를 구성하는 각 이사들의 자질이 중요하다.

그렇다면 이사회의 인적 구성을 어떻게 개선할 것인가?

미국은 서베인즈-옥슬리법이나 도드-프랭크법 등 일련의 법률에서 드러난 바와 같이 이사회의 감시기능을 강화하고자 이사의 독립성 요건을 강화하는 방향으로 나아갔다.

그러나 이사회라는 기구의 원래의 존재의의는 회사의 경영이 잘 되도록 하는 데에 있는 것이므로 감시, 감독에만 치우치는 것은 회사의 경영효율성에 장애가 될 수 있다고 생각한다. 미국 스탠포드대학의 비즈니스스쿨 회계학 교수인 Robert Jaedicke 교수는 회사가 필요로 하는 업무에 전문성을 갖추고 있고 독립성까지 충족하고 있으므로 최고의 적임자인 듯 보였지만 엔론의 사외이사 및 감사위원회의 위원장으로 재직하면서 엔론의 대대적인 회계부정 사태를 전혀 막을 수 없었고 제대로 감시할 수도 없었다.[4]

경영진의 성과를 감시하는 데에는 반드시 경영진으로부터 독립된 이사만이 유일한 수단이 아니며, 오히려 경영진의 입김에서 자유로운 외부자들―자본시장이나 상품시장에서의 외부 감시자(gatekeeper)―가 더나을 수 있다.

또 지배구조의 피라미드 정점에 서 있는, 회사의 잔여재산청구권자인 주주들이야말로 가장 적절한 감시자일 수 있다. 감시자로서 주주가 담당해야 할 기능에 주목하는 것도 이러한 이유이다.

현행 상법은 사외이사의 요건에 대하여 결격사유를 규정하는 네거티브 방식이지만 선언적인 의미에서라도 적어도 '이사는 전문성을 갖춘자'일 것을 요구해야 한다고 본다.

구체적으로 어떠한 자가 이사가 되어야 하는지를 보다 적극적으로 규정하기는 거의 불가능하겠지만, 적어도 결격사유를 통해 어느 정도 독립성을 걸러냈다면, 이제는 회사 업무에 법률이나 회계, 세무, 금융 기타 해당 산업의 면에서 적절한 조언을 할 수 있고 그러한 정보가 충분히있는, '준비된' 자들로 하여금 이사로 선임되도록 할 필요가 있기 때문이

---

4 Steven DAvidoff Solomon, "Out of the Ruins: Where Directors Landed"(Aug., 2, 2011). http://dealbook.nytimes.com/2011/08/02/out-of-the-ruins-where-directors-landed/?_r=0 (최종방문일자 2015.4.25.)

다. 바로 이 점이 이사회 구성의 핵심이라고 할 수 있다.

한편 우리나라의 경우 금융회사에 공통적으로 적용되는 지배구조를 통합하여 「금융회사의 지배구조에 관한 법률」(이하 '금융사 지배구조법')이라는 하나의 법률로 규제하고 있는바,[5] 위 '금융사 지배구조법'에 의하면 이사의 전문성이 중요하다는 점을 전보다 더 강력하게 인식한 탓인지 법률의 곳곳에 이를 반영하고 있다.

예컨대, 금융회사의 사외이사는 금융, 경제, 경영, 법률, 회계 등 분야의 전문지식이나 실무경험이 풍부한 사람으로서 대통령령으로 정하는 사람이어야 하고(제6조 제3항), 금융회사가 주주와 예금자, 투자자, 보험계약자, 그 밖의 금융소비자의 이익을 보호하기 위하여 반드시 지켜야 할 구체적인 원칙과 절차(지배구조내부규범)에 들어가야 할 사항으로 '임원의 전문성' 요건을 들고 있으며(제14조 제1항), 감사위원회 위원 중 1명 이상은 회계 또는 재무 전문가일 것을 요하고 있다(제19조).

4. 사외이사 결격요건에 대한 재검토

감사위원회에 대한 관심이 높아지는 것은 이사의 부정행위와 관련이 있다. 감사위원회야말로 이를 막기 위한 대책이기 때문이다. 따라서 보다 시간을 투입할 수 있고, 회사의 영업을 잘 이해하며, 그 분야 업무에 전문성을 가지거나 실무상 특화되어 있는 자를 이사(사외이사 포함)로

---

5 입법의 배경으로는 2011년경 저축은행 부실로 국내 금융업계뿐 아니라 사회적으로도 큰 타격을 입었고, 그 이후 불법대출부터 시작해서 자기자본비율 부실과 수준미달의 주먹구구식 경영, 대주주의 사금고화 문제, 정치권과의 유착 등 많은 의혹이 제기되어 금융회사의 지배구조를 규율할 법제화가 필요하다는 인식이 한층 고조되었기 때문이다. '금융회사 지배구조법'은 2015.7. 국회 본회의에서 가결되어 같은 달 31일 공포되었고, 그 1년 후인 2016년 8월 1일부터 시행되고 있다. 자세한 내용은 국회의 의안정보시스템 참조(2017년 1월 31일 최종방문). http://likms.assembly.go.kr/bill/jsp/BillDetail.jsp?bill_id=PRC_N1S5X0L4Z3Q0A1M0K2W0V1M0Q8L9I7

선임할 수 있도록 해야 한다.

한편 현행 상법상 사외이사 결격요건은 너무 복잡하고 적용대상범위도 매우 넓다.[6]

이러한 복잡한 사외이사 결격사유가 과연 어느 정도로 합리적인 규제인지 신중하게 검토할 필요가 있다.

---

6 상법 제382조 제3항에서는 사외이사의 결격사유로서, 다음과 같이 정하고 있다.

> 1. 회사의 상무에 종사하는 이사·집행임원 및 피용자 또는 최근 2년 이내에 회사의 상무에 종사한 이사·감사·집행임원 및 피용자
> 2. 최대주주가 자연인인 경우 본인과 그 배우자 및 직계 존속·비속
> 3. 최대주주가 법인인 경우 그 법인의 이사·감사·집행임원 및 피용자
> 4. 이사·감사·집행임원의 배우자 및 직계 존속·비속
> 5. 회사의 모회사 또는 자회사의 이사·감사·집행임원 및 피용자
> 6. 회사와 거래관계 등 중요한 이해관계에 있는 법인의 이사·감사·집행임원 및 피용자
> 7. 회사의 이사·집행임원 및 피용자가 이사·집행임원으로 있는 다른 회사의 이사·감사·집행임원 및 피용자

또한 상법 제542조의8 제2항에서의 상장회사의 사외이사 결격사유를 다음과 같이 정하고 있다:

> 1. 미성년자, 금치산자 또는 한정치산자
> 2. 파산선고를 받고 복권되지 아니한 자
> 3. 금고 이상의 형을 선고받고 그 집행이 끝나거나 집행이 면제된 후 2년이 지나지 아니한 자
> 4. 대통령령으로 별도로 정하는 법률을 위반하여 해임되거나 면직된 후 2년이 지나지 아니한 자
> 5. 상장회사의 주주로서 의결권 없는 주식을 제외한 발행주식총수를 기준으로 본인 및 그와 대통령령으로 정하는 특수한 관계에 있는 자(이하 "특수관계인"이라 한다)가 소유하는 주식의 수가 가장 많은 경우 그 본인(이하 "최대주주"라 한다) 및 그의 특수관계인
> 6. 누구의 명의로 하든지 자기의 계산으로 의결권 없는 주식을 제외한 발행주식총수의 100분의 10 이상의 주식을 소유하거나 이사·집행임원·감사의 선임과 해임 등 상장회사의 주요 경영사항에 대하여 사실상의 영향력을 행사하는 주주(이하 "주요주주"라 한다) 및 그의 배우자와 직계 존속·비속
> 7. 그 밖에 사외이사로서의 직무를 충실하게 수행하기 곤란하거나 상장회사의 경영에 영향을 미칠 수 있는 자로서 대통령령으로 정하는 자

과도한 규제로 인해 거꾸로 사외이사 후보자들이 특정 소수집단에서 다수 배출되는 부작용을 초래한 바 있다. 그들 사이의 드러나지 않는 인맥이 작용하여 의사결정을 왜곡한 결과 이른바 '주인 없는 회사'의 경우에는 사외이사들이 권력기관화하는 부작용까지 발생하였다.

5. 법인 이사의 허용

이사 업무에 시간을 할애할 수 있고, 전문성을 가진 이사라는 측면에서 개인보다는 이러한 업무를 전문적으로 수행하는 법인을 이사로 선임하는 방안을 생각해 보자.

예컨대 지금 중요한 소송이 걸려 있는데, 개인 변호사와 대형 로펌이 있다고 가정하자. 의뢰인 입장에서 볼 때 각 분야의 전문가들로 구성된 법률자문팀(많게는 수십여 명의 변호사들로 구성된다)에 의뢰하는 편이 더 전문성이 있다고 느낄 것이다. 과거에는 로펌이라는 것을 알지도 못했는데 불과 30여 년 사이에 법무법인 내지는 로펌이라는 이름 자체가 사회적인 인지도를 확보하여 오늘날 그 누구도 법무법인 형태의 변호사를 수임하는 것이 이상하다거나 어색하다고 느끼지 못한다.

따라서 이사의 경우에도 법인이사를 허용할 수 있는지 한번 생각해 볼 필요가 있다. 물론 법인이사가 가능하기 위해서는 걸림돌이 되는 상법의 몇몇 조항을 다듬을 필요가 있다. 상법에는 법인이사를 정면으로 금지하는 법조항은 없지만, 주식회사의 등기와 관련하여 등기사항으로서 이사의 성명과 주민등록번호를 요구하고 있으므로(상법 제317조 제2항 제8호), 상법 규정의 체계적인 해석상 자연인이 아닌 이사는 생각하기 어려운 상태이다.

학설 역시 현행 상법하에서 법인은 이사가 될 수 없다고 보는 견해가 통설적 견해이며, 실무에서도 현재까지는 아무런 의문 없이 그렇게 해석하고 있다.

법인 이사가 불가하다는 근거로는, 이사가 실제 회사의 업무집행에 관여하는 자이고, 또 대표이사로서의 피선자격을 갖추기 위해서 자연인이어야 한다는 점, 또 이사 직무는 자연인의 의사와 능력을 요하는 일이 대부분이므로 타인에 의한 대리가 허용되지 않는다는 점 등이 제시되고 있다. 외국의 입법례를 보더라도 미국의 모범사업회사법, 독일 주식법, 일본 회사법은 명문으로 이사는 자연인에 한하는 것으로 정하고 있다 [MBCA 803조(a), 독일 주식법 제76조, 일본회사법 제331조 제1호].[7]

그러나 법인이사를 금지하는 것은 법리상 당연한 이치에 따른 것도 아니고, 정책적인 목적에 기인한 것일 뿐, 법리상 절대 성립 불가능한 논리는 아니다.

이미 우리 법상 특정한 경우 법인을 일정한 기관으로 선임할 수 있음을 법률에서 허용하고 있듯이(예컨대, 발기인이나 회생절차상의 관리인이 될 수 있음; 채무자회생 및 파산에 관한 법률 제74조 제6항), 법인이사를 허용할지 여부는 법률 논리가 아니라 법 정책적인 문제라고 생각한다.[8]

V. 맺음말

회사의 (기업)지배구조 자체는 회사를 통하여 추구하는 목적 달성을 위한 도구, 수단이므로 해당 국가의 사회, 경제, 문화적인 배경뿐 아니라 대상 기업에 대한 충분한 이해 없이 일률적으로 특정 지배구조 자체가 좋고 나쁘다는 가치평가를 할 수는 없다고 본다. 중요한 것은 특정 제도 자체를 유지하는 것이 목적이 되어서는 아니 되며 회사 전체의 효율적이고도 정상적인 운영을 통해서 회사의 본질적인 기능인 영리추구

---

7 이철송, 「회사법강의」(제23판), 박영사(2015), 630-631면.
8 영국 회사법과 프랑스 상법은 법인 이사를 허용한다; 이철송, 앞의 책, 631면. Companies Act s. 164.; C. Com Art. I, 225-20.

활동을 잘할 수 있도록 하게 만들어, 궁극적으로 회사가 우리 사회에 이바지하도록 하여야 한다는 점이고, 이것이 지배구조 논의의 핵심이 되어야 할 것으로 생각한다. 그리고 이사회 운영을 정상화하기 위해 보다 전문성을 갖춘 이사를 선임, 확보하는 데에서부터 출발하는 것은 아닐까.

의사면허 제도의 문제점과 개선방안*

명순구**

Ⅰ. 문제상황

2015년 11월 보건복지부는 아래와 같은 내용의 보도자료를 배포했다.[1]

2015년 11월 질병관리본부는 C형 간염 집단발생이 의심되는 '다나의원'에 대한 제보를 포착하고 역학조사를 한 결과, 총 82명이 항체검사에서 양성반응을 보였음을 확인했다. 항체양성자 모두 다나의원에서 수액치료를 받은 환자들이었으며, 이 중 절반 정도가 2008년부터 내원한 환자였다. 다나의원 내원자 감염수준은 지역사회 평균수준(0.6%)에 비해 최소 4배에서 최대 20배로 높은 수준이라고 밝혀졌다. 다나의원 원장은 2012년 뇌내출혈 발생

---

* 이 글은 보건복지부 발주 연구과제(의료인 면허제도 개선방안 연구, 2016.11) 결과보고서(책임연구원: 명순구)를 수정·보완한 것임.

** 고려대학교 법학전문대학원 교수, 고려대학교 법학연구원 보건의료법정책연구센터(HeLP) 부소장.

1 보건복지부 보도자료, "'다나의원' C형간염 집단발생 조사 경과", 2015.11.26.

(중복장애: 뇌병변장애 3급, 언어장애 4급) 이후부터 주사기를 재사용해 왔다고 진술하였으나 2012년 이전부터 재사용이 있었다는 반대진술도 있었으며, 보수교육도 의사의 부인이 대리출석 하였으며, 무자격자인 부인이 진료도 해 왔다는 사실이 밝혀졌다.

의과대학을 졸업하고 의사고시 등 절차를 거쳐 의사자격을 취득한 사람이라도 나중에 일정한 사유로 의사의 업무를 정상적으로 수행할 수 없는 상황이 발생할 수 있다. 이와 같은 경우에 해당 의사에 대하여 의료행위를 제한할 수 있는 시스템이 현재 우리나라에 존재하는가? 위 사안은 우리나라에 그러한 시스템이 없거나 있더라도 제대로 작동하지 않고 있음을 잘 보여 주고 있다. 의사는 전문가로서 국민들에게 사회적 의료 서비스를 제공해야 하는 사회적 책임을 부담해야 한다. 의료인 면허 제도가 요구하는 것은 단순한 전문적 지식과 기술이 아니라 의료전문가로서의 인격과 소양이라는 주관적 요건도 포함된다.[2] 그런데 우리나라의 경우 의사면허는 사실상 종신제로 운영되고 있다. 의사 면허제도를 정비하자는 의견이 과거에 제기되었으나 의료인들의 반발과 정비에 필요한 역량 부족 등의 사유로 결실을 보지 못했다.

의료행위의 특성은 전문성(내지 재량성)과 침습성(내지 위험내재성)으로 요약되며, 이 중 전문성은 의료인의 굳건한 사회적 권위의 토대였다. 20세기 중반에 이르러 의료기술이 고도화되고 소비자주권 관념이 확산되면서 영미를 중심으로 과거 의료인에 대한 면허부여 및 면허관리 제도에 대한 반성의 경향이 일기 시작했다. 국제의사면허관리기구협회(IAMRA: International Association of Medical Regulatory Authorities)라든가 국제치과의료인관리협의회(ISDR: International Society of Dental Regulators)의 성립과 활동은 의료인 면허제도가 일부 국가에 국한된 문제가

---

2 이승우, "직업의 자유와 면허제도에 관한 연구,"「헌법판례연구」제1권, 1997, 65면 참조.

아니라는 점을 잘 말해 주고 있다. 2015년 다나의원 사태를 계기로 보건복지부는 비도덕적 진료행위에 대한 제재 강화 및 면허신고제도 실효성 제고를 목표로 하여 2015년 12월 말부터 2개월에 걸쳐 '의료인 면허제도 개선 협의체'를 운영하였고, 2016년 3월 10일 보도 자료를 통하여 '비도덕적 진료행위 관리 강화', '면허신고제도 개선', '보수교육 내실화'를 주요골자로 하여 비도덕 진료행위 시 면허취소·자격정지 명령제도 신설, 면허신고 시 질환신고 의무화, 진료행위 적절성 심의위원회 구성 및 동료평가제 도입 등의 「의료인 면허관리제도 개선방안」을 발표했다.[3]

다음에서는 우리나라 의사면허제도에 관한 법령 체계와 규제의 기조(II), 의사면허제도의 내용에 관한 현안(III)을 검토한 후 미래의 바람직한 의사 면허제도를 구상해 보고자 한다.

II. 면허제도에 관한 법령 체계와 규제의 기조

1. 의사의 자격과 윤리성에 대한 심사제도

(1) 기본자격에 대한 심사

현행법상 의사로서의 자격요건은 국가시험의 통과와 「의료법」 제8조가 정하는 결격사유의 부존재로 정리된다. 의사의 기본 자격은 「의료법」 제5조 제1항이 정하는 교육기관에서 소정의 학위를 받고 국가시험에 합격한 후 보건복지부장관의 면허를 받는 것이다(「의료법」 제5조 제1항).

「의료법」 제8조는 의료인의 결격사유를 아래와 같이 규정한다. 의사의 전문성과 윤리성을 담보하는 기본적인 자격요건이라 할 수 있다.

---

3   보건복지부 보도자료, "환자안전을 위해 의료인 면허관리제도 대폭 강화 「의료인 면허관리제도 개선방안」 발표", 2016.3.10. 참조.

1. 「정신건강증진 및 정신질환자 복지서비스 지원에 관한 법률」 제3조 제1
   호에 따른 정신질환자[4](다만, 전문의가 의료인으로서 적합하다고 인정하
   는 사람은 그러하지 아니하다)

2. 마약·대마·향정신성의약품 중독자

3. 금치산자·한정치산자

4. 「의료법」 또는 「형법」 제233조, 제234조, 제269조, 제270조, 제317조 제
   1항 및 제347조(허위로 진료비를 청구하여 환자나 진료비를 지급하는 기
   관이나 단체를 속인 경우만을 말한다), 「보건범죄단속에 관한 특별조치
   법」, 「지역보건법」, 「후천성면역결핍증 예방법」, 「응급의료에 관한 법
   률」, 「농어촌 등 보건의료를 위한 특별 조치법」, 「시체해부 및 보존에 관
   한 법률」, 「혈액관리법」, 「마약류관리에 관한 법률」, 「약사법」, 「모자보
   건법」, 그 밖에 대통령령으로 정하는 의료 관련 법령을 위반하여 금고 이
   상의 형을 선고받고 그 형의 집행이 종료되지 아니하였거나 집행을 받지
   아니하기로 확정되지 아니한 자

제8조가 정하는 사유는 국가시험 응시자격이므로(「의료법」 제10조 제
1항) 국가시험에 통과하면 결격사유가 없는 것으로 인정된다. 그런데 의
사자격 취득을 위한 국가시험을 응시함에 있어서 「의료법」 제8조가 정
하는 사항을 판단할 수 있는 증빙서류를 모두 요구하고 있지는 않다. 가
령 응시자가 「정신건강증진 및 정신질환자 복지서비스 지원에 관한 법
률」 제3조 제1호에 따른 정신질환자에 해당하는지 여부를 판단할 수 있
는 자료를 요구하지 않는다. 물론 면허취득 후라도 「의료법」 제8조의
각 호에 해당하는 사유가 발생하면 보건복지부장관은 면허취소를 할 수
있지만(「의료법」 제65조 제1항 제1호), 현행법상 실제로 그러한 사유를 체

---

4 "정신질환자"란 망상, 환각, 사고(思考)나 기분의 장애 등으로 인하여 독립적으로
   일상생활을 영위하는 데 중대한 제약이 있는 사람을 말한다(「정신건강증진 및 정
   신질환자 복지서비스 지원에 관한 법률」 제3조 제1호).

계적으로 관리할 수 있는 장치는 존재하지 않는다.

「의료법」 제8조가 의사로서의 기본자격을 제시하는 규정임에도 불구하고 이 규정이 실제에 있어서 작동하기 어렵다는 사실은 우리나라 의사 면허제도의 큰 허점이다. 한편 다른 관점의 일이기는 하지만, 「의료법」 제8조 제3호도 입법상의 결함이다. 민법 개정[5]에 따라 종전의 행위능력제도가 근본적으로 개정되었다는 사실에 유의해야 한다. 민법 개정에 따라 '행위무능력자', '금치산자', '한정치산자'와 같은 용어는 더 이상 통용될 수 없다. 종전의 금치산자는 대체로 현행법의 피성년후견인에 대응하는 것으로 보면 되겠지만, 한정치산자를 어떻게 처리할 것인가는 심도 있게 검토해 볼 사안이다. 현행법에 피한정후견인이라는 개념이 있기는 하나, 이것은 종전의 한정치산자와는 완전히 관념을 달리하는 것이기 때문이다.

(2) 윤리성에 대한 심사

〈1〉 윤리위반 사유: 의사의 윤리성에 대한 심사는 「의료법」 제66조 제1항 제1호에서 "의료인의 품위를 심하게 손상시키는 행위를 한 때"로 그 사유를 정하고, 그 구체적인 사항은 「의료법 시행령」 제32조 제1항에서 아래와 같이 열거하고 있다.

1. 학문적으로 인정되지 아니하는 진료행위(조산 업무와 간호 업무를 포함한다. 이하 같다)
2. 비도덕적 진료행위
3. 거짓 또는 과대 광고행위
3의2. 「방송법」 제2조 제1호에 따른 방송, 「신문 등의 진흥에 관한 법률」 제2조 제1호·제2호에 따른 신문·인터넷신문 또는 「잡지 등 정기간행

---

5 개정 민법은 2011.3.7. 공포되었고, 2013.7.1.부터 시행되고 있다. 이 개정의 의미와 주요 골자에 대해서는 명순구, 『민법학원론』, 박영사, 2017, 34~35면 참조.

물의 진흥에 관한 법률」제2조 제1호에 따른 정기간행물의 매체에서 다음 각 목의 건강·의학정보(의학, 치의학, 한의학, 조산학 및 간호학의 정보를 말한다. 이하 같다)에 대하여 거짓 또는 과장하여 제공하는 행위

가. 「식품위생법」제2조 제1호에 따른 식품에 대한 건강·의학정보

나. 「건강기능식품에 관한 법률」제3조 제1호에 따른 건강기능식품에 대한 건강·의학정보

다. 「약사법」제2조 제4호부터 제7호까지의 규정에 따른 의약품, 한약, 한약제제 또는 의약외품에 대한 건강·의학정보

라. 「의료기기법」제2조 제1항에 따른 의료기기에 대한 건강·의학정보

마. 「화장품법」제2조 제1호부터 제3호까지의 규정에 따른 화장품, 기능성화장품 또는 유기농화장품에 대한 건강·의학정보

4. 불필요한 검사·투약(投藥)·수술 등 지나친 진료행위를 하거나 부당하게 많은 진료비를 요구하는 행위

5. 전공의(專攻醫)의 선발 등 직무와 관련하여 부당하게 금품을 수수하는 행위

6. 다른 의료기관을 이용하려는 환자를 영리를 목적으로 자신이 종사하거나 개설한 의료기관으로 유인하거나 유인하게 하는 행위

7. 자신이 처방전을 발급하여 준 환자를 영리를 목적으로 특정 약국에 유치하기 위하여 약국개설자나 약국에 종사하는 자와 담합하는 행위

「의료법 시행령」제32조 제1항은 사유를 한정적으로 열거하는 형식을 취하고 있다. 그러다 보니 새롭게 발생하는 다양한 유형의 문제들을 포괄하지 못하고 있는 실정이다. 행위의 유형을 정함에 있어서 한정적 열거주의가 타당한가 여부를 고민할 필요가 있다고 본다. 의사의 윤리성이라는 것이 추상적·포괄적 개념인 것을 보면 그 사유에 대하여 한정적 열거주의로 취하는 것이 타당할지 의문이다. 행위의 유형보다는 의사의 윤리성에 대한 실질적 내용을 심사할 수 있는 시스템이 필요하

다고 판단된다.

〈2〉 윤리성 심사 기구: 중앙회와 윤리위원회:「의료법」제28조는 의
료단체로서 전국적 조직을 두는 의료인중앙회를 법인으로 설립하도록
규정하고 있다.[6] 중앙회는 대통령령으로 정하는 바에 따라 특별시·광
역시·도와 특별자치도에 지부를 설치하여야 하며, 시·군·구에 분회
를 설치할 수 있다(「의료법」제28조 제5항). 그리고 중앙회는 「의료법」
제66조의2가 정하는 자격정지 처분 요구에 관한 사항 등을 심의·의결
하기 위하여 윤리위원회를 둔다(「의료법」제28조 제7항). 윤리위원회의
구성, 운영 등에 관한 사항은 대통령령으로 정한다(「의료법」제28조 제8
항).

중앙회를 설립하려면 대표자는 대통령령으로 정하는 바에 따라 정관
과 그 밖에 필요한 서류를 보건복지부장관에게 제출하여 설립 허가를
받아야 한다(「의료법」제29조 제1항). 중앙회는 보건복지부장관으로부터
의료와 국민보건 향상에 관한 협조 요청을 받으면 협조하여야 한다(「의
료법」제30조 제1항). 중앙회는 보건복지부령으로 정하는 바에 따라 회원
의 자질 향상을 위하여 필요한 보수(補修)교육을 실시하여야 한다(「의료
법」제30조 제2항).

중앙회가 설립된 경우에는 의료인은 당연히 해당하는 중앙회의 회원
이 되며, 중앙회의 정관을 지켜야 한다(「의료법」제28조 제3항). 그런데
중앙회의 정관을 지키지 않을 경우의 벌칙에 관하여 법률로 정하고 있
지는 않다. 따라서 회비 납부의 의무 등 중앙회 정관이 정하는 의무를
준수하지 않더라도 법률상의 제재방법은 없다. 법정 전문가단체에 있어
서 회원의 회비 납부는 중요한 문제이다. 단체가 재정적 기반이 있어야
만 전문직 발전을 기할 수 있기 때문이다. 이러한 인식에 따라 2013.11.
18. 의료법 개정안이 발의된 적이 있다.[7] 이 법안에 따르면, 보건복지부

---

6 법인설립을 위한 정관의 필요적 기재사항은 「의료법 시행령」제13조가 정하고 있
　다.

장관은 의료인이 중앙회 등록과 정관 준수를 위반하는 경우 해당 의료인의 자격정지 처분을 할 수 있도록 하고 중앙회는 자격정지 처분을 요구할 수 있다. 그러나 이 법안은 임기만료로 폐기되었다.

중앙회의 장은 의사에게「의료법」제66조 제1항 각 호가 정하는 비위사실이 있을 때에는 중앙회의 윤리위원회의 심의·의결을 거쳐 보건복지부장관에게 자격정지 처분을 요구할 수 있다(「의료법」제66조의2). 이를 위하여 중앙회에는 윤리위원회를 두도록 하고 있다(「의료법」제28조 제7항). 윤리위원회는 본래의 목적을 달성하기에 적합하고 정당한 구조를 갖추고 있는가?

윤리위원회 위원정수(11명) 중 외부위원은 최소 4명이다. 윤리위원회 위원 11명 중 외부위원을 4명, 내부위원을 7명으로 하여 윤리위원회를 구성하는 경우, 재적위원의 3분의 2는 8명이므로, 외부위원은 최소 1명만 있어도 개의할 수 있게 된다. 그리고 출석위원의 3분의 2 이상의 찬성으로 의결되기 때문에 외부위원의 의사(견해)보다는 동료인 내부위원에 의한 평가에 좌우되기 쉽다. 외부위원의 목소리보다는 내부의 동료에 의한 평가가 본 윤리위원회의 목소리를 대변한다고 볼 수 있다.[8]

변호사, 변리사, 공인회계사, 세무사 등의 전문직은 관련법에서 종사자들의 단체 결성을 명시적으로 규정하고 있어 구성원의 권익보호 증진 등의 '자율성'은 물론 국가나 사회가 요구하는 '공익성'을 확보하는 데 필수적인 역할을 하고 있다. 즉 변호사의 징계는 대한변호사협회의 변호사징계위원회에서 직접 담당하게 된다. 품위손상,「변호사법」위반 등의 징계사유가 발생하면「변호사법」에 근거하여 변호사징계위원회가 징계권한을 가지며, 징계 수위를 제명 또는 영구제명의 수준까지 할 수

---

7 양승조 의원 대표발의,「의료법 일부개정법률안(의안번호: 제1907820호)」, 2013. 11. 18.

8 안덕선 외, "바람직한 Medical Regulation에 관한 연구," 대한의사협회 의료정책연구소, 2016, 164면.

도 있다(「변호사법」 제90조 이하 참조). 변리사, 공인회계사 및 세무사의 경우에도 각각 변리사징계위원회, 공인회계사징계위원회, 세무사징계위원회의 의결을 거쳐 각각 특허청장, 금융위원회 및 기획재정부장관이 징계권한을 행사하며, 개별 협회는 징계위원회 구성에 관여하여 징계요구권을 가진다(「변리사법」 제17조, 「공인회계사법」 제48조 및 「세무사법」 제17조 참조).

「변호사법」, 「변리사법」, 「공인회계사법」, 「세무사법」이 각 단체의 자율성과 공익성 확보를 위하여 소속 회원에 대한 징계권을 규정하고 있는 것과 대조적으로, 「의료법」에서는 의료인단체의 소속 회원에 대한 징계권이 없어 자율성과 공익성 확보를 위한 제도적 장치가 미비한 실정이었다. 이러한 미비점에 대한 보완책으로 2011.4.28. 「의료법」 제66조의2를 신설하여 제66조 제1항 제1호의 "의료인의 품위를 심하게 손상시키는 행위를 한 때"에 해당되는 경우에는 중앙회의 장이 윤리위원회의 심의·의결을 거쳐 보건복지부장관에게 자격정지처분을 요구할 수 있도록 함으로써 의료인 자율규제의 체제를 강화했다. 그러나 의료인 중앙회의 징계에 관한 권한은 직접적인 것이 아니라는 점에서 가령 「변호사법」이 정하는 변호사협회의 징계권과 차이가 있다. 게다가 변호사징계위원회의 징계의 종류는 영구제명, 제명, 3년 이하의 정직, 3천만원 이하의 과태료, 견책 등으로 다양하게 설정되어 있다.

의료인 중앙회로 돌아와 살펴보자. 중앙회 윤리위원회가 원래 설치 취지에 부합되도록 의료인 품위 손상을 이유로 자격정지 처분을 요구한 사례도 거의 없다.[9] 이는 "중앙회의 처분 요구가 있어도 이는 해당 처분청을 기속하지 않으며, 단지 안건 제안 정도의 효과만 있을 뿐이므로, 구체적인 사실관계에 따라 처분 여부를 결정하여 처리한다."는 해당 처분청의 원론적인 입장에 연유한 것에 기인한다고 할 수 있다.[10] 즉 「의

---

9 허윤정, "자율규제 근거 설정: 의료법 개정을 중심으로," 『FOCUS ISSUE OF THIS MONTH』, 대한의사협회(Korean Medical Association), 2016.8, 614면 참조.

료법」 제66조의2에 규정에 의하여 중앙회의 윤리위원회는 의사윤리를 위배하는 등 회원으로서의 의무를 위반하거나 불이행한 자에게 3년 이하의 회원권리정지 등의 징계결정 등 자율적 규제를 시행하고 있으나, 이는 처분청을 구속하지 않으며, 법적·행정적 불이익에 해당하는 징계는 아니므로 의료서비스의 질 관리 및 안전 담보의 수단으로서 실효성이 부족하다.[11]

(3) 면허신고제도

면허신고제도가 처음 도입된 것은 1973.2.16. 「의료법」 전부개정(시행 1973.8.17) 때이다. 의사는 면허 신고의 대상이며, 면허 정지 중에 있는 자 역시 신고대상이다. 면허 취소된 자는 신고대상은 아니나, 「의료법」 제65조 제2항[12]에 따라 면허를 재발급(재교부)받는 자는 신고대상이 된다. 신고주기 및 기간은 면허 취득 또는 신고일로부터 3년마다 이루어진다. 신고내용은 의료인의 실태 등 신고서(「의료법」 시행규칙 별지 제10호 서식)에 기본 인적사항, 취업상황, 근무기관 및 지역, 보수교육 이수여부 등을 작성하여 제출한다. 이에 대한 첨부자료로 보수교육 이수자는 보수교육 이수증을 첨부한다. 기타 보수교육을 이수하거나, 면제·유예한 자는 이를 확인할 수 있는 보수교육 면제·유예확인서(「의료법」 시행규칙 별지 제10호의3 서식) 또는 보수교육 이수증(「의료법」 시행규칙 별지 제13호 서식)을 첨부한다. 의료인은 회비 납부 여부, 등록 회원

---

10 박정일, "의사에 대한 행정처분과 자율적 규제: 의료안전을 위한 현행 행정처분 운용의 한계를 중심으로," 「서울법학」 제21권 제2호, 2013, 110면.

11 허윤정, 앞의 논문, 613면 참조.

12 보건복지부장관은 제1항에 따라 면허가 취소된 자라도 취소의 원인이 된 사유가 없어지거나 개전(改悛)의 정이 뚜렷하다고 인정되면 면허를 재교부할 수 있다. 다만, 제1항 제3호에 따라 면허가 취소된 경우에는 취소된 날부터 1년 이내, 제1항 제2호·제4호 또는 제5호에 따라 면허가 취소된 경우에는 취소된 날부터 2년 이내, 제1항 제6호 또는 제8조 제4호에 따른 사유로 면허가 취소된 경우에는 취소된 날부터 3년 이내에는 재교부하지 못한다.

가입 여부에 관계없이 각 소속 협회 중앙회의 인터넷 홈페이지에 구축된 '면허신고시스템'에 직접 접속하여 신고가 가능하다. 또한 면허 신고 시 보수교육 이수증 또는 보수교육 면제·유예확인서를 제출하여 보수교육 이수 여부를 확인할 수 있다.

면허신고제도의 경우, 기본 인적사항, 취업사항, 보수교육 이수 여부 등 기본적 사항만으로 이루어져 형식적인 내용신고만을 그 내용으로 하고 있다. 즉 결격사유(「의료법」 제8조) 해당 여부, 진료능력 여부 등 진료행위 적절성을 평가할 수 있는 항목은 미흡하여, 질적 관리를 위한 사항이 미비한 실정이다.

(4) 보수교육

의료인은 중앙회에서 관장하는 보수교육을 받아야 한다(「의료법」 제30조 제2항 및 제3항). 보수교육을 이수하지 않으면 보건복지부장관은 3년마다 행하는 면허 신고를 반려할 수 있다(「의료법」 제25조 제2항). 보수교육의 구체적인 내용에 대해서는 「의료법 시행규칙」(제20~22조)이 규정하고 있다.

보수교육의 운영과 교육내용 관련 문제점을 살펴본다. 우선, 최소 교육시간이 문제이다. 「의료법 시행규칙」과 「의사 연수교육 시행규정」에서 의료인의 필수 보수교육시간은 연간 8시간으로 하고 있다. 이는 급변하는 의과학지식을 습득하고 사회적 요구를 반영하여 의료인으로서의 역량을 향상시키는 데 있어서 충분하지 않다. 실제 학회에서 주관하는 종일 프로그램에 참석하는 것으로도 최소 규정시간을 충족할 수 있으므로 보수교육 참여에 대한 큰 동기부여가 되지 못한다.[13] 다음으로, 보수교육의 내용상의 문제점을 들 수 있다. 보수교육기관은 보수교육 프로그램 사전계획서를 작성하여 중앙회의 승인을 받은 후에 교육을 시

---

13 안덕선 외, "의료계 보수교육 실태 평가 연구," 보건복지부, 2013, 99면.

행하고 있다. 그러나 이때의 계획서에는 프로그램의 목적이나 학습목표를 포함하고 있지 않아 해당 프로그램의 교육 후의 성과를 평가하는 것이 사실상 어렵다.[14] 보수교육의 내용은 주로 최신 의학지식, 의료기술·정보 등을 다루고 있으나 필수 이수 교육과목은 없다. 「의료법 시행규칙」은 보수교육의 내용의 교과과정, 실시방법과 그 밖의 필요한 사항은 각 중앙회장이 정하도록만 되어 있다. 물론 관련 지침에서 의료인 면허신고제 및 보수교육 업무지침에서 마취사고 등 응급상황에 대비한 교육, 의료법령·의료윤리 교육 등을 강화하도록 권고하고는 있으나,[15] 이수 교과목에 대한 체계가 미비하다. 또한 세부적으로 보면, 보수교육을 지칭하는 용어가 불일치함을 확인할 수 있다. 예컨대 대한의사협회는 「연수교육 시행규정」을 통해 「의료법」 제30조 제2항, 제3항 및 동 시행규칙 제20조, 제21조, 제22조, 제23조와 대한의사협회 정관 제3조 제1항 제6호가 규정한 의사 보수교육 관련 제반사항을 정하고 있다. 「연수교육 시행규정」 제1조는 평생교육의 일환으로 회원 자질 향상을 위하여 실시하는 연수교육이라고 연수교육의 목적을 밝히고 있는데, 연수교육, 평생교육, 보수교육에 대한 명확한 정의 없이 상호 혼용되어 쓰이고 있다.[16] 즉 보수교육에서 유지 개발해야 할 의료인으로서의 역량이나 장기적 목표가 구체적으로 설정되어 있지 않으며 필수적으로 시행되어야 하는 교육내용에 대한 정의가 부족하여, 교육의 내용과 질에 대한 관리가 불가능한 바 교육프로그램이나 교육기관에 대한 평가 역시 형식적인 수준이다.[17]

2015년 말 기준 보수교육을 받지 않은 의사가 20,667명인데 지난 5년간 보수교육을 이수하지 않아 행정처분을 받은 의사가 한 명도 없어 보

---

14 안덕선 외, 앞의 연구보고서 "의료계 보수교육 실태 평가 연구," 99면.
15 보건복지부, 「의료인 면허신고제 및 보수교육 업무 지침」, 2015.3, 17면 참조.
16 오영호 외, "보건의료인력의 연수교육 개선방안," 한국보건사회연구원, 2015, 72면.
17 안덕선 외, 앞의 연구보고서 "의료계 보수교육 실태 평가 연구", 1면.

수교육이 형식적으로 이루어지고 있다는 기사가 최근 보도되었다.[18] 이는 보수교육 운영 관리 체계가 미흡한 것에서 연유된 것이라고 할 수 있다. 보수교육 프로그램을 담당하는 기관은 대학이나 협회나 기타 이익집단 등 다양한 기관에 의해 운영되고 있어 기관의 이익이나 편견을 배제하기 어렵고, 교육의 질도 기관이나 단체에 따라 상이하다.[19] 그리고 일부 교육기관의 경우 보수교육 참석자의 대리출석, 중도이탈 등 출결관리가 미흡하며, 매년 보수교육을 이수하는지에 대한 확인과정도 없다.[20] 일부 기관에서 시행하는 보수교육의 경우에는 보수교육시행계획서 및 일정에 제시되어 있는 공식 교육시간에 비하여 실제 교육시간이 상당비율로 축소되어 운영되기도 하였다.[21]

2. 개선방향

(1) 관련 법령의 체계 개편

실질적 내용은 앞 항에서 논의했으므로 여기에서는 관련 법령의 형식적 체계에 한정하여 살펴본다. 현행 의료인 면허제도에 관한 법적 규율 체계는 「의료법」, 「의료법 시행령」, 「의료법 시행규칙」으로 구성되어 있다. 그리고 「의료법」은 모든 의료인(의사, 치과의사, 한의사, 간호사, 조

---

18 연합뉴스, "작년 보수교육 안 받은 의사 2만명 넘지만 행정처분 '0'", 2016.9.5; 이에 대하여 보건복지부는 해명자료를 통하여 진료업무에 종사하면서 면허신고를 하지 않은 의사·치과의사·한의사 213명에게 면허효력정지처분을 한 바 있다고 밝혔다(보건복지부, 보도설명자료, 2016.9.5).
19 안덕선 외, "의료계 보수교육 실태 평가 연구", 1면.
20 실제 다나의원의 경우 보수교육에 부인이 대리출석했다는 의혹이 불거졌지만, 이에 대한 확인이 불가한 바 실제 참석자에 대한 확인에 애로가 있는 실정이다(서울경제, "다나의원 7년 전부터 주사기 재사용했다", 2015.12.4). 또한 협회 등 홍보행사 부대행사로 연수강좌를 마련해 보수교육시간 인정을 요구하는 사례 등 부적정 운영사례가 지적되고 있다.
21 안덕선 외, "의료계 보수교육 실태 평가 연구", 100면 참조.

산사)을 하나로 묶어 규정하고 있다. 각 의료인은 공통점도 보유하지만, 권한과 업무상의 개별적 특성(면허제도는 특히 그러함)도 매우 크다. 그러므로 관련 법령의 기본체계를 모든 의료인에게 공통되는 사항과 각 의료인에 특유한 사항으로 분류하여 재정비하는 방안을 모색할 필요가 있다. 현행 「의료법」도 "자격과 면허"(제2장 제1절)를 독립적으로 정하고 있기는 하나, 그 안에는 자격·면허와 직접적 관계가 없는 규정(예: 제12~21조)도 적지 않다. 그 반대로 면허제도와 관련된 사항임에도 다른 곳에 위치한 경우도 있다(면허신고에 관한 제25조는 제2장 제2절에 위치).

(2) 면허규제의 기본틀: '정부규제'로부터 '자율규제'로

〈1〉 **자율규제의 의미**: 의료인의 업무 대상인 사람의 건강은 공공적 가치를 포함한다. 이런 특성으로 인하여 전통적으로 의료인의 면허에 대한 규제는 정부규제를 기조로 해 왔다. 그러나 전문적·체계적 지식을 토대로 독특한 조직·윤리·문화를 형성하면서 사회적으로 고도의 직업적 자유를 보장받는 영역에 대해서는 정부규제보다는 자율규제(Self-Regualtion)가 더 합리적이라는 점에 대하여 사회적 합의가 이미 조성되어 있다. 의료인 면허규제는 그 대표적인 예이며, IAMRA도 같은 입장이다. 그런데 우리나라의 현행 의료인 면허규제는 정부규제를 기조로 한다. 면허신고와 보수교육 사업을 의료인협회(중앙회)에 위탁하고 있다는 점에서 자율규제의 한 측면을 볼 수는 있으나 그것은 원래 모습의 자율규제와는 거리가 멀다.

〈2〉 **자율규제 기구의 신설과 중앙회의 변화**: 발전적 시각에서 말한다면 현행 「의료법」이 정하는 의료인회(중앙회)는 자율규제 기구로 기능하기에 충분하지 않다. 중앙회는 이익단체로서의 성격이 강하기 때문이다. 자율규제 기구는 개방성·투명성·공정성을 보유해야 하며, 따라서 자율규제 기구의 핵심 기관의 구성은 해당 의료인이 아닌 외부인(정

부, 법률가, 시민단체 등)의 비율을 50% 이상으로 하여 중앙회와의 관계
에서 독립성을 유지해야 할 것이다. 그리고 정족수에 있어서 해당 의료
인들의 의사만으로 중요결정을 할 수 없도록 하는 것도 중요하다.

자율규제 기구의 법적 성격은 법인의 위상을 부여하는 것이 종래의
입법전통[22]에 부합할 것으로 본다. 더 구체적으로는, 면허제도의 일부
로서 의료인 면허시험을 관리하기 위하여 마련된「한국보건의료인국가
시험원법」의 내용을 확대 개편하여「한국보건의료인면허관리법」(가칭)
으로 개정하는 것이다. 이 법률에 따라 설립되는 '한국보건의료인면허
관리원'은 IAMRA가 제시하는 자율규제 기구의 표준적 기능(면허부여,
면허갱신 등을 포함하는 면허관리, 교육·훈련, 민원해결)을 모두 담당하도
록 한다.

「한국보건의료인면허관리법」(가칭)의 시행에 따라 현행「의료법」이
정하는 의료인 중앙회의 권한과 업무에도 변경이 있게 될 것이다. 중앙
회는 이익단체로서의 역할에 무게가 실릴 것이다. 중앙회의 운영과 관
련하여 유의할 부분의 하나로 회원의 참여와 재정 체계의 충실화를 들
고 싶다. 의료인은 당연히 해당 중앙회의 회원이 되며, 중앙회의 정관을
지켜야 한다(「의료법」제28조 제3항). 중앙회의 정관을 지키지 않을 경우
의 벌칙에 관하여 법률로 정하고 있지는 않다. 따라서 회비 납부의 의무
등 중앙회 정관 내 의무를 준수하지 않더라도 법률상의 제재방법은 없
다. 법정전문가단체에 있어서 회원의 회비 납부는 중요한 문제이다. 단
체가 재정적 기반이 있어야만 전문적 발전을 기할 수 있기 때문이다.[23]

---

22 예:「의료법」에 근거하여 법인으로 설립된 의료인 중앙회,「한국보건의료인국가
　　시험원법」에 근거하여 법인으로 설립된 한국보건의료인국가시험원 등.

23 이러한 인식에 따라 2013.11.18. 의료법 개정안이 발의된 적이 있다(양승조 의원
　　대표발의,「의료법 일부개정법률안(의안번호: 제1907820호)」, 2013.11.18]. 이 법
　　안에 따르면, 보건복지부장관은 의료인이 중앙회 등록과 정관 준수를 위반하는
　　경우 해당 의료인의 자격정지 처분을 할 수 있도록 하고 중앙회는 자격정지처분
　　을 요구할 수 있다. 그러나 이 법안은 임기만료로 폐기되었다.

〈3〉 등록과 협회의 관계: 변호사로서 개업을 하려면 대한변호사협회에 등록을 하여야 한다(「변호사법」 제7조 제1항). 등록을 위해서는 가입하려는 지방변호사회를 거쳐 등록신청을 하여야 한다(「변호사법」 제7조 제2항). 등록을 신청한 사람에게 일정한 사유가 있으면 대한변호사협회는 등록심사위원회의 의결을 거쳐 등록을 거부할 수 있다(「변호사법」 제8조 제1항).

의료인협회의 경우를 본다. 중앙회가 설립된 경우에는 의료인은 당연히 해당하는 중앙회의 회원이 된다(「의료법」 제28조 제3항). 변호사의 경우에 등록 신청을 하고 일정한 절차를 거쳐 회원등록을 하는 것과 차이가 있다. 변호사는 자발적 의사에 의하여 회원이 되지만, 의료인의 경우에 중앙회의 회원으로 되는 과정에서는 그런 과정이 없다.

III. 면허제도의 내용에 관한 현안

2016.3.10. 정부는 비도덕 진료행위 시 면허취소·자격정지 명령제도 신설, 면허신고 시 질환신고 의무화, 진료행위 적절성 심의위원회 구성 및 동료평가제 도입 등을 담은 「의료인 면허관리제도 개선방안」을 발표했다. 이 개선방안에 의료인 면허제도에 관한 중요 이슈가 모두 포함된 것은 아니지만,[24] 시의성을 고려하여 「의료인 면허관리제도 개선방안」을 중심으로 살펴본다.

---

24 예컨대, 의료인 자격면허와 진료면허의 분리 등과 같은 근본 이슈는 포함되지 않았음.

1. 비도덕적 · 부적절 진료행위에 대한 관리

(1) 비도덕적 진료행위 범주의 다양화

비도덕적 진료행위에 대한 관리를 강화하기 위하여 비도덕적 진료행위의 범위를 구체화하고, 중대한 비도덕적 진료행위에 대해서는 면허를 필요적으로 취소하도록 하고 있다. 중대한 비도덕적 진료행위에는, 일회용 주사 의료용품을 재사용하여 보건위생상 중대한 위해를 입힌 경우, 수면내시경 등 진료행위 중 성범죄로 벌금 이상의 형을 선고받은 경우, 장기요양등급을 받는 등 건강상 진료행위가 현격히 어려운 경우 면허를 취소하도록 하고 있다. 그 외에 비도덕적 진료행위의 범위를 명확히 규정하고, 자격정지 처분기준을 환자에게 미치는 중대성 등을 감안하여 1개월(현행)에서 최대 1년으로 세분화한다고 발표하였다(현행 1년의 범위 내). 보건복지부는 비도덕적 진료행위의 유형으로서, ① 의학적 타당성 등 구체적 사유 없이 의약품으로 허가받지 않은 주사제 등을 사용하는 경우, ② 음주로 인해 진료행위에 영향을 받은 경우, ③ 1회용 의료기기 재사용으로 국민건강상 위해를 끼친 경우, ④ 의료인이 마약 · 대마 · 향정신성 의약품을 투여한 상태에서 진료한 경우, ⑤ 환자 대상 향정신성 의약품을 고의로 초과 투여한 경우와 ⑥ 고의로 유통기한이 지난 의약품 사용 등을 들고 있다.

이것은 비도덕적 진료행위의 다양성을 고려한 시도이다. 그런데 이렇게 구체적으로 사유를 정하더라도 추후에 발생되는 새로운 사유들에 대해서 탄력적으로 대응하기에는 미흡함이 있다. 또한 이에 대한 평가에 있어서 보건복지부 내에 의사의 면허취소 내지는 자격정지와 관련된 전문가 및 일반인으로 구성된 위원회도 없는 상태에서 정부의 정책적인 입장만을 고려한 사유가 될 우려가 제기될 수 있다.

(2) 자격정지명령제도

진료행위가 계속될 경우 중대한 위험 우려가 있는 의료인에 대하여 긴급하게 자격정지를 시키는 것이다. 즉 재판결과가 나오기 전이라도, 진료행위가 계속될 경우 위해가 우려되는 의료인에 대해 긴급하게 자격 정지명령을 내림으로써, 국민의 안전을 위협하는 행위에 대한 제재수단 을 확보한다는 취지이다. 이때 자격정지명령은 관계 전문가의 의견을 들어 1개월 이내 실시, 자격정지기간은 3개월로 하고, 필요 시 전문가의 의견을 토대로 연장이 가능한 것으로 하며, 중대한 위해를 가할 우려가 없어지면 즉시 자격정지를 해제하는 안이다.

이 자격정지명령제도는 그 구체적인 규정은 전혀 드러나지 않기 때문 에 문제가 될 수 있다. 일단 '진료행위가 계속될 경우 중대한 위험 우려 가 있는 의료인'에 대하여 자격정지명령제도를 신설한다고 하면서, 변 호사법상의 업무정지명령제도를 벤치마킹하고 있다. 그러나 변호사법 상의 업무정지명령제도의 처음 규정이 헌법재판소에 의하여 위헌으로 선언되었는데,[25] 현행 자격정지명령제도 역시 신중히 도입할 필요가 있

---

25 헌법재판소 1990.11.19. 선고 90헌가48 결정: "1. 변호사업무정지명령제도의 당
   위성은, 형사소추 받은 변호사에게 계속 업무활동을 하도록 방치하면 의뢰인이나
   사법제도의 원활한 운영에 구체적 위험이 생길 염려가 있어서 이를 예방하려는
   데에 있다 할 것이고, 이는 잠정적이고 가처분적 성격을 가지는 것이다. 2. 「변호
   사법」 제15조는, 동 규정에 의하여 입히는 불이익이 죄가 없는 자에 준하는 취급
   이 아님은 말할 것도 없고, 직업선택의 자유를 제한함에 있어서, 제한을 위해 선
   택된 요건이 제도의 당위성이나 목적에 적합하지 않을 뿐 아니라 그 처분주체와
   절차가 기본권제한을 최소화하기 위한 수단을 따르지 아니하였으며 나아가 그 제
   한의 정도 또한 과잉하다 할 것으로서 헌법 제15조, 동 제27조 제4항에 위반된다.
   3. 공소제기가 된 피고인이라도 유죄의 확정판결이 있기까지는 원칙적으로 죄가
   없는 자에 준하여 취급하여야 하고 불이익을 입혀서는 안 된다고 할 것으로 가사
   그 불이익을 입힌다 하여도 필요한 최소제한에 그치도록 비례의 원칙이 존중되어
   야 한다는 것이 헌법 제27조 제4항의 무죄추정의 원칙이며, 여기의 불이익에는
   형사절차상의 처분에 의한 불이익뿐만 아니라 그 밖의 기본권제한과 같은 처분에
   의한 불이익도 입어서는 아니 된다는 의미도 포함된다고 할 것이다. 4. 법무부장
   관의 일방적 명령에 의하여 변호사 업무를 정지시키는 것은 당해 변호사가 자기

다. 하나씩 살펴보면 다음과 같다.

첫째, 자격정지명령을 내리는 주체가 누구인지 명시하지 않고 있다. 만일 보건복지부장관의 행정처분의 하나로 볼 경우라면, 자격정지처분과의 경계 설정의 기준을 명확히 해야 할 필요가 있을 것이다. 둘 다 1년 이내의 행위이며, 자격정지명령이 잠정적인 가처분적 성격을 가진다고 하더라도 일정기간 동안의 정직에 해당하기 때문에 둘 다 효과의 면에서는 실질적으로 같다. 다만 자격정지명령제도는, 면허취소와 자격정지 처분이 내려지기 전에 이루어지는 잠정적인 조치로서, 처분의 효과를 앞당기고 연장하는 제도가 될 수 있을 것이다. 만일 이러한 명령을 중앙윤리위원회나 의사협회장이 한다고 하면, 공정성에 대한 의구심을 해소하기 어려울 것으로 보인다.

둘째, 자격정지명령제도를 구체화하기 위한 방안을 마련하는 경우, 변호사 징계제도에서는 등록취소, 영구제명 또는 제명, 정직, 과태료, 견책 등의 징계 종류 중에서도 등록취소, 영구제명 또는 제명 사유에 해당하는 경우에 한하여 업무정지명령제도를 적용하고 있다. 그런데 의사의 면허관리제도는 절대적 면허취소, 상대적 면허취소(이상 「의료법」 제65조), 1년 이내의 재량에 의한 자격정지 처분(「의료법」 제66조), 과태료(「의료법」 제92조)로 그 징계종류가 제한적이기 때문에, 구체적인 위험성이 발생할 수 있는 사유는 변호사 징계제도에 비추어 절대적 면허취소 사유, 즉 제8조의 결격사유에 한정될 수밖에 없을 것으로 보인다.

이 경우 현행의 절대적 면허취소사유만으로 본다면, 취지가 제대로 반영될 수 없고, 반드시 절대적 면허취소사유에 일정한 사유들을 추가해야만 취지대로 운영될 수 있을 것이다.

에게 유리한 사실을 진술하거나 필요한 증거를 제출할 수 있는 청문의 기회가 보장되지 아니하여 적법절차를 존중하지 아니한 것이 된다."

(3) 진료행위 적절성 심의위원회 구성

전문적인 의학적 판단이 필요한 분야에 대한 심의기능을 강화하기 위해 '진료행위 적절성 심의위원회'를 운영한다. 진료행위 적절성 심의위원회는 중대한 신체적 · 정신적 질환여부, 법령에 규정되지 않은 비도덕적 진료행위 등 고도의 전문성이 필요한 분야에 대해 심의하는 기능을 수행한다. 그 역할은 의료인단체 중앙회 윤리위원회가 수행하되 외부인사의 참여를 강화하여 심의의 공정성을 확보하고, 보건복지부와 공동조사 등 심의권한을 강화하며 전문영역에 대한 심의능력 제고를 위한 전문과목별 자문단을 구성하는 것이다.

이 역시도 심의위원회의 기능을 무엇으로 할 것인지에 대한 결정이 필요하다. 현행 법제도에 따르면, 국가기관에 의한 면허취소, 자격정지 처분이 이루어지고 있는데, 고도의 전문성을 요구하는 결정임에도 불구하고 행정기관의 단독 결정에 의존하고 있다. 다만 자격정지 처분 시에 "의료기술과 관련한 판단이 필요한 사항에 관하여는 관계전문가의 의견을 들어 결정할 수 있다"는 규정만을 두고 있다. 전문성을 위하여 심의위원회의 결정에 의거하여 행정기관이 결정할 수 있도록 할 필요가 있으며, 보도자료에서 발표한 바와 같이 "외부인사의 참여를 강화하여 심의의 공정성을 확보"하고, "복지부와 공동조사 등 심의권한을 강화"할 필요가 있다.

의료의 안전을 위해서는 의료서비스를 제공하는 의료진의 자질이 무엇보다 중요하며, 이에 대한 판단은 의사의 직업윤리 · 의료행위 · 건강 등의 요소를 종합적으로 고려하여야 할 것이다. 이는 기술적으로 현저하게 미숙한 의료사고 · 과오를 되풀이하거나 신체 · 정신건강상의 이유로 안전한 진료를 하지 못하거나, 윤리적 · 인체실험적으로 진료의무 위반을 반복하는 의료행위에 대한 적절한 감독과 규제에 있어 중요하게 작용할 것이다.[26] 이러한 관점에서 「의료인 면허관리제도 개선방안」의 진료행위 적절성 심의위원회는 의료진에 대한 자율적 통제방식으로서 바람직하다고 판단할 수 있다. 그러나 의료계 일각에서는 이에 대하여 우려가 적지 않다. 예컨대 진료행위 적절성 심의위원회(기존의 중앙회 윤리위원회를 확대·활용함)의 심의대상 중 '확대·개선되는 면허신고 항목 중 진료행위 적절성 평가 항목, 시범 도입되는 동료평가제도 운영 시 진료행위 적절성 평가 항목'의 일부는 그 신고내용의 구체적 범위 확정이 매우 어려운 점을 지적한다. 특히 진료행위 적절성 평가 항목 중 "진료행위에 중대한 영향을 줄 수 있는 신체적·정신적 질환으로 진단 또는 치료받은 경험이 있는지 여부"에 관한 신고내용의 구체적 범위 확정이 그것인데, 이는 진료행위에 영향을 줄 수 있는 질환의 종류가 다양하고 각 질환마다 중증도도 다르기 때문이다. 따라서 이는 보건복지부와 의료계의 협의를 통하여 수정·보완이 필요한 사항이라고 본다.

진료행위 적절성 심의위원회의 심의절차상 심의 후 후속조치가 사후적 징계에만 편중되어 있는 점을 지적할 수 있다. 심의대상이 '아직 법령에 구체화되지 않은 비도덕적 진료행위'인 경우에는 '의료인 단체의 실질적인 자율징계 강화'를 통한 '비도덕적 진료행위 관리 강화'라는 측면에서 사후적 징계 위주의 후속조치가 타당할 수 있을 것이다. 그러나 심의대상이 '확대·개선되는 면허신고 항목 중 진료행위 적절성 평가 항목, 시범 도입되는 동료평가제도 운영 시 진료행위 적절성 평가 항목'인 경우에는 그 일부 항목에 대한 심의 후 후속조치가 사후적 징계에만 편중되어 있는 것은 타당하지 않다. 따라서 이 또한 보건복지부와 의료계의 협의를 통하여 수정·보완이 필요하다.

---

26   박정일, 앞의 논문, 114면 참조.

2. 면허신고제도 개선

(1) 신고 시에 결격사유 등 실질적 내용 확인

「의료인 면허관리제도 개선방안」에 따르면 의료인 면허 신고 시 진료행위 적절성 여부를 판단할 수 있는 항목이 확대되고 진료행위 적절성에 대한 검증도 강화된다.

첫째, 신고항목에 관해서, 현재는 취업상황, 보수교육 이수 여부만 신고하도록 되어 있다. 그러나 개선방안에서는 '뇌손상, 치매 등 진료행위에 대한 중대한 영향을 줄 수 있는 신체적·정신적 질환 여부, 마약 또는 알코올 중독 여부 등'이 항목에 포함되도록 하고 있다. 다만 뇌손상 등 신체적·정신적 질환으로 진단을 받았더라도 전문의로부터 진료행위에 지장이 없다는 진단서를 첨부하여 제출하면 진료행위를 지속적으로 수행할 수 있다고 하고 있다.

둘째, 위와 같은 질환 등이 있는 경우 확인방법은, "본인이 진단서를 첨부"하거나 "본인 동의하에 건강보험공단 등 관련 기관 정보를 활용"하여 확인할 계획이라고 되어 있다. 여기에서 보건복지부는 건강보험공단의 빅 데이터를 활용하여 '장기요양등급' 등을 받은 의료인에 대해 사실 여부를 확인하기 위한 현지조사를 실시할 계획이라고 밝혔다. 이때 장기요양등급은 '심신의 기능장애'를 주요한 원인으로 하여 일상생활의 가능 여부를 중심으로 판단하게 되어 있다.[27]

(2) 면허갱신 시 점검방식 다양화: 동료평가 도입

실제로 지역 의료현장을 잘 아는 의료인 간에 관찰과 주의를 요하는 의료인에 대한 '상호평가와 견제'를 통해서 진료수행과 전문성을 유지하게 하는 '동료평가제도(peer-review)'를 도입하게 된다. 동료평가제도의

---

27 「노인장기요양보험법 시행령」 제7조(등급판정기준 등) 참조.

대상은 '면허신고 내용상 진료행위에 현격한 장애가 우려되는 경우, 면허취소 후 재교부 신청하는 경우, 2년 이상 보수교육을 이수하지 않은 경우 등'을 대상으로 하고 있다. 운영은 지역의사회에서 '현장 동료평가단'을 구성하여 진료적합성을 평가하고, 문제가 있는 경우 '진료행위 적절성 심의위원회'에서 심의, 필요 시 자격정지 등의 처분을 복지부장관에게 요청하게 된다고 본다. 이에 대한 평가의 공정성 확보를 위해서 '교차평가', 즉 지역상호간 교차평가를 마련하도록 되어 있다.

이러한 동료평가제도는, '의료계의 자율적 시범사업'으로 실시하면서 보다 적합한 모형이 확정되는 경우 의료법 개정으로 단계별로 추진할 계획으로 있다. 동료평가제도 도입의 문제는 '지역의사회'를 활용한다는 점이다. 현재 지역의사회는 친목단체로서의 성격이 강해, 평가를 내릴 수 있을 정도의 역량도 부족하고 평가를 위한 지표도 설정되어 있지 않은 실정이다. 이 부분에 대해서는 중장기적인 계획을 통한 점진적인 발전, 강화 전략이 필요할 것으로 보인다.

3. 보수교육 내실화

개선방안은 보수교육 이수 시 "의료법령, 의료윤리, 감염예방 등 환자안전에 관한 교육을 필수로 이수하도록 의무화"하는 방안을 도입하였다. 구체적으로는 앞으로 면허 신고 시마다 필수이수 교육을 2시간 이상 반드시 이수하도록 의무화하고, 교육 수요조사를 통해 장기휴무자에 대한 실습교육, 개원의·봉직의 특성 등을 반영한 맞춤형 교육을 확대하는 등 실제 진료현장에서 필요한 교육내용으로 개편해 나갈 계획을 세우고 있다.

〈1〉 출결관리 등 운영관리 강화: 참가자 대리출석, 중도이탈 등을 방지하기 위해 '신분증 본인대조, 서명기입 의무화' 등 출결관리를 강화하고, 바코드 시스템 도입 등 "자동 출결 시스템 운영도 확대해 나갈 예정"
이라고 하고 있다. 아울러, 의료인 중앙회에 위탁하여 수행하고 있는 보
수교육 운영의 타당성을 평가하기 위해 복지부 내에 '보수교육평가단'을
설치, 보수교육 내용 및 운영의 적절성에 대한 평가를 강화할 계획이다.

문제는 보수교육평가단을 설치하게 될 때, 인력풀의 부족으로 인해서
사실상 의협에 다시 의뢰를 하게 되는 순환구조를 띠게 될 수 있다는 점
이다. 이 경우 의학교육평가원과 같은 해당 영역 전문기구에 위탁하는
방안을 대안으로 고려할 수 있다.

〈2〉 보수교육평가단의 설치: 보수교육 내용 및 운영의 적절성 평가
를 강화하기 위한 방안으로 연수교육 의료법 및 행정권한의 위임 및 위
탁에 관한 규정에 의거, 보건복지부 내에 '보수교육평가단'이 설치된다.
보수교육평가단은 평생교육을 기반으로 회원의 전문가적 능력 유지 및
연수교육의 철저한 관리를 통하여 의료 서비스 향상을 추구하는 것과
회원에게 최신 의학지식에 대한 학습기회 제공 및 최신 의료기술·의료
정보에 대한 지속적인 학습 기회를 제공하는 것을 사업목표로 한다.[28]

보수교육평가단은 프로그램의 승인 및 평점 관리를 위하여 교육계획
에 대한 평가프로그램을 마련하고 교육 프로그램 평가 지침을 개발함으
로써, 교육내용과 방법의 내실화 도모, 연수교육의 능력중심, 성과중심
그리고 교육내용의 전문화 및 특성화를 달성하여 평점에 대한 강화프로
그램을 마련한다. 또한 교육기관 현장 지도감독 및 평가, 현장 지도 감
독 평가서 개발, 신규교육기관 서면 및 방문조사단 운영 및 결과보고 등
의 내용으로 평가단의 평가인증을 함으로써 연수교육기관 관리 및 평가
업무를 수행한다. 그 밖에 임상 및 기초교육 이외의 교육 개발(교양, 인
문, 윤리, 이슈 등), 사이버 연수교육 강좌 개발 등의 기획을 통한 연수교

---

28 오영호 외, "보건의료인력의 연수교육 개선방안," 한국보건사회연구원, 2015, 79
    면.

육 프로그램의 개발, 의협교육센터 개선을 바탕으로 회원 및 교육기관의 편의성 제공을 위한 연수교육 서비스 강화(의사협회 교육센터 갱신) 등의 기능도 수행한다.[29]

보수교육평가단은 대외적 신뢰성 확보 차원에서, 대한의사협회장 직속기구로 운영된다. 위원 임명은 의협상임이사회 추천으로 의협회장이 임명하고, 운영위원회 위원 중 비의료계 인사를 포함하고 있다. 또한 연속성 확보차원에서, 위원의 임기는 3년(연임 가능)으로 하고, 과반수 인원의 교체를 금지하고 의협 상임의사의 경우 재직기간만 위원으로 활동하도록 하고 있다. 운영위원회와 3개 분과 위원회는 각각 15인 이내로 구성하고 단장이 이에 대한 총괄업무를 수행한다.

보수교육평가단 제도에 대하여 검토해 본다. 평점에 대한 관리 강화 프로그램 마련과 관련하여, 보수평가단의 목적에 대한 의문이 제기될 수 있다. 즉 보수평가단이 직접 교육제공자의 역할과 평가를 동시에 할 것인지, 또는 평가로서 교육의 내용을 보다 실질적으로 유도하는 것인지에 대한 목적성이 모호하기 때문이다.[30] 또한, 보수교육평가단의 운영내용과 관련하여 살펴보면, 평가단이 직접적인 교육제공자임과 동시에 평가자의 위치에 놓이게 되는 이중적 기능을 수행하고 있어 동일한 기구 내에서 교육제공자와 평가자의 이해갈등이 발생할 여지가 있다.[31]

IV. 맺음말

국민의 건강권 보호를 위하여 의료인의 비도덕·부적절 진료행위를 관리·제어하는 것은 중요한 문제이다. 그러나 그 내용과 절차를 정함

---

29 오영호 외, 앞의 연구보고서, 79-80면.
30 오영호 외, 앞의 연구보고서, 79면.
31 오영호 외, 앞의 연구보고서, 80면.

에 있어서 의료인에게 부여된 다른 헌법적 권리(직업선택의 자유, 무죄추정의 원칙, 과잉금지의 원칙, 적법절차의 원칙 등)도 각별히 고려해야 한다. 한 여론조사기관이 캐나다와 미국, 영국에서 25개 직업에 대해 존경 여부를 설문한 결과, 캐나다인 96%가 의사와 간호사를 꼽았다고 한다.[32] 단순한 노동자가 아닌 의료인에게는 의료 수준 유지를 위한 엄격한 관리제도가 필요하며, 그 관리의 기조는 타율적 통제가 아닌 자율적 통제여야 할 것이다.

의사 면허제도의 적절성과 관련하여 IAMRA는 면허관리기구가 다음 세 가지 기능을 보유해야 함을 지적하고 있다: ① 자격이 있는 자국민 또는 외국에서 유입된 인력에게 면허와 진료자격을 부여한다; ② 국민의 건강과 안전을 보호 증진, 유지시키기 위하여 지속적으로 수준 높은 교육과 훈련 과정을 시행하여 의사의 전문직업성(professionalism)을 확보한다; ③ 국민의 의료인의 진료에 대한 불만과 민원을 해결한다. IAMRA의 기준에 비교한 우리나라의 상황은 어떠한가? ①의 기능은 한국보건의료인국가시험원이 담당하고 있다. 국시원에 대해서는 국제 수준의 면허시험관리를 수행하고 있어 국제적으로 인정받을 수 있는 면허시험관리에 손색이 없고 이미 아시아 지역에서는 리더 역할을 하고 있다고 평가한다. ②에 대해서는 대한의사협회에서 인정하는 연수교육에 연 최소 8시간 이상 참여하여야 면허신고가 가능하고 3년마다 갱신하는 제도로 2012년부터 시행하고 있으나 대폭 보완이 필요하다. 반면, ③의 기능은 별도의 기구가 없이 정부의 민원 처리기관이나 법률 시장에 남겨 둔 상태이다. ②의 문제에 대한 대응책은 현행법과 제도 위에서도 어느 정도 약점을 보완할 수 있으며, 보건복지부가 제안한 「의료인 면허관리제도 개선방안」이 그 일환이다. 그러나 ③의 문제는 현행법과 제도를 단순히 보완하는 차원을 넘어서는 것으로 근본적인 개선이 필요한

---

32   이명진, "의사동료평가제(peer review) 도입을 준비하자", 의사신문, 2012.12.17.

영역으로 판단된다.

우리나라 의료인 면허제도의 문제점과 개선 방안에 대해서는 오래전부터 상당히 심도있게 논의되어 왔다. 그런데 그 논의가 실행으로 이어지지는 못했다. 정부의 소극적인 태도와 의료계의 반발이 그 이유였다. 2016년 보건복지부는 「의료인 면허관리제도 개선방안」을 제시했다. 위 개선방안은 의료규제의 범위와 그 정도를 높여 환자들이 받을 의료의 질을 높이고자 하는 노력이라는 점에서 공감할 만하다. 위 개선방안은 현 법제 안에서 최소한의 법 개정으로 대한의사협회 중앙윤리위원회의 기능을 확대시키는 안으로서 전문직 자율규제의 발단이 될 수도 있다는 점도 공감할 부분이다. 그러나 여전히 관 주도의 규제의 틀을 가지고 있을 뿐더러 중앙윤리위원회나 보건복지부 해당 과의 행정 역량과 전문성이 뒷받침되지 않는다면 공정하고 실효성 있는 규제로 실행되지 못할 것이다.

의료인 면허제도의 기조를 정부규제에서 자율규제로 전환할 것을 고민해야 할 시점이다. 아울러 의료인 면허제도의 내용도 IAMRA·ISDR가 제시하는 국제적 표준에 접근하는 방향으로의 개선을 서둘러야 할 것이다.

저작권침해죄의 개정논의에 대한 소고

안효질*

I. 서 론

최근 수년 전부터 일부 저작권자들이나 이를 대리하는 법무법인에서 저작권침해죄의 고소권을 악용하여 과도한 합의금을 요구하는 사례가 많이 발생하고 있다. 다행히 2009년 '청소년 저작권침해 고소사건 각하 제도'가 시행된 이후 청소년 고소 건수는 꾸준히 감소하고 있으나,[1] 전체 저작권법위반 고소 건수는 다른 국가들에 비해 여전히 현저히 많다. 2015년 한 해에만 경찰에 접수된 저작권법 위반 고소 건수는 3만8천여 건인데, 이 중 약 37%에 달하는 1만4천여 건은 무협소설 작가 4인이 집중적으로 고소한 것이라고 한다.[2] 현행법의 문제점을 지적하기 위하여

---

* 고려대학교 법학전문대학원 교수 · 법학박사.

1 2009년 22,533건에 이르던 저작권 관련 청소년 고소 건수는 위 제도 시행 이후 2010년에는 3,614건으로 대폭 줄어들었고, 2015년에는 1,556건, 2016년에는 641건으로 꾸준히 감소했다(문화체육관광부 보도자료, 2017.2.28).

2 2016.4.18.자 연합뉴스 보도. 이 보도에 따르면, 2015년 저작권법위반으로 형사처분이 완료된 사건 2만7천133건 중 기소 처분된 것은 2천397건으로 10%에도 못 미쳤고, 반면 합의 등으로 '공소권 없음'으로 처분된 사건이 1만3천93건(48.3%),

2014년 2월 6일 법률소비자연맹은 국회의원의 의원활동과 관련된 언론기사를 개인 인터넷 홈페이지, 블로그 등에 올려 언론사들의 저작권을 침해한 혐의(저작권법 위반)로 국회의원 270명을 무더기로 고발한 사건도 있었다.[3] 이러한 남고소·남고발 문제를 해결하기 위하여 국회에는 저작권침해죄의 적용범위 자체를 축소하거나 저작권법상 친고죄의 범위를 확대하는 법률안들이 여러 차례 제출되었다.

관련 법률안을 열거하면, 제18대 국회에서 변재일 의원 대표발의안[4]은 침해한 권리의 총 소매가격이 100만 원 이하인 경우에는 처벌하지 않도록 하는 개정안을 제안하였고, 제19대 국회에서 박혜자 의원 대표발의안[5]은 180일의 기간 동안 침해되는 저작물의 총 소매가격이 500만 원 이상인 경우에 한하여 처벌하도록 하는 개정안을 제안하였다. 제19대 국회에서 김희정 의원 대표발의안[6]은 개인이 저작권자인 경우에만 비친고죄로 하고, 김태년 의원 대표발의안[7]은 영리를 위하여 상습적으로 저작권을 침해하는 경우에만 형사처벌하고, 대규모의 침해가 발생하는 경우에만 비친고죄로 하고, 이상민 의원 대표발의안[8]은 저작재산권침해죄를 모두 친고죄로 하고, 박기춘 의원 대표발의안[9]도 저작재산권침해죄를 모두 친고죄로 하는 개정안을 각각 제안하였다.

위 중 김희정, 김태년, 이상민, 박기춘 의원이 각각 대표발의한 4건의 개정안은 통합·조정하여 2014.4.24. 교육문화체육관광위원회 전체회

경미한 사안 등에 내리는 '기소유예'가 7천438건(27.4%)으로 훨씬 많았다. 이밖에 '혐의 없음' 1천968건(7.3%), 피고소인 소재가 파악되지 않는 기소중지 2천228건 (8.2%) 등이었다.

3 그러나 이는 저작권법 제35조의3(저작물의 공정한 이용)에 해당한다는 이유로 2014년 7월 28일 무혐의 처분을 받았다.
4 제안일: 2008.12.5. 의안번호: 1802888.
5 제안일: 2013.12.19. 의안번호: 1908655.
6 제안일: 2013.11.19. 의안번호: 1907893.
7 제안일: 2014.3.20. 의안번호: 1909821.
8 제안일: 2014.4.1. 의안번호: 1909975.
9 제안일: 2014.4.21. 의안번호: 1910259.

의에서 대안이 채택되었다. 이 대안은 저작재산권을 침해하여 '영리를 목적으로 하는 경우' 또는 '저작물등의 복제물의 소매가격을 기준으로 6개월 동안 100만 원 이상의 피해금액이 발생한 경우'에만 처벌하도록 하고, 이는 모두 비친고죄로 하는 내용을 담고 있었다. 그러나 이 대안에 대해 법제사법위원회 법안심사소위원회에서는 (ⅰ) '소매가격 기준 6개월 내 100만 원 이상의 피해금액'의 요건이 불명확하고, 기준 설정의 합리적 근거가 미흡하다는 점에 관하여 위원들 간 의견 일치를 보지 못하였고, (ⅱ) 피해금액이 일정 규모 이상이면 모두 비친고죄로 규정하는 것은 과도한 입법조치라는 이유로 다수 위원들이 위 대안에 반대의견을 나타냈다. 결국 위 대안은 총 다섯 차례에 걸쳐 법제사법위원회 법안심사소위원회에서 심사를 거쳤으나 가결되지 못하였고, 제19대 국회 임기만료로 폐기되었다.

위 법률개정안들은 모두 저작권자단체와 소비자단체 간 이견, 저작물의 종류에 따른 각 저작권자들 간 이견, 이에 따른 상임위원회 위원들 간 이견으로 인해 끝내 국회를 통과하지는 못하고 임기만료 폐기되었다. 그러나 소액의 저작재산권침해에 대한 무분별한 고소·고발이 끊이지 않고 있고, 그 남용은 향후에도 여전히 우려된다. 또한 현재 문화체육관광부와 한국저작권위원회에서 이와 유사한 취지의 개정내용을 포함한 저작권법 전부개정안 준비를 위한 연구용역이 진행 중인 점을 고려하건대 향후 유사한 취지의 법률개정 움직임은 계속될 것으로 예상된다. 제20대 국회에서도 저작권침해죄의 친고죄 범위와 관련하여 두 개의 법률안이 현재 국회 교육문화체육관광위원회에 계류 중이다. 즉, 이상민 의원 대표발의안[10]은 모든 저작재산권침해죄를 친고죄로 하고, 도종환 의원 대표발의안[11]은 청소년에 의한 저작재산권침해죄는 친고죄로 하는 개정안을 제안하고 있다. 이에 이 글에서는 학계, 저작권 업계,

---

10   제안일: 2016.7.19. 의안번호: 2000983.
11   제안일: 2016.10.21. 의안번호: 2002823.

소비자단체 등에서 가장 많은 관심을 불러일으켰던, 지난 2014년 국회 교육문화체육관광위원회를 통과한 저작권법일부개정법률안(대안)의 내용을 비판적 시각에서 분석하고자 한다.

II. 개정안의 내용과 취지

개정안은 우선 저작권침해죄의 적용범위를 축소하는 방안으로 저작재산권 침해 중 '영리를 목적으로 하는 경우'와 '저작물등의 복제물의 소매가격을 기준으로 6개월 동안 100만 원 이상의 피해금액이 발생한 경우'[12]에만 처벌하도록 규정하고 있다(동 제136조 제1항 제1호). 데이터베이스제작자의 권리 침해도 위의 요건이 충족된 경우에만 처벌한다(동조 제2항 제3호). 반면, 위와 같은 요건이 충족된 저작재산권침해죄는 비친고죄로 규정하고 있다(동 제140조). 현행법상으로는 '영리를 목적으로 또는 상습적으로' 저작재산권을 침해하는 경우 이를 비친고죄로 하고 있으나(저작권법 제140조 제1항 제1호), 개정안은 상습적이지 않더라도 100만 원 이상의 피해금액이 발생하면 비친고죄로 하고 있다는 점에서 비친고죄의 적용범위가 현행법에 비하여 넓을 수도(비상습적이고 피해금액이 100만 원 이상인 경우) 좁을 수도(상습적이고 피해금액이 100만 원 미만인 경우) 있다.

개정안의 제안이유는 "현행 저작권법에 따르면 저작권을 침해한 자는 권리자의 피해 규모 등에 관계없이 일률적으로 5년 이하의 징역 또는 5천만 원 이하의 벌금에 처할 수 있도록 되어 있음. 이에 경미한 저작권침해에 대해서도 고소·고발이 남용되고 고소 취하 대가로 과도한 합의금을 요구하는 행위가 사회적으로 문제가 되고 있는 실정임. 따라서 비

---

12 이와 관련하여 '6개월 동안 100만 원 이상의 피해금액'을 '6개월 동안 250만 원 이상의 피해금액'으로 하여야 한다는 소수의견이 있었다.

영리 목적의 일정 규모 이하 저작권 침해행위는 형사처벌 대상에서 제외함으로써 과도한 형사범죄자의 양산을 방지하려는 것임."이라고 밝히고 있다.

　이 개정안이 내포하고 있는 문제점을 간단히 지적하면 다음과 같다. 개정안은 미국 저작권법 제506조와 미국 연방법 제18편 「범죄와 형사소송법」 제2319조를 그 모델로 한 것으로 추측되나, 미국법과는 달리 그 표현이 일반적·포괄적이어서 적용기준이 분명하지 못하다. 구체적으로는 영리목적의 의미, 복제물의 개수, 6개월의 시간적 범위 등이 분명하지 못하다. 개정안은 합리적인 근거 없이 복제 및 배포권에 대한 침해와 공연, 전송, 방송 등의 저작재산권 침해에 대한 형사적 보호를 차별하고 있고, 합리적인 근거 없이 저작재산권 침해와 저작인격권 침해에 대한 형사적 보호도 차별하고 있다. 또한 개정안은 소액의 저작재산권자들이 법적으로 보호받을 수 있는 가능성을 현실적으로 박탈하고 있다. 입법기술적 측면에서는, 개정안은 양형 시 고려할 요소를 형벌책임의 구성요건 단계에서 고려하고 있는데, 이는 특허법, 상표법 등의 다른 지적재산권법에서는 찾아볼 수 없다는 점에서 타당한 입법기술인지 의문시된다. 개정안은 죄형법정주의원칙에서 파생된 명확성의 원칙, 재산권의 보장, 평등원칙 등 헌법상 기본원리에 위배되고, 「대한민국과 미합중국 간의 자유무역협정」에도 위배된다. 개정안의 취지는 저작권침해죄의 기본형량을 낮추고, 영업적 침해를 가중처벌하며, 저작권 교육 조건부 기소유예제도를 저작권법에 명시적으로 규정하는 방법에 의하여 달성할 수 있다고 판단된다. 아래에서는 이러한 문제점들을 하나하나 지적하고자 한다.

III. 개정안의 문제점

1. 개정안의 법체계적 모순점

(1) 개정안의 시행을 위한 구체적 기준의 모호성

우선, 개정안 제136조 제1항 제1호 (가)목은 저작재산권 침해가 '영리를 목적으로 하는 경우'에 형벌을 부과하도록 규정하고 있다. 여기서 영리목적의 의미가 불분명하다.

우선 영리목적이 직접적이어야 하는지 또는 간접적인 영리목적에 기여하는 것도 이에 포함되는지 불분명하다. 예컨대 불법 복제물을 대가를 받고 판매하는 것은 직접적인 영리목적이 있다고 볼 수 있다. 반면, 예컨대 컴퓨터 상점 등에서 소프트웨어나 영화DVD의 불법복제물을 덤 또는 판촉물로 그 고객에게 제공하거나, 호텔이나 숙박업소 등에서 영화DVD를 무료로 상영해 주는 것은 간접적으로 영리목적에 기여한다고 볼 수 있다. 또한 예컨대 영리기업이 업무관련 소프트웨어를 불법 복제하여 업무에 이용하는 경우(예컨대 출판사가 전자출판용 소프트웨어 또는 폰트를 불법 복제하여 이용하는 경우), 이것도 간접적으로는 영리목적에 기여한다고 볼 수 있다. 참고로 현행 저작권법 제29조의 경우 호텔 등에서의 영화상영도 '간접적으로' 영리목적이 있는 것으로 해석하고 있지만, 동조의 해석이 저작권침해죄 규정의 해석에도 그대로 적용될 수 있는지 의문이며, 도대체 개정안이 간접적 영리목적도 애당초 충분히 고려하였는지 여부가 극히 의심스럽다. 또한 형벌규정은 죄형법정주의원칙상 명확하여야 한다는 점에서 개정안은 문제의 소지가 있다고 생각한다.

복제물을 제3자에게 판매하는 것 이외에 해당 저작물을 구입하는 비용을 절감하는 것도 이에 포함되는지 의문이다. 미국 저작권법은 '사적인 재정적 이득(private financial gain)'을 목적으로 하는 것도 명시적으로 포함시키고 있다[동법 제506조(a)(1)(A)]. 또한 아무런 대가 없이 예컨대 인터넷에 업로드하거나 P2P 네트워크에 공유 상태로 설정하여 놓는 것은 그 행위자 자신에게는 직접적인 경제적 이익이 없을 것이다. 다만, 이를 다운로드 받는 자, 제3자에게는 적어도 해당 저작물의 구입 비용을 절감할 수 있다는 점에서는 경제적 이익이 있을 것이다. 이와 같이 제3자가 경제적 이익을 얻도록 도움을 주는 것도 '영리목적'에 포함되는지 의문이다.

비영리 기관인 정부, 공공기관, 학교법인 등에서 컴퓨터 프로그램이나 기타 저작물을 복제하여 사용하는 경우에, 이것이 과연 '영리목적'에 포함되는지 의문이다. 이러한 경우 만일 (가)목이 적용되지 않는다면, (나)목이 적용될 수밖에 없는데, 이때에도 그 소매가격을 기준으로 6개월 동안 피해금액이 100만 원에 미치지 못하는 경우에는 전혀 형벌책임을 지울 수 없게 되는데, 이것이 과연 타당한 결론인지 매우 의심스럽다.

다음, 개정안 제136조 제1항 제1호 (나)목은 '소매가격'을 기준으로 '피해금액'을 산정하도록 되어 있는데, 그 의미가 불분명하다. 피해금액이 '저작재산권자'의 손해액을 의미하는 것인지, 아니면 침해로 인하여 상실한 '모든 관련자들(예컨대 음악CD나 서적의 생산자, 판매자 등)'의 매출총액을 의미하는지 불분명하다. 원래 형사적 구제는 민사적 구제에 대한 보충적 성격을 띠고 있다는 점을 고려하고, 민사적 손해배상의 원칙을 고려한다면, 당연 '저작재산권자'의 '실제 손해액'이 그 기준이 될 것이나, 개정안의 취지는 무엇인지 분명하지 않다. 소매가격에는 당연히 복제물의 생산자와 판매자 등의 이윤도 포함되어 있을 것인데, 소매가격을 기준으로 할 경우 자칫 저작권에 의하여 보호받는 자가 아닌 자들의 손해액을 고려하여 형벌책임 여부를 결정하게 된다는 비판을 받을 수도 있을 것이다.

저작물 전체를 무단 복제하여 판매하는 경우에는 그 복제물의 소매가격을 기준으로 하는 것이 얼핏 타당할 수 있다. 그런데 이 경우 저작권자 개인의 피해액이 소매가격의 전부라고 볼 수는 없을 것이다. 소매가격당 수익률(예컨대 10%)이 저작재산권자의 손해액이라고 할 것이다. 경우에 따라서는 수익률은 높지 않으나 소매가격 자체가 매우 큰 경우(예컨대 컴퓨터 소프트웨어, 데이터베이스 등)에는 1개 또는 서너 개 정도만 복제하더라도 위 요건을 충족시킬 수 있는 반면, 이 경우에도 저작재산권자의 실제 손해는 예컨대 책의 무단복제에 비하여 큰 차이가 나지 않을 수도 있다.

또한 '피해금액'을 저작재산권자의 손해액으로 본다면, 전부를 복제하지 않고 일부(예컨대 저작물 전체의 1/2)를 복제하는 경우에는 소매가격에 일부의 비율만큼 공제하여 계산하여야 할 것이다. 예컨대 상영시간 100분짜리 영화의 중요한 엔딩 부분이 3분가량 복제되어 공유된다면, 단순히 산술적으로는 영화 1편의 소매가격 × (3/100)이 그 피해금액이 될 것이고, 이를 기준으로 할 경우 그 피해금액이 100만 원 이상에 해당하는 경우는 매우 드물 것이다. 요컨대 개정안은 저작물의 일부를 무단복제하여 이용하는 경우에는 사실 적용하기 매우 어렵게 되는데, 이러한 결론도 과연 타당한 것인지 극히 의심스럽다.

저작물이 정상적인 방법으로 판매되는 경우에는 그 소매가격을 산정하기가 비교적 쉬울 것이다. 그러나 예컨대 아직 시판되기 전에 저작물을 복제·배포하는 경우에는 소매가격이 형성되기 전이기 때문에 소매가격을 산정하기 불가능할 것이다. 시판전 불법복제는 특히 영화의 경우 매우 심각하다. 영화는 그 매출의 80-90%가 극장에서 발생하고 있다. 1차 시장인 극장상영이 종료되면 Pay TV, VOD, DVD 등 2차 시장에서 판매된다. '소매가격'이라면 아마도 정상적으로 판매되는 DVD의 가격을 의미하게 될 것이다. 그런데 만일 '시판전 침해'의 경우 그 소매가격이 없기 때문에 형벌책임에서 완전히 배제하거나 또는 '통상적인' DVD 영화의 소매가격을 기준으로 하여 100만 원의 피해금액을 산정하고 이에 대해 '통상적인' 형벌책임을 묻게 된다면, 영화산업에는 치명적인 피해를 야기하게 된다. 왜냐하면 1차 시장인 극장의 매출이 절대적인 상황에서 상영 중 또는 심지어는 상영 전에 해당 영화가 웹하드 등에서 공유되는 경우 그 피해는 상상을 초월하기 때문이다. 이에 대비하기 위하여 미국 저작권법은, 후술하는 바와 같이, '시판전 불법복제(pre-release piracy)'라고 하여 인터넷상 불법 저작물을 유포시키는 행위에 대해서는 항상 중범죄(felony)로 취급하며, 3년 이하의 징역과 250,000 달러 또는 금전적 이익이나 손실의 두 배에 해당하는 금액의 벌금에 처하고, 추가로 상업적 이익 등이 있거나 재범의 경우 형을 가중하고 있다[미국 저작권법 제506조(a)(1)(C), 제18편 「범죄와 형사소송법」 제2319조(d)]. 이 점에 대하여 우리 저작권법 개정안은 침묵하고 있는데, 반드시 명시 규정을 둘 필요가 있을 것이다.

개정안은 '6개월 동안'이라고 되어 있는데, 이 기간의 시기(始期)와 종기(終期)가 불분명하다. 개정안이 모델로 하고 있는 미국저작권법에 대한 해설서를 참고하면, 이는 피해금액이 발생한 기간을 의미하는 것으로 해석하여야 할 것이다. 예컨대 복수의 복제물을 복제·배포한 경우, 즉 소매가격이 10만 원인 A 소프트웨어를 5개 복제하고, 20만 원인 B 소프트웨어를 3개 복제하여 배포하였는데, 이 모든 행위가 6개월 동안에 발생하였다면, 이 요건을 충족하는 것으로 보아야 할 것이다.

또한 공연, 방송, 전송(스트리밍) 등의 경우에는 복제물의 소매가격이라는 것 자체가 있을 수 없다. 따라서 이러한 경우에는 논리적으로 (나)목은 적용될 수 없고, (가)목만 적용될 수 있을 것이다.

개정안은 '복제물'이라고만 되어 있기 때문에 복제물 한 개의 소매가격이 100만 원 이상이어야 하는지 여러 개의 복제물의 소매가격을 합한 것이 100만 원 이상이어야 하는지 불분명하다. 참고로 미국 저작권법상으로는 '한 개 또는 그 이상의 보호받는 저작물(1 or more copyrighted works)'이라고 하여 여러 개의 저작물의 복제물을 합한 것을 기준으로 한다고 명시하고 있다[동법 제506조(a)(1)(B)].

그러나 국내법의 경우 저작권침해 여부의 결정 및 저작권침해죄의 죄수(罪數)와 관련해서는, 판례는 저작재산권 침해행위는 저작권자가 같더라도 저작물별로 침해되는 법익이 다르므로 각각의 저작물에 대한 침해행위는 원칙적으로 각 별개의 죄를 구성한다고 할 것이고, 다만 단일하고도 계속된 범의 아래 동일한 저작물에 대한 침해행위가 일정기간 반복하여 행하여진 경우에는 포괄하여 하나의 범죄가 성립한다고 볼 수 있다는 태도를 취하고 있다.[13] 그렇다면, 동일한 저작재산권자라 하더라도 원칙적으로는 저작물별로 그 피해금액을 산정하는 것이 바람직할 것 같은데, 개정안에서 말하는 '100만 원 이상의 피해금액'이 과연 어떤 경우를 의미하는 것인지 불분명하다. 또한 저작물이 여러 개이고, 각 저작물의 저작재산권자가 서로 다른 경우에는 그 문제가 더욱 심각하게 발생하게 될 것이다. 즉, 피해자가 각각 다름에도 불구하고 총 피해금액만을 기준으로 처벌하는 것이 논리적으로 타당한지 의문이다.

설사 양보하여 100만 원의 피해금액을 용이하게 산정할 수 있다 하더라고 100만 원 이상은 형사적 구제를 받고, 그 미안인 경우에는 영리목적이 없는 한 전혀 형사구제를 받지 못한다는 것이 과연 합리적이고 정당한 기준인지는 의심스럽다.

(2) 법집행상의 어려움

개정안이 통과될 경우 고소·고발 단계에서 그 피해금액이 6개월 동안 100만 원 이상인지 판단하기 어려운 경우가 적지 않을 수 있으며, 이러한 경우 경찰 또는 검찰에 의하여 이를 판단하도록 하는 것이 과연 타당한지 의문이다. 고소·고발 단계에서는 피해금액이 100만 원 이하라고 여겨졌으나 나중에 수사한 결과 100만 원 이상인 경우도 있고, 그와 반대인 경우도 있을 것이다. 또한 처음에는 영리목적인 것으로 판단하

---

13 대법원 2012.5.10. 선고 2011도12131 판결.

여 공소를 제기하였으나 나중에 영리목적이 없는 것으로 판단되어 형벌책임을 면하게 될 수도 있을 것이다. 따라서 법집행과정에서 혼란이 발생할 가능성이 있다.

(3) 저작인격권 침해죄와의 균형 문제

현행법은 모든 저작재산권 침해에 대해서는 원칙적으로 형벌책임을 지고 친고죄이나, 예외적으로 '영리를 목적으로 또는 상습적으로' 저작재산권 등을 침해하는 경우에만 비친고죄로 함으로써 저작재산권침해죄 등의 형벌구성요건과 소추요건을 각각 나누어 규정하고 있다. 그런데 개정안은 현행법과는 달리 저작재산권침해죄 등을 구성하는 형벌구성요건과 소추요건을 동일하게 규정하고 있다. 즉, 개정안에 따르면, 애당초 형벌책임을 지기 위해서는 저작재산권을 영리를 목적으로 침해하거나 그 피해금액이 6개월 동안 100만 원 이상이어야 하고, 이에 대해서는 일괄적으로 비친고죄로 함으로써 형벌구성요건과 소추요건을 동일하게 규정하고 있다. 그러나 이러한 태도는 현행법과 비교하여 아래와 같은 차이를 나타내게 되며, 그 차이가 타당한지 의문이다.

개정안은 저작재산권과 저작인격권의 침해에 대한 형벌책임의 부과를 달리 취급하고 있다. 개정안에 따르면, 저작재산권은 영리목적으로 침해하거나 그 피해금액이 6개월 동안 100만 원 이상으로서 비교적 큰 침해에 대해서만 형벌책임을 지게 된다. 이에 반하여 저작인격권 침해에 대해서는 이러한 제한이 없다. 저작재산권 침해로 인한 재산상 손해와 저작인격권 침해로 인한 비재산적 손해를 금전적으로 단순 비교하기는 어려울 것이다. 그러나 저작인격권 침해의 경우는 비교적 경미한 것에 대해서도 형벌 책임을 묻고, 저작재산권 침해의 경우에는 상대적으로 중대한 것 또는 영리목적의 경우에만 책임을 묻는다는 것은 다소 균형이 맞지 않는다고 생각한다.

저작물의 상업적 이용이 증가하면서 오늘날 저작권제도는 점차 재산

적 이익의 보호에 치중하는 경향이 있다. 이러한 상황하에서 저작재산
권이 형사상 보호받을 수 있는 요건을 엄격하게 하는 것은 오히려 시대
를 역행하는 것은 아닌가 생각한다.

(4) 비영리 또는 소규모 저작권침해 시 형사고소의 역할

저작재산권을 영리를 목적으로 침해하거나 6개월 동안 그 피해금액
이 100만 원 이상인 경우, 이는 더 이상 저작재산권자 개인의 법익에 대
한 침해가 아니라, 저작권의 보호와 이를 통한 새로운 저작물의 창작을
통하여 문화를 지속적으로 향상 발전시켜야 한다는 저작권제도의 유지
내지 존속에 대해 공중이 갖는 이익, 즉 사회적 법익을 침해하는 것으로
볼 수 있다. 이런 점에서 개정안이 이를 비친고죄로 규정하여 신속하게
형사책임을 물을 수 있게 한다는 점에 대해서는 찬성한다.

그러나 소액의 침해 또는 비영리 목적의 침해의 경우에도 우리나라의
현실에서는 형벌책임규정이 필요하다고 생각한다. 민사상 손해배상이
현실적으로 충분하지 않고, 민사상 소제기에 변호사비용 등 제반비용과
상대적으로 긴 시간이 수반된다는 점에서, 개정안은 형사고소를 통하여
저작권자가 손쉽게 재산상 손해를 전보받을 수 있는 기회를 빼앗기게
될 가능성이 있는데, 이것이 과연 타당한지는 의문이다. 특히 소액 침해
의 경우 저작권자 스스로 변호사를 선임한다거나 증거를 수집한다는 것
은 거의 기대하기 어렵다. 이러한 경우 현실적으로 형사고소가 피해자
의 재산상 손해를 보상받을 수 있게 하는 유일한 역할을 하고 있음을 부
인할 수는 없다. 고소·고발의 남용을 우려하여 적법한 권리자의 보호
를 소홀히 하는 것은 결코 정당화될 수 없다고 생각한다.

(5) 특정 종류의 저작물만 형사상 보호될 위험

개정안은 복제물의 소매가격을 기준으로 100만 원 이상이어야 한다
고 규정하고 있는데, 소설 등의 일반적인 어문저작물, 만화저작물, 음악

저작물, 영화저작물의 경우는 현실적으로 매우 많은 복제물을 배포하는 경우에만 이에 해당할 수 있을 것이다. 저작물의 단가가 상대적으로 높은 컴퓨터 소프트웨어나 데이터베이스 등의 경우에만 이 규정의 혜택을 볼 수 있을 것이다. 제324회 교육문화체육관광소위 제1차(2014년 4월 23일) 회의록 5쪽을 보면, 지금까지 검찰에서 기소된 전체 사건 중 약 1.2%가 피해금액이 100만원을 넘는 것이라고 한다. 그것도 단가가 높은 소프트웨어의 경우가 대부분일 것이다. 그렇다면, 음악, 만화, 소설, 영화와 같이 단가가 낮은 저작물의 경우에는 형사소추 자체가 불가능하다는 결론이 되는데, 저작물의 종류에 따라 이러한 차별을 하는 것이 과연 어떤 근거에서 정당화될 수 있는지 매우 의문이다. 컴퓨터 소프트웨어의 경우에도 다수의 국내 소프트웨어는 그 단가가 낮고, 고가의 소프트웨어는 대부분 외국산이라는 점에 비추어 볼 때, 이는 오히려 외국 저작권자들만 보호한다는 비난을 면하기 어렵다고 생각한다.

(6) 악의적인 저작권침해의 유도

만일 개정안대로 입법이 된다면, 악의적인 저작권침해자의 경우 6개월 동안 100만 원 미만의 한도로 지속적인 침해를 함으로써 일부러 형벌책임을 회피할 가능성을 열어 줄 수도 있을 것이다. 예컨대 영어학원 강사가 '영화로 배우는 영어'라는 강좌를 개설하여 7명의 수강생들에게 매달 20,000원짜리 최신 영화DVD(현재 최신 영화DVD는 2만 원 내외, 2~3년 전의 것은 1만 원 내외임)를 1개씩 불법 복제하여 무상으로 배포하는 경우, 그 피해금액은 6개월 동안 840,000원으로 형벌책임을 면할 가능성이 있다. 또한 예컨대 교수가 매학기 대학원 수업에서 10만 원짜리 원서를 단순히 고가(高價)라는 이유로 9권을 복사하여 학생들에게 배포하는 경우에도, 그 피해금액은 900,000원으로 형벌책임을 면하게 된다. 위와 같은 경우에는 영리목적이 있다고 볼 수도 없어서 개정안 제136조 제1항 제1호 (가)목의 적용도 불가능할 것이다. 이와 같이 지속적인 저작권 침해에 대해서도 형벌책임을 묻지 않는 것이 과연 적절하게 저작권을 보호하는 것인지 의문시된다. 악의적 침해자들의 경우 설사 그 침해행위가 적발된다 하더라고 '손해배상만 하면 그만'이라는 전제하에 계획적으로 침해하는 자들인데, 이에 대해서는 단순한 민사적 구제수단이외에 오히려 형벌이라는 강한 제재수단에 의하여 침해를 예방할 필요가있다고 판단된다.

(7) 미국 저작권법과의 차이

개정안 제136조 제1항 제1호 (가)목은 '영리를 목적으로'라고만 표현하고 있는데, 미국 저작권법 제506조(a)(1)(A)는 '상업적 이익 또는 사적인 재정적 이득(commercial advantage or private financial gain)'이라고 표현함으로써, 개정안에 비하여 그 적용범위가 넓고 구성요건을 분명히규정하고 있다.

또한 개정안 제136조 제1항 제1호 (나)목은 '복제물의 소매가격'이라는 표현을 쓰고 있는데, 이 규정이 복제와 배포의 경우에만 적용되는지,아니면 미국 저작권법과 마찬가지로 전송의 경우에도 적용되는지 불분명하다. 미국 저작권법 제506조(a)(1)(B)는 '전자적 수단에 의한 것을포함하여(including by electronic means)'라고 하여 우리법상 디지털복제와 전송의 방법에 의한 복제물의 유포에 대해서도 적용됨을 명시적으로규정하고 있다. 뿐만 아니라 동조(a)(1)(C)는 이른바 '시판전 불법복제(pre-release piracy)'라고 하여, 상업적 판매를 위해 준비된 저작물을 '컴퓨터 네트워크상으로 공중의 이용에 제공하는 것(by making it available on a computer network)'을 금지함으로써, 여기서도 전송의 방법에 의한불법복제물의 유포가 금지됨을 명시적으로 규정하고 있다. 이 점에 관한 한, 개정안은 침묵하고 있어서 반드시 수정·보완이 필요하다.

다른 한편, 미국 저작권법상으로는 공연이나 방송 등의 경우에는 복제물이 없기 때문에 영리를 목적으로 저작물을 불법 이용하는 경우에만 형사처벌을 하고 있다[동법 제506조(a)(1)(A) 참조]. 즉, 비영리 목적의 공연이나 방송에 대해서는 전혀 형사처벌이 되지 않는다. 이는 현재 문제되고 있는 우리나라 저작권법 개정안에 따르더라도 마찬가지인데, 과연 이러한 결론이 타당한지 매우 의문스럽다.

또한 미국법상으로는 전술한 세 가지의 저작권침해의 유형, 불법복제물의 개수, 전체 소매가치의 금액에 따라 형량을 달리하여 규정하고 있다(미국연방법 제18편 「범죄와 형사소송법」 제2319조). 예컨대 ① 영리목적의 침해이고, 180일 기간 동안 최소한 10개의 복제물 또는 음반을 복제하고, 총 소매가격이 2,500달러 이상인 경우에는 5년 이하의 징역과 250,000달러 또는 금전적 이익이나 손실의 두 배에 해당하는 금액의 벌금에 처한다[동조(b)(1)]. ② 비영리목적의 침해이고, 10개 이상의 복제물 또는 음반을 복제하거나 배포하고, 총 소매가격이 2,500달러 이상인 경우에는 3년 이하의 징역과 250,000달러 또는 금전적 이익이나 손실의 두 배에 해당하는 금액의 벌금에 처한다[동조(c)(1)]. 이상 첫째와 둘째 유형에서 금전적(2,500달러) 또는 복제물의 수(10개)의 요건을 충족하지 못하는 경우에는 경범죄(misdemeanor)로서 1년 이하의 징역과 100,000달러 또는 금전적 이익이나 손실의 두 배에 해당하는 금액의 벌금에 처하고 있다. ③이른바 '시판전 침해(pre-release infringement)'는 항상 중범죄(felony)로 취급되며, 3년 이하의 징역과 250,000달러 또는 금전적 이익이나 손실의 두 배에 해당하는 금액의 벌금에 처하고, 추가로 상업적 이익 또는 개인적으로 재정적 이득을 얻을 목적이 있는 경우에는 5년 이하의 징역에 처하고, 그 위반이 두 번째 또는 그 이상의 위반에 해당하는 경우에는 10년 이하의 징역에 처하기도 한다[이상 동조(d)(1) 내지 (4)]. 전술한 바와 같이, 우리 저작권법 개정안은 소매가격을 기준으로 하고 있기 때문에, 시판전 침해는 해석상 형벌책임을 회피할 가능성이 있으며, 시판전 불법 영화파일의 공유 사태에서 추측할 수 있는 바와 같이 시판전 침해는 그 어떤 침해보다도 가중처벌할 필요가 있다. 이런 점에서 미국법상 시판전침해 관련 규정은 시사하는 바가 크다고 생각한다.

요컨대, 미국법은 저작권법에 형벌책임을 물을 수 있는 기본적인 구성요건을 규정하고 있고, 양형은 제18편 「범죄와 형사소송법」에서 세분화하여 구체적으로 정하고 있다. 현재 우리나라 저작권법 개정안은 양형 시 고려할 요소를 형벌책임의 구성요건 단계에서 고려하고 있는데, 과연 이것이 바람직한 입법태도인지 의문스럽다. 특히 특허법, 상표법 등의 다른 지적재산권법에서는 이러한 방식의 규정을 두고 있지 않으며, 외국의 입법례에서도 이를 찾을 수 없다는 점에도 유의할 필요가 있을 것이다.

2. 개정안의 위헌성

(1) 헌법 제12조 제1항, 제13조 제1항(적법절차의 원칙, 죄형법정주의) 위반

헌법은 "누구든지 … 법률과 적법한 절차에 의하지 아니하고는 처벌·보안처분 또는 강제노역을 받지 아니한다"(제12조 제1항 제2문 후단)고 규정하고, "모든 국민은 행위 시의 법률에 의하여 범죄를 구성하지 아니하는 행위로 소추되지 아니하며"(제13조 제1항 전단)라고 규정하여 적법절차의 원칙과 죄형법정주의원칙을 선언하고 있다. 이에 따라 형사처벌을 규정하는 법률은 절차적 측면뿐만 아니라 그 내용도 합리성과 정당성을 갖추고 있어야 하며, 범죄의 구성요건은 명확하게 규정되어 있어야 한다.

그러나 개정안이 정하고 있는 '6개월 동안 100만 원 이상'은 명확하지도 않을뿐더러 그 합리성도 없다고 생각한다. 저작물의 무단이용자로서는 6개월이 언제부터 언제까지인지 알 수 없으며, 소매가격은 어떤 방법으로 계산하여야 하는지 알 수 없으므로 결국 금지된 행위가 무엇인지 알 수 없다. 또한 6개월 동안 100만 원 이상은 처벌받는다고 하고 있으므로, 만일 7개월 동안 100만 원 이상이거나 6개월 동안 99만 원이라면 처벌받지 않는다는 것인데, 그 기준이 과연 합리적이고 정당한 것인지 매우 의심스럽고 자의(恣意)적이라고밖에 볼 수 없다. 요컨대 개정안은 적법절차의 원칙, 죄형법정주의 및 그에서 파생되는 명확성원칙에 위배될 가능성이 많다.

(2) 헌법 제22조 제2항, 제23조 제1항 및 제11조(지적재산권의 보장, 재산권의 보장, 평등원칙) 위반

헌법은 "저작자 · 발명가 · 과학기술자와 예술가의 권리는 법률로써 보호한다"(제22조 제2항)고 규정하고, "모든 국민의 재산권은 보장된다. 그 내용과 한계는 법률로 정한다"(제23조 제1항)고 규정하고, 동시에 "모든 국민은 법앞에 평등하다. 누구든지 성별 · 종교 · 또는 사회적 신분에 의하여 정치적 · 경제적 · 사회적 · 문화적 생활의 모든 영역에 있어서 차별을 받지 아니한다"(제11조 제1항)고 규정하면서, 지적재산권과 재산권의 보장 및 평등원칙을 선언하고 있다.

저작권도 법률로써 법률의 범위 내에서 보호되어야 한다. 또한 어떤 행위를 범죄로 하고 이를 어떻게 처벌할 것인가의 문제도 그 보호법익, 행위의 성질, 문화 · 시대적 상황 등 여러 가지 요소를 종합적으로 고려하여 결정하여야 할 사항으로 원칙적으로 입법자의 재량에 맡겨져 있다고 본다.

저작권법 분야의 경우에도 모든 저작권침해를 범죄로 할 것이 아니라 중대한 저작권침해에 대해서만 형벌을 가하여 국가 형벌권의 남용을 방지하고 상대적으로 중대하지 않은 침해에 대해서는 민사적인 방법으로 분쟁을 해결하도록 하는 것이 타당할 수 있다. 그러나 개정안은 6개월 동안 '100만 원 이상'의 피해금액을 기준으로 하고 있는데, 전술한 바와 같이 피해금액이 100만 원 이상의 경우에는 그 권리자가 형사상 보호를 받고, 그 미만인 경우에는 보호를 받지 못한다는 것은 매우 자의(恣意)적인 법제정에 의한 차별로서 평등원칙에 위배될 가능성이 있다.

또한 전술한 바와 같이, 특정 종류의 저작물, 예컨대 고가의 외국산 컴퓨터 소프트웨어와 같이 그 소매가격이 큰 경우를 제외하고는 대부분의 저작물은 개정안의 구성요건을 충족시킬 수 없게 되고, 이는 특정 종류의 저작물의 저작권자만을 보호하는 결과가 되므로 각 저작물의 종류와 그 저작권자들을 불합리하게 차별하는 것이다. 저작물의 소매가격과 피해금액은 저작권자에 의해서 결정되기보다는 적법이든 불법이든 실제 그 저작물을 이용하는 과정에서 결정되는 것이다. 반면, 저작권제도의 본질은 저작자의 독창성을 보호하는 것이며, 상업적인 성공 여부는 저작물이용자의 영업능력, 즉 마케팅에 의해서 좌우되는 것이다. 저작권제도의 본질 측면에 비추어 본다 하더라도 개정안은 문제가 많다고 생각한다.

또한 전술한 바와 같이, 지금까지 저작권침해로 기소된 사건들 중 '100만 원 이상'의 요건을 충족시킨 경우는 전체의 1.2%밖에 되지 않는다. 저작권침해에 대한 형사처벌이 저작권자의 보호에 상당 부분 기여하고 있다는 현실을 고려하면, 개정안은 지적재산권과 재산권의 보장이라는 헌법상 원칙에도 위배된다고 생각한다.

3. 대한민국과 미합중국 간의 자유무역협정 위반

개정안은 한미 FTA에 위배될 가능성도 있다. 동 협정 제18.10조(지적재산권 집행) 제26항은 다음과 같이 규정하고 있다.

"각 당사국은 최소한 상업적 규모(on a commercial scale)의 고의적인 상표위조나 저작권 또는 저작인접권 침해의 경우에 적용될 형사절차 및 처벌을 규정한다. 상업적 규모의 고의적인 저작권 또는 저작인접권 침해는 다음을 포함한다.

가. 직접적 또는 간접적인 금전적 이득의 동기가 없는 중대한 고의적인(significant willful) 저작권 또는 저작인접권의 침해, 그리고

나. 상업적 이익(commercial advantage) 또는 사적인 금전적 이득(private financial gain)을 목적으로 하는 고의적인 침해"

한미 FTA는 중대한 고의적 침해의 경우 금전적 이득의 동기가 없다 하더라도 형벌에 처하도록 규정하고 있지만, 개정안은 영리목적이 없고, 피해금액이 6개월 동안 100만 원 이상이 아닌 한, 저작권침해가 중대하고 고의적이라도 형사처벌하지 않도록 규정하고 있다. 또한 한미 FTA는 상업적 이익 이외에 '사적인 금전적 이득'의 목적으로 저작권을 침해하는 경우 형사처벌하도록 하고 있으며, 이 경우 '금전적 이득'은 '가치를 지닌 그 어떤 것의 수령 또는 기대(receipt or expectation of anything of value)'를 포함한다(동 협정 주33번). 즉, 가치 있는 저작물의 복제물을 수령하는 것 자체만으로도 금전적 이득에 해당한다. 그러나 전술한 바와 같이, 개정안은 '영리를 목적으로 하는 경우'라고만 규정하고 있기 때문에, 가치 있는 저작물의 복제물을 단순 수령하는 것은 이에 포함된다고 해석하기 어렵다. 요컨대 개정안은 한미 FTA에도 위배된다고 판단된다.

IV. 바람직한 개정방향의 제시

1. 주요국 입법례의 비교

대안을 제시하기에 앞서 우선 저작권침해에 대한 형사처벌에 관하여 주요 외국의 입법례를 간략하게 비교·검토한다. 저작인격권과 저작인접권을 제외하고 저작재산권 침해에 국한하여 검토한다.

(1) 미국
미국은 아래의 세 가지 유형에 해당하는 저작권침해에 대해 형벌을 가하고 있으며, 저작권침해죄는 비친고죄이다.

첫째, 상업적 이익이나 사적인 재정적 이득을 목적으로 하는 경우[미국 저작권법 제506조(a)(1)(A)]

둘째, 180일 동안 1,000달러 이상의 총 소매가치를 가지는 하나 또는 그 이상의 저작물의 복제물 또는 음반의 복제 또는 배포(전자적 수단에 의한 것을 포함)[동조항(B)]

셋째, 상업적인 배포가 예정된 저작물이라는 사실을 알았거나 알았어야 하는 자가 상업적인 배포를 위해 준비된 저작물을 배포하거나 컴퓨터 네트워크를 통해 공중의 구성원의 이용에 제공한 경우[동조항(C)]

형량은 전술한 바와 같이 침해행위의 유형, 불법복제물의 개수와 총 소매가치에 따라 달리 규정하고 있다.

(2) 영 국

영국은 크게 아래의 세 가지 유형에 해당하는 저작권침해에 대해 형벌을 가하고 있으며, 저작권침해죄는 비친고죄이다.

첫째, 경미한 저작권침해행위에 대해서는 약식재판으로 3개월 이하의 징역 또는 기준등급 5등급 이하의 벌금에 처하거나 이를 병과할 수 있다[영국 저작권법 제107조(5)항]. 공연권 침해의 경우가 이에 해당한다.

둘째, 공중전달권의 침해행위에 대해서는 약식재판의 경우 3개월 이하의 징역 또는 50,000파운드 이하의 벌금에 처하거나 이를 병과할 수 있다. 정식재판의 경우 상한과 하한이 없는 무제한의 벌금 또는 2년 이하의 징역에 처하거나 이를 병과할 수 있다[동조(4A)항].

셋째, 복제권과 관련한 침해행위로서 (ⅰ) 판매나 대여 목적의 제작, (ⅱ) 사적이거나 가정에서의 이용 이외의 목적의 수입, (ⅲ) 업무과정에서의(in the course of business) 배포, (ⅳ) 업무과정 이외의 배포로서 저작권자에게 해가 되는 정도에 이르는 것에 대해서는 약식재판의 경우 6개월 이하의 징역 또는 50,000파운드 이하의 벌금에 처하거나 이를 병과할 수 있다. 정식재판의 경우 상한과 하한이 없는 무제한의 벌금 또는

10년 이하의 징역에 처하거나 이를 병과할 수 있다[동조(4)항].

(3) 프랑스

프랑스는 저작권침해죄를 비친고죄로 하고 있으며, 관련 주요 규정은
아래와 같다.

첫째, 공표된 어문저작물, 음악저작물, 디자인, 미술저작물 등의 무단
출판행위에 대해서는 3년 이하의 징역과 300,000유로의 벌금에 처한다
(프랑스 저작권법 제335조의2 제1항 및 제2항).

둘째, 저작권 침해 제품의 판매, 수출 또는 수입 행위에 대해서도 위
와 동일하다(동조 제3항).

셋째, 조직화된 범죄집단에 의하여 위 행위를 한 경우 5년 이하의 징
역과 500,000유로의 벌금에 처한다(동조 제4항).

넷째, 어떤 방법으로든지 이 법에서 정한 저작자의 권리를 침해하면
서 저작물을 복제, 공연 또는 배포하는 행위도 범죄행위이다(동법 제335
조의3 제1항).

다섯째, 소프트웨어 저작자의 권리를 침해하는 것도 범죄행위이다(동
조 제2항).

여섯째, 영화관에서 영화나 시청각저작물의 전부 또는 일부를 촬영하
는 것도 범죄행위이다(동조 제3항).

(4) 독 일

독일에서 저작권침해죄는 원칙적으로 친고죄이며, 예외적으로 형사
소추관청이 형사소추에 대한 특별한 공공적 이익을 이유로 직권에 의한
개입이 필요하다고 인정하는 경우 또는 영업적으로 저작재산권이나 저
작인접권을 침해하는 경우에는 비친고죄이다(독일 저작권법 제109조). 저
작권 침해죄 관련 주요 규정은 아래와 같다.

첫째, 저작물의 복제, 배포 또는 공개재현에 대해서는 3년 이하의 징

역 또는 벌금에 처하거나 이를 병과할 수 있다. 미수범도 처벌할 수 있다(동법 제106조).

둘째, 저작인접권의 침해에 대해서는 3년 이하의 징역 또는 벌금에 처하거나 이를 병과할 수 있다. 미수범도 처벌할 수 있다(동법 제108조).

셋째, 영업적으로 저작권과 저작인접권을 침해한 경우 5년 이하의 징역 또는 벌금에 처하거나 이를 병과할 수 있다. 미수범도 처벌할 수 있다(동법 제108조의a). 이 경우 '영업적'이란 침해자가 반복적인 침해에 의하여 어느 정도의 기간 동안 그리고 어느 정도의 범위로 지속적인 수입원을 창출할 의도로 침해행위를 행하는 경우를 말한다. 따라서 단순한 영리목적으로 또는 상습적으로 저작권을 침해하였다 하더라도 반드시 이에 해당하는 것은 아니며, 어떤 기업 또는 공장 내에서 이뤄지는 저작권침해라고 해서 모두 '영업적'이라고 해석하지는 않는다.

(5) 일 본

일본에서 저작권침해죄는 원칙적으로 친고죄이며, 예외적으로 공익성이 강한 것(예컨대 기술적 보호조치 무력화 장치 등의 양도·대여 등, 사후의 저작인격권 침해 등)에 대해서는 비친고죄로 하고 있다(일본 저작권법 제123조). 관련 주요 규정은 아래와 같다.

첫째, 저작권, 출판권 또는 저작인접권의 침해에 대해서는 10년 이하의 징역 또는 1,000만 엔 이하의 벌금에 처하거나 이를 병과할 수 있다(동법 제119조 제1항).

둘째, 저작인격권이나 실연자의 인격권의 침해, 영리목적의 자동복제기기를 저작권 등의 침해에 사용하게 한 경우 또는 저작권·출판권 또는 저작인접권의 침해간주행위에 대해서는 5년 이하의 징역 또는 500만 엔 이하의 벌금에 처하거나 이를 병과할 수 있다(동조 제2항).

셋째, 저작자 또는 실연자의 사후의 인격권의 침해에 대해서는 500만 엔 이하의 벌금에 처하고 있다(동법 제120조).

(6) 각국 법률의 비교

각국의 저작권침해죄를 비교하면, 미국은 영리목적의 침해, 일정한 소매가치 이상의 침해 그리고 시판전 저작물에 대한 컴퓨터 네트워크를 통한 저작권침해에 한해서만 형벌에 처하고 있다. 반면, 다른 국가들은 이러한 제한을 두고 있지 않으며, 다만 독일과 프랑스는 영업적 침해나 조직화된 범죄집단에 의한 침해의 경우 가중처벌을 하고 있다. 독일과 일본은 우리나라와 마찬가지로 저작권침해죄는 원칙적으로 친고죄로 하고 있다.

2. 대안의 제시

경미한 저작재산권 침해행위에 대해서도 고소·고발이 남용되어 과도한 합의금 요구 등 부작용이 발생하는 것은 사실이다. 그러나 이는 한편으로는 현행법상 비친고죄의 범위를 축소하고, 다른 한편으로는 검찰이 공소제기를 신중하게 함으로써 상당 부분 그 폐해가 줄어들 수 있다고 생각한다. 일부에서는 비친고죄 부분을 친고죄로 하면 오히려 저작재산권자에 의한 '합의금 장사'라는 행태는 여전히 있을 것이라고 주장하는 견해도 있다. 그러나 적어도 친고죄의 대상을 넓게 되면, 이른바 '법파라치'에 의한 무차별적 경고 내지 고발위협에 의한 합의금 요구는 사라지게 될 것이다.

고소·고발의 남용을 줄이기 위한 사회의 자정노력도 중요하지만, 검사가 공소권을 적절하게 행사할 수 있도록 저작권법을 개정하는 것도 고려해 볼 수 있다. 현행 저작권법상 저작권침해죄에 대한 기본 형량이 지나치게 높아 검사가 기소유예처분을 할 수 있는 재량의 범위가 적지 않은가 의문이 든다. 형벌의 강화로 특히 영업적 또는 대량의 저작권침해를 예방하는 것은 중요하다. 그러나 무차별적인 형벌권의 발동으로 다수의 경미한 저작권침해자들이 간접적인 피해를 보는 것도 방지할 필요가 있다. 따라서 입법론적으로는 기본형량을 줄이고, 독일이나 프랑스의 경우처럼 영업적 저작권침해에 대해서 가중처벌하며, 동시에 청소년들에 의한 우발적 침해에 대해서는 여러 정황을 고려하여 저작권 교육 조건부 기소유예처분을 할 수 있음을 법률에 명시하는 것이 바람직할 수 있다.

예컨대 저작권법 제136조를 개정하여 저작재산권을 침해한 경우 3년 이하의 징역 또는 1천만 원 이하의 벌금(현행법보다 낮게)에 처하거나 이를 병과할 수 있도록 하고, 영업적으로 침해한 경우 5년 이하의 징역 또는 5천만 원 이하의 벌금(현행법과 동일)에 처하거나 이를 병과할 수 있도록 하는 것이다. 아울러 저작권법 제140조에 항을 하나 신설하여, 예컨대 "검사는 저작권침해사건을 수사한 결과 침해행위의 횟수·성질 및 동기, 피해금액, 침해자의 연령이나 성행 등을 고려하여 적절하다고 인정하는 경우에는 저작권 교육 조건부 기소유예를 할 수 있다."[14]고 규정하는 것이다. 현재도 대검찰청의 지침에 의하여 '저작권 교육 조건부' 기소유예 제도를 실시하고는 있다(2009.3.1.부터 시행). 그러나 이와 같이 법률에 명시규정을 두게 된다면, 이른바 '법파라치'에 의한 무분별한 합의금 요구 사례도 크게 줄어들 것이고, 청소년과 같은 우발적인 침해자들도 고소 등에 의한 심리적 압박에서 벗어날 수 있다고 판단된다. 또한 저작권침해죄는 원칙적으로 친고죄로 하고, 다만 '영업적으로' 침해한 경우에 한하여 비친고죄로 하는 것이 바람직할 것이다. 이렇게 되면 단순히 일회적으로 영리목적 침해를 하거나 상습적으로 비영리목적 침해를 하는 것은 친고죄가 될 것이므로 현재와 같은 무분별한 고발은 현저히 줄어들게 될 것이다.

---

14 참고로 「소년법」 제49조의3, 「가정폭력범죄의 처벌 등에 관한 특례법」 제9조의2, 「아동학대범죄의 처벌 등에 관한 특례법」 제26조에 조건부 기소유예를 명시하고 있다.

일본군 위안부 피해자 문제 해결을 위한 2015년 12월 한일 합의: Quo vadis?*

박기갑**

들어가면서

2015년 12월 28일 한일 양국 외교장관이 일본군 위안부 피해자 문제 (이하 '위안부 문제')를 타결하기 위해 행한 공동기자회견 발표문 (이하 '2015년 합의'라고 병기함) 내용에 대한 비판은 물론 그 국내 이행을 반대 하는 움직임이 좀처럼 수그러들 기미가 보이지 않는다.[1] 돌이켜 보면

---

* 이 글은 2017년 3월 초까지의 사실관계에 바탕을 두고 작성 제출된 것이다. 논문 집의 출판이 늦어짐에 따라 2017년 5월 대통령선거 이후의 상황변화들은 관련 항 목에 '추록'이라는 형식으로 덧붙였다.

** 고려대학교 법학전문대학원 교수.

1 가령 민주사회를 위한 변호사모임(민변)은 2016년 3월 27일 일본군 위안부 피해 자들이 상기 '2015년 한일 외교장관합의'에 대한 헌법소원을 제기하였다고 밝혔 다. 민변에 따르면 2015년 합의는 헌법재판소가 인정한 작위의무를 포기하겠다는 선언이며 또한 피해자들이 갖는 기본권을 침해한 정치적 타협에 불과하다는 것이 다. 또한 더불어 민주당 전국여성위원회는 2016년 12월 28일 "한일 위안부 합의 원천무효, 재협상 하라"는 성명서를 발표했다.

2015년은 한일 양국 정부 국교정상화 50주년이 되던 해였고, 미래지향적인 한일관계를 다지기에 적절한 시점이었다. 하지만 위안부 문제를 둘러싼 날선 대립으로 양국 정부 관계는 나날이 냉각되었고, 양국 국민의 상호 악감정도 계속 높아지고 있었다. 그런데 2016년으로 해가 바뀌기 바로 며칠 전 뜻밖의 소식이 들려왔다. 한국 정부가 재단을 설립하면 일본정부의 예산으로 위안부 피해자의 상처를 치유하기 위한 사업을 행한다는 내용의 포괄적 타결이 이루어졌다는 것이다. 하지만 이는 과거 논란의 종결점이 아니라 새로운 시작에 불과했다.

2017년 2월에 행한 한국갤럽(Gallup)의 여론조사결과에 의하면 2015년 합의는 잘못됐기 때문에 재협상해야 한다는 의견이 2016년 1월 58%, 2016년 9월 63% 그리고 2017년 2월에는 70%로 계속 높아지고 있다. 또한 부산 일본영사관 앞에 시민단체가 설치한 위안부 소녀상을 '그대로 둬야 한다'는 의견이 78%로 '철거 또는 이전'해야 한다는 의견 16%보다 압도적으로 높게 나왔다.[2] 지난 20여 년간 역대 한국 정부들이 고심했던 위안부 문제 해결방안들 중 가장 바람직한 결과가 나왔다는 박근혜 정부 입장과는 달리 여론은 등을 돌렸고, 5월 대통령선거에서 당선된 문재인 대통령과 그의 새로운 행정부는 2015년 합의 그 자체에 문제를 제기하고 있다. 위안부 문제는 아무리 머리를 맞대고 고민하여도 해결책이 없는 막다른 골목에 봉착하였는가? 이 글에서는 2015년 합의의 내용을 과거 관련 제안들과 비교검토를 하고, 가장 논란거리인 합의의 파기 또는 재협상의 가능성 여부, 10억 엔의 의미, 그리고 소녀상 이전 문제 등에 관해 국제법적 시각에서 살펴본다.

---

2 한국갤럽 조사연구소, 2017년 2월 셋째 주(14~16일) 전국 성인 1,003명에게 물은 결과이다. 한국갤럽 데일리 오피니언 제246호, 2017년 2월 셋째 주(14-16일).

Ⅰ. 위안부 문제의 제기 배경

국제법상 '위안부'(comfortable women)란 표현은 적절하지 못하다. 왜
냐하면 피해자들은 태평양 전쟁 당시 일제에 의하여 강제로 동원되어
성적 학대를 받은 이른바 '전시 성노예'(sexual slavery in wartime)이기 때
문이다. 이러한 반인륜적인 만행을 저지른 일본 정부의 국제법상 책임
은 위안부 문제를 다룬 유엔인권위원회의 샤베즈(Chavez) 특별보고자의
예비보고서(1996년), 쿠마라스와미(Coomaraswamy) 특별보고자의 보고
서(1996년), 맥두걸(McDougall) 특별보고자의 보고서(1998년) 등에서 조
목조목 지적되었다.[3] 일본 정부는 과거사에 대해 반성해야 하건만 오히
려 적반하장 격으로 당시 국제법은 사안에 적용될 수 없으며, 모든 문제
는 한일 양국간 합의에 의해 이미 해결되었다는 등의 논리를 전개하여
이를 덮으려 한다.

왜 이런 상황이 발생하는가? 여러 가지 이유가 있겠지만 필자 생각으
로는 일본이 국제법을 빨리 받아들여 그것을 대외정책 수단으로 사용해
왔다는 점을 언급하고 싶다. 일본국제법학회는 1897년에 설립되었다.
이는 1906년에 설립된 미국의 국제법학회보다 9년이 빠르며, 1953년 설
립된 대한국제법학회보다는 반세기 이상 빠르다. 일본은 1905년 조선
을 식민지화할 때 을사보호조약으로, 1910년 대한제국을 합병하여 소멸
시킬 때도 국제조약 체결의 형식을 취했다. 이들 조약은 그 실체가 불법
적인 강박에 의한 원천적 무효였음에도 불구하고 국가 간 합의라는 탈
을 쓰고 있었기에 전모를 상세히 알지 못했던 당시 국제사회로부터 비
난을 피할 수 있었다.[4]

---

3 유엔인권위원회는 유엔 경제사회이사회 산하 부속기관이었으나 2006년 유엔인권
   이사회로 확대 개편되었다.
4 20세기 초 국제관습법을 성문화시켰다는 평가를 받는 「1969년 조약법에 관한 비

일본은 제2차 세계대전 후 한국과 관계정상화의 토대가 된 1965년 「대한민국과 일본국 간의 기본관계에 관한 조약」(이하 '한일기본조약')과 1965년 「대한민국과 일본국 간의 재산 및 청구권에 관한 문제의 해결과 경제협력에 관한 협정」(이하 '청구권협정')에도 자신의 주장을 관철시킨 내용을 조약 문구에 담았다. 그 대표적인 예가 1965년 '한일기본조약' 제2조의 "1910년 8월 22일 및 그 이전에 대한제국과 대일본제국 간에 체결된 모든 조약 및 협정이 이미 무효임을 확인한다"라는 문구이다. '이미 무효'(already null and void)라는 표현의 해석을 둘러싸고 한국과 일본의 입장은 평행선을 긋고 있다. 한국은 한일합병조약과 을사보호조약은 그 체결시점부터 무효라고 해석하지만, 일본은 1951년 샌프란시스코 강화조약을 기점으로 그 전까지는 유효했으나 그 후에는 무효로 되었다고 해석한다. 다시 말해서 일본은 여전히 한반도의 식민지배는 국제법상 적법하기 때문에 1965년 '청구권협정'에 따라 한국에 지불한 돈은 국제법상 위법행위로 말미암은 손해배상금이 아닌 정치적 협상의 결과로서의 위로금 성격으로 파악한다.

이 논문과 직결되는 일본군 위안부로 끌려갔던 피해자의 배상청구권에 대해서도 일본은 1965년 청구권협정 제2조 제1항에 의해 소멸되었다고 주장하는 반면,[5] 한국정부는 배상청구권은 청구권협정에 의해 해결된 것은 아니라는 입장을 견지함으로써 또 다른 평행선을 긋고 있다. 한국의 입장은 2005년 8월 민관합동위원회가 밝힌 "1965년 청구권협정

엔나협약」 제51조(국가대표의 강제)는 "국가대표에게 정면으로 향한 행동 또는 위협을 통하여 그 대표에 대한 강제에 의하여 감행된 조약에 대한 국가의 기속적 동의표시는 법적 효력을 가지지 아니한다"고 규정한다. 이에 따르면 고종황제에 대한 강박으로 체결된 1910년 한일합병조약은 원천무효이다.

5 1965년 청구권협정 제2조 1항: 양 체약국은 양 체약국 및 그 국민(법인을 포함함)의 재산, 권리 및 이익과 양 체약국 및 그 국민 간의 청구권에 관한 문제가 1951년 9월 8일에 샌프란시스코에서 서명된 일본국과의 평화조약 제4조 (a)에 규정된 것을 포함하여 완전히 그리고 최종적으로 해결된 것이 된다는 것을 확인한다.

으로 위안부문제가 해결되지 않았다"는 결론에서도 잘 알 수 있다. 헌법 재판소는 2011년 8월 30일 결정(2006헌마788)에서 한일 양국 간에 이처럼 해석상 분쟁이 존재하는데도 불구하고 한국정부는 1965년 청구권협정 제3조의 분쟁해결절차를 밟을 의무를 취하지 않고 있다고 판단하였는데 바로 이 결정이 2015년 한일 합의라는 해결책을 이끌어 내도록 촉구한 근거가 되었다.

II. 2015년 한일 공동기자회견 발표문의 주요 내용 분석

2015년 한일 공동기자회견 발표문의 주요 내용을 살펴보자. 과연 이 문서에 담긴 내용은 문제가 많은 정치적 타협물에 불과한가? 한국과 일본 정부는 위안부 문제 해결 방안에 관해 양국 외교장관 회담 결과를 공동기자회견 형식으로 발표하였다.[6] 발표문은 공동담화 형식이 아닌 일본 정부와 한국 정부의 입장을 개별적으로 밝히는 두 개의 문서로 구성되어 있다.

우선 일본 측의 입장은 다음과 같다. 1) 일본 정부는 위안부 문제에 당시 일본군이 관여하였다는 사실을 인정하였으며, 아베 내각총리대신은 위안부 피해자들에 대해 사죄와 반성의 마음을 표명하였다. 2) 일본 정부는 한국 정부가 위안부 피해자들의 지원을 목적으로 하는 재단을 설립하면, 일본 정부 예산으로 자금을 일괄 거출하여(10억 엔) 모든 위안부 피해자들의 명예와 존엄 회복 및 마음의 상처 치유를 위한 사업을 하겠다고 약속했다. 3) 나아가, 이러한 조치들을 착실히 실시한다는 것을 전제로 일본군 위안부 문제가 최종적 및 불가역적으로 해결될 것임을 확인했다.

---

6 발표문은 이 논문 부록으로 달았다.

다음으로 한국 정부의 입장은 다음과 같다. 1) 일본이 표명한 조치를 착실히 실시한다는 것을 전제로 이번 합의를 통해 일본 정부와 함께 이 문제가 최종적 및 불가역적으로 해결될 것임을 확인했다. 2) 한국 정부는 일본 정부가 주한일본대사관 앞의 소녀상에 대해 공관의 안녕·위엄의 유지라는 관점에서 우려하고 있는 점을 인지하고, 한국 정부로서도 가능한 대응방향에 대해 관련 단체와의 협의를 통해 적절히 해결되도록 노력하겠다고 약속했다.

이 외에도 한국 정부와 일본 정부가 공히 합의한 내용은 다음과 같다. 1) 한국과 일본은 국제관계에서 위안부 문제를 놓고 상호 비판, 비난하는 것을 자제하기로 했다. 2) 일본이 표명한 조치가 착실히 실시된다는 것을 전제로 위안부 피해자 문제가 최종적 및 불가역적으로 해결될 것임을 확인했다.

이상의 2015년 12월 공동기자회견 발표문의 주요 내용을 그동안 정대협(한국정신대 문제대책협의회) 등 민간단체가 주장해 온 위안부 문제 해결을 위한 최소한의 세 가지 조건에 대입시켜 보자. 세 가지 조건이란 1) 일본 정부가 당시 일본군이 위안부 모집과 운영에 관여한 사실을 인정하고 그에 따른 법적 책임 역시 인정하여야 한다. 2) 일본 정부가 명확하고도 공식적인 사죄를 하여야 한다. 3) 일본 정부에 의한 위안부 피해자에 대한 배상이 이루어져야 한다. 다시 말해서 일본 정부는 위안부 문제에 대한 '법적 책임 인정 – 사죄 표명 – 이행 조치'를 모두 충족시켜야 한다는 것이다. 국제법적 측면에서 볼 때 이는 국가에 의한 국제위법행위 귀속 그리고 국가책임의 해제 방식으로서의 재발방지 및 배상문제에 해당한다.

그렇다면 2015년 공동기자회견 발표문의 내용은 위안부 문제 해결을 위한 과거 여러 제안들과 비교했을 때 어떻게 평가될 수 있나? 몇 가지 예를 들어보자. 우선 1990년대 일본이 제안했던 '아시아 여성기금'은 도의적 책임만을 언급했으며, 위로금은 정부 예산이 아닌 일본 국민의 모

금형태였다. 2012년 3월 당시 일본 외무성 사무차관이었던 사사에 겐이
치로가 방한 당시 위안부 문제 타결 방안으로 제시한 '사사에 안'이 있었
다. 이 제안의 골자는 일본 총리가 일본의 입장을 정상회담에서 표명하
며, 주한 일본대사가 위안부 피해자를 개별 방문하여 사죄를 표명하며,
일본 정부의 예산으로 의료비, 간병비 등의 인도적 조치를 실시한다는
것이었다. 그러나 당시 한국정부는 일본의 국제법상 국가책임을 인정하
지 않는 인도주의적 지원이라고 하여 거부하였다. 2012년 11월 '사이키-
이동관 안'은 일본 총리가 위안부 피해자들에게 일본 정부의 책임을 통
감한다는 사죄 편지를 작성하며, 일본정부 예산으로 피해자 일인당 사
죄금 300만 엔을 지급한다는 골자였다. 그러나 일본 의회가 해산되고
총리 역시 변경되면서 무산되었다.

　우리는 위와 같은 과거 제안 사례에 비추어 볼 때 2015년 공동기자회
견 발표문에서 일본 정부가 당시 일본군이 위안부 문제에 관여하였다는
사실을 인정하였다는 점, 그리고 아베 총리가 사죄와 반성을 표명하였
다는 점에 주목할 필요가 있다. 이 부분은 그동안 일본 정부가 1965년
청구권협정으로 모든 문제는 법적으로 종결되었다는 입장을 계속 고집
하여 왔음을 미루어 볼 때 상당한 진전으로 평가되며, 1993년 일본정부
가 발표한 고노담화의 연장선상에 있다고 볼 수 있다. 혹자는 기사다 일
본 외무대신이 읽은 발표문의 "위안부 문제는 당시 (일본)군의 관여하에
다수의 여성의 명예와 존엄에 깊은 상처를 입힌 문제로서, 이러한 관점
에서 일본 정부는 책임을 통감합니다"라는 대목에서 '법적 책임을 통감'
한다고 명시되지 않았다고 비판한다. 하지만 이 구절의 바로 뒤에 "일본
정부의 예산에 의해 모든 전 위안부 분들의 마음의 상처를 치유하는 조
치를 강구"하며, 그 구체적인 방법으로 한국 정부가 관련 재단을 설립하
면 "일본 정부 예산으로 자금을 일괄 거출"한다는 내용이 있다. 일본 정
부의 예산으로 10억 엔을 제공하겠다는 약속은 국제법상 국가책임을 인
정한 것으로 해석된다.

그러면 양국의 합의사항은 어떻게 이행되고 있었나? 2015년 12월 28일 양국 공동기자회견 이후 한국정부는 2016년 7월 여성가족부 소관 재단법인 '화해·치유재단'(Foundation of Reconciliation and Healing)을 출범시켰다. 화해·치유재단은 위안부 피해자의 명예와 존엄의 회복 및 상처치유를 위한 각종 사업과 그 외 재단 목적에 부합하는 사업 시행을 목적으로 한다.[7] 두 달 뒤 일본정부는 피해자 지원 명목으로 10억 엔(당시 환율로 108억여 원 상당)을 한국으로 송금했다. 화해·치유재단은 정부가 인정한 일본군 위안부 피해자 239명을 대상으로 하는 현금지원액을 결정했다.[8] 생존 피해자에게는 1인당 총 1억 원, 사망 피해자에게는 총 2천만 원 규모의 현금을 지급하기로 했다. 흥미로운 점은 화해·치유재단 측이 불법행위를 원인으로 발생한 손해를 전보하는 '배상'이란 용어를 사용하지 않고 단순히 '현금지급'이라는 표현을 사용하고 있다는 것이다.[9]

이 돈을 받을 것인가 거부할 것인가에 대해서도 입장은 엇갈렸다. 작년 연말 화해·치유재단의 보도자료에 따르면 생존 피해자들 중 34명이 현금수령 의사를 밝혔다고 하지만 정대협(한국정신대문제대책협의회)과 나눔의 집 등에 머물고 있는 피해자들은 수령 자체를 거부하고, 정부를 상대로 손해배상 소송을 냈다. 또한 화해·치유재단은 1) 개별 피해자에 대한 현금지급사업과 2) 모든 피해자 대상 사업을 목적으로 하고 있다. 전자는 2017년 6월 30일까지의 한시적 사업인 데 반해, 후자는 재발방지와 역사적 관점에서의 장기적 사업이다. 필자가 보기에 장기적 사

---

7 2016년 5월 31일 재단설립 준비위원회 출범, 7월 25일 재단 등록을 마치고, 7월 28일 설립되었다. http://www.rhf.or.kr
8 2017년 초 현재 정부등록자 위안부 현황은 239명이다. 이 중 생존자 39명(국내 38명, 국외 1명), 사망자 200명으로 집계된다. 여성가족부 http://www.hermuseum.go.kr/sub.asp?pid=22
9 가령 화해·치유재단의 2016년 12월 23일자 보도자료는 "일본군 위안부 개별 피해자 분들에 대한 현금 지급을 차질없이 진행하고 있습니다"고 언급한다.

업은 일본 정부가 국제법상 국제위법행위의 책임국으로서 향후 동일 내지 유사한 행위의 재발방지의 적절한 확보 및 보장할 의무를 재확인시킨다는 관점에서 중요하다고 생각된다. 하지만 여성가족부의 일본군위안부 피해자 e역사관 사업 등이 이미 존재하고 2017년 5월 초로 예정된 대통령 선거 후 새로운 정부가 들어서면서 과연 화해·치유재단이 계속 활동할지 그리고 지원이 어떻게 될지는 미지수이다. (추록: 2017년 7월 정현백 신임 여성가족부 장관은 화해·치유재단을 원점에서 재검토하겠다고 밝혔다.)

국제사회의 현대역사를 돌이켜 볼 때 전쟁범죄의 재발방지를 위한 노력은 매우 중요하다. 그러나 2015년 공동기자회견 발표문은 재발방지를 위한 조치에 대해서는 언급없이 '향후 유엔 등 국제사회에서 동 문제에 대해 상호 비난·비판을 자제한다'는 문구가 들어 있다. 이로 말미암아 그동안 위안부 기록물을 유네스코에 등재하는 사업을 추진해 왔던 민간단체에 대한 정부지원이 여러 가지 사유로 중단되었다는 사실은 신문지상을 통해 보도된 바 있었다.[10] 이에 대해 한국 정부의 보도자료는 "연구 및 교육 등을 통해 미래세대에 대한 위안부 피해자 문제의 진실을 알리고 재발을 방지하려는 노력을 지속해 나가겠다"고 밝혔다. 그러나 이러한 재발방지 노력과 역사적으로 기록을 남기는 작업은 피해자인 한국 정부보다는 오히려 가해자인 일본 정부가 해야 할 일이다.

한국과 일본 정부는 위안부 문제가 이 공동기자회견 발표문으로 "최종적이며 불가역적으로 해결될 것"이라는 일반적으로 잘 쓰지 않는 강한 표현을 사용한 것은 무슨 까닭일까? 한국 정부의 보도자료는 "일본이 앞으로 합의를 번복하거나 역행하는 언행을 하여서는 안 된다는 의미를 내포하고 있다"고 한다. 그러나 이는 역으로 한국 정부에 대해서도 마찬가지이다. 이러한 표현이 삽입된 이유에 대해서 어떤 학자는 한일 양국

---

10 가령 경향신문 2016년 11월 18일자. 여성가족부 소식: "일본군 위안부 기록물 유네스코 등재사업 예산지원 종료관련, 오해에 대하여".

간 상대방에 대한 신뢰의 부족 때문이라고 해석하기도 한다.[11] 참고로 1965년 청구권협정 제2조 1항에도 "양 체약국은 양 체약국 및 그 국민(법인을 포함함)의 재산, 권리 및 이익과 양 체약국 및 그 국민 간의 청구권에 관한 문제가 … 완전히 그리고 최종적으로 해결된 것이 된다는 것을 확인한다"는 유사한 문구가 있다. 이에 근거하여 일본 정부는 위안부 문제 역시 법적으로 모두 해결되었는데 왜 자꾸 한국 정부가 딴지를 거느냐는 식으로 보는 것이다.

역사적 가해사실의 솔직한 인정과 그에 대한 진정한 사죄는 국제관계에서 위법한 국가책임의 해지에 꼭 필요한 요소이다. 모든 문제의 해결의 실마리는 진정성에 있다. 기자들 앞에서 준비해 온 내용을 낭독하는 것만으로 과거사가 한꺼번에 치유될 수 있을까? 일본의 정치인들은 위안부 피해자들에 대해 진정한 사죄와 반성의 마음을 갖고 있는가? 이 점이 대한민국 국민들이 의심하는 부분이다. 만일 일본 총리나 책임있는 당국자가 생존해 있는 위안부 피해자를 찾아가거나 이미 사망했다면 묘소를 찾아 사죄 반성하는 모습을 보여 주었더라면 현재의 상황은 상당히 달라졌을 것이다. 우리는 흔히 독일과 일본의 과거사 반성에 대한 비교를 하곤 한다. 1970년 당시 서독 빌리 브란트 총리는 폴란드 바르샤바 유대인 희생 추모비 앞에서 눈물을 흘리며 무릎을 꿇었고, 2013년 독일 앙겔라 메르켈 총리는 뮌헨 인근 나치 강제수용소 추모관에서 나치 범죄의 책임을 통감했다.

일본 정부의 진정성 여부에 대한 의심은 여러 군데서 발견할 수 있다. 2016년 2월 16일 스위스 제네바에서 열렸던 유엔 여성차별 철폐위원회에 일본 대표로 참석했던 스기야마 신스케 외무심의관은 성노예는 사실에 반하는 표현이라고 발언하였다고 한다. 또한 2016년 10월 아베 신조 일본 총리는 일본 의회에서 한국의 위안부 피해자들에게 사죄 편지를

---

11   이원덕, "위안부 협상 타결의 의의와 향후 과제," 국립외교원 정책세미나: 일본군 위안부 피해자 문제 타결의 의미와 과제, 2016년 1월 5일 발표자료 3면.

보내는 방안에 대해 "털끝만큼도 생각하지 않고 있다"고 답변했다. 이러한 일본 정치인들의 공식 발언들은 한국 국민들로 하여금 더욱더 2015년 공동기자회견 발표문은 일본 정부에 있어서 책임 인정과 사죄라는 의미 없는 수식어로 꾸며진 면피용인 건 아닌지 하는 의구심을 갖게끔 만든다. 즉 일본 최고 정치인의 이와 같은 경색된 태도는 한국 정부로 하여금 위안부 관련 단체들과 협의하고 설득을 해서 소녀상 문제의 적절한 해결책을 찾을 수 있는 여지를 일본 스스로가 박탈한다고 보여지는 대목이다.[12] 또한 일본 민간인의 행동에 제대로 주의를 기울이지 않는 문제점도 지적할 수 있다. 가령 2017년 2월 일본 삿포로에서 개최된 동계 아시아경기대회 기간 동안 참가국 선수 숙소로 사용될 아파(APA) 호텔 객실에 비치된 역사 왜곡 서적은 아파 호텔 체인의 모토야 회장이 저술한 것으로 "일본군 위안부와 관련된 주장은 허구인데 한국이 국익을 위해 이용한다"는 주장을 담고 있다고 한다.[13] 이런 상황에서 일본 정부는 소녀상 설치를 두고 한국 정부에 대해 한국 시민단체의 행동을 규제하지 않는다는 비판을 과연 할 수 있는 자격이 되는지 묻고 싶다.

---

12 2017년 1월 15일 KBS 일요진단, 송민순 전 외교통상부 장관 대담에서도 유사한 언급이 있었다.

13 참고로 한국에서도 유사한 주장이 제기되곤 한다. 제국의 위안부를 쓴 세종대 박유하 교수는 "위안부의 본질은 매춘이다", "일본군에 의한 강제동원은 없었다" 등의 내용을 적시한 혐의로 2015년 불구속 기소되었다. 2017년 1월 25일 서울동부지법 형사합의 1부는 무죄선고를 했다. 재판부는 "옳은 의견만 보호한다면 의견의 경쟁을 통한 학문적 표현의 자유는 존재할 수 없다" "우리 사회는 피고인의 주장에 대해 합리적 경쟁과 논박을 하면서 일본군 위안부에 대한 역사적 사실을 도출해 낼 능력이 있다"고 적시했다.

III. 2015년 한일 공동기자회견 발표문의 파기 또는 재협상 가능성 여부

2015년 한일 외교장관 공동기자회견 발표문의 국제법상 법적 성격은 무엇인가? 조약인가 아니면 신사협정(gentlemen's agreement)인가? 조약은 당사자들 간에 법적 구속력을 갖는 문서이다. 「1969년 조약법에 관한 비엔나협약」에 따르면 '조약'이라 함은 단일의 문서에 또는 둘 또는 그 이상의 관련문서에 구현되고 있는가에 관계없이 또한 그 특정의 명칭에 관계없이 서면 형식으로 국가 간에 체결되며 또한 국제법에 의하여 규율되는 국제적 합의를 의미한다.[14] 이에 반해 신사협정은 법적 구속력 없이 약속을 행한 정부수반, 정치 지도자들 사이에서 상대방의 신의에 기초한 정책수행의 언약이며 정치적 행동계획이다. 따라서 조약과 비교해 볼 때 신사협정은 정치적·도의적 책임만을 부과하며 설령 이행하지 않더라도 국가책임을 추궁당하지 않는다는 큰 차이점이 있다.[15]

그러면 이러한 조약 개념에 2015년 공동기자회견 발표문을 대입시켜 보자. 우선 그 명칭이 비록 공동기자회견 합의문이지만 크게 상관없다. 문서의 숫자도 한국과 일본의 외교 수장의 개별 발표문이 병렬적으로 나열되어 있지만 이 역시 큰 문제가 되지 않는다. 기자회견이었지만 합의문이 공개 회람되었기 때문에 서면 형식으로 발표되었다는 요건도 충족시킨다. 무엇보다도 2015년 공동기자회견 서두에서 밝힌 것처럼 한국의 당시 박근혜 대통령과 일본의 아베 총리가 정상회담 자리에서 위안부 문제를 타결하기 위한 협의를 가속화하자는 정치적 결단을 내렸고 그에 따라 양국 외교부 수장이 합의하였기 때문에 일반인들은 더더욱 이 문서가 조약인지 아닌지 여부를 잘 알 수가 없다.

---

14   1969년 조약법에 관한 비엔나협약 제2조(a).
15   유병화, 박노형, 박기갑 공저, 국제법 I, 75쪽.

결국 이 문제는 2015년 공동기자회견 발표문 성안과정에 참여한 관계 당사자들의 의사, 약속의 내용, 약속 성립 후의 절차 등 여러 가지 요소를 참고로 조약인지 아니면 신사협정인지 판단하는 수밖에 없다. 만일 2015년 공동기자회견 발표문이 신사협정이라면 한일 양국 간에 법적 구속력이 있는 조약이 아니기 때문에 2017년 5월 대한민국 대선에서 승리하여 취임한 새로운 대통령과 신임 관련 행정부의 장 등 대한민국의 정치적 후임자를 구속하지 않는다. (추록: 신임 문재인 대통령은 국민 다수가 정서적으로 수용 못하는 형식의 위안부 합의 재협상 의지를 강하게 밝히고 있다, 또한 신임 강경화 외교부 장관 역시 국회 청문회에서 "이 합의서가 대다수 국민들이 받아들이지 못하는 그런 상황이 됐다. 합의가 존재하는 것도 하나의 현실이다. 합의를 지켜나가야 하는 것도 국제사회의 관행"이라며 "그렇지만 앞으로 나가는 데 있어서 모든 방안을 검토할 수 있다고 생각한다. 위안부 피해자들과 단체, 정부, 국민들, 의원들과의 지혜를 모을 필요가 있다"고 언급함으로써 재협상 가능성을 시사했다.)

2015년 12월의 공동기자회견을 행한 쌍방 중 어느 일방이 약속을 이행하지 않는 경우에도 강제할 수 없으며, 법적 책임 추궁을 할 수도 없다. 참고로 1975년 5월 31일 그리스와 터키 외무부 장관의 공동성명이 과연 네덜란드 헤이그에 소재하는 국제사법재판소에 일방적으로 제소할 수 있는 재판관할권의 법적 근거가 될 수 있는지 여부가 제기된 바 있었다. 국제사법재판소는 공동성명을 조약으로 간주하지 않았기 때문에 그의 재판관할권의 기초는 되지 못한다고 판시한 바 있다.[16]

일반적으로 국제법 전문가들은 2015년 공동기자회견 발표문 형식으로 발표한 한일 양국 간 합의는 조약이 아닌 신사협정으로 파악한다. 왜냐하면 추측컨대 한국이나 일본 모두 이 문제를 국회로 끌고가면 상당한 정치적 논쟁에 휘말릴 것을 감안했기 때문에 조약이 아닌 형식을 의

---

16   국제사법재판소, 에게해 대륙붕사건(1978).

도적으로 선택했을 것이다. 결국 앞에서 언급한 것처럼 신사협정은 당해 정부에게만 정치적·도의적 구속력만 있을 뿐이다. 따라서 정권이 바뀌면 정책적으로 이를 이행하지 않아도 법적으로 문제는 없다.

하지만 신사협정이라도 이를 일방적으로 파기하거나 무조건 재협상을 요구할 수는 없다고 본다. 파기하려면 적절한 명분이 필요하다. 그렇지 않으면 국제사회에서 한국의 신뢰도는 추락할 것이다.[17] 다시 말해서 아무리 법적 구속력이 없는 신사협정이라 할지라도 합의했을 당시와 비교해 봤을 때 현격한 또는 근본적인 사정변경이 없다면 재협상이나 일방적 파기는 어렵다고 본다. 조약 관련 근본적 사정변경과 관련해서는 「1969년 조약법에 관한 비엔나협약」 제62조에 매우 까다롭게 규정되어 있다.[18] 신사협정의 불이행 또는 파기는 조약의 그것과는 분명히 다르기 때문에 상기 제62조가 적용되지는 않는다. 2015년 한일 공동기자회견 발표문의 성안작업은 조약문 작성작업과 마찬가지로 양국이 엄청난 시간과 노력을 들였지만, 여러 가지 정치적 여건 때문에 단지 그 형식만 신사협정으로 취했다고 보인다. 만일 추후에 한국의 새로운 정부가 2015년 한일 공동기자회견 발표문의 파기 또는 재협상을 검토하려 한다면 이 조항의 일독을 필히 권하는 바이다.

국내사회와 마찬가지로 국제사회에도 "약속은 준수해야 한다"(Pact sunt servanda)라는 법언이 있다. 인간이 그가 행한 약속을 원칙적으로 지켜야 하는 것처럼 국가들도 그들 상호간 유효한 모든 약속은 그 당사

---

17 북한은 전형적인 신사협정인 1992년 남북 비핵화선언을 일방적으로 파기하고 핵무장 수순을 밟은 결과 오늘날 국제사회로부터 문제를 일으키는 국가로 낙인이 찍혔다.

18 제62조(사정의 근본적 변경) 1. 조약의 체결 당시에 존재한 사정에 관하여 발생하였으며, 또한 당사국에 의하여 예견되지 아니한 사정의 근본적 변경은 다음 경우에 해당하지 아니하는 한 조약을 종료시키거나 또는 탈퇴를 하기 위한 사유로서 원용될 수 없다. (a) 그러한 사정의 존재가 그 조약에 대한 당사국의 기속적 동의의 본질적인 기초를 구성하였으며 또한 (b) 그 조약에 따라 계속 이행되어야 할 의무의 범위를 그 변경의 효과가 급격하게 변환시키는 경우.

국을 구속하며 또한 당사국에 의하여 성실하게 이행될 것을 기본으로 한다. 2015년 공동기자회견 발표문에는 "일본 정부가 표명한 조치가 착실히 실시된다는 것을 전제로"라는 표현이 세 차례나 나온다. 한 번은 일본 정부의 발표문 세 번째 항에서, 나머지 두 번은 한국 정부의 발표문 첫 번째와 세 번째 항에 명시되어 있다(이 글의 부록 참조). 이 말은 가해행위를 한 일본 정부가 "마음으로부터 사죄와 반성의 마음을 표명하고"(일본 정부 발표문 첫 번째 항) "일본 정부 예산으로 자금을 일괄 거출하여" 위안부 피해자들의 명예와 존엄의 회복 및 마음의 상처 치유를 위한 사업을 실제로 행하였다면(일본 정부 발표문 두 번째 항) 한국 정부는 위안부 문제가 "최종적 및 불가역적으로 해결"되었음을 확인해야 하고 (한국 정부 발표문 첫 번째 항) 또한 "이 문제에 대한 상호 비난·비판을 자제"해야 한다는 것이다(한국 정부 발표문 세 번째 항). 이처럼 양국의 상호 행위가 톱니바퀴처럼 맞물려 있는 상황에서 한국 정부가 일방적으로 파기하기란 좀처럼 쉽지 않을 것이다. (추록: 2017년 7월 초 신문보도에 의하면 외교부는 위안부 합의 파기/유지할지 여부에 대한 검토를 위한 TF를 구성할 계획이라고 한다.)

IV. 소녀상 설치와 철거 문제

2015년 12월 28일 공동기자회견 발표문의 한국 정부 측 입장 발표문에는 "한국 정부는 일본 정부가 주한일본대사관 앞의 소녀상에 대해 공관의 안녕·위엄의 유지라는 관점에서 우려하고 있는 점을 인지하고, 한국 정부로서도 가능한 대응방향에 대해 관련 단체와의 협의 등을 통해 적절히 해결하도록 노력한다"고 명시하고 있다(한국 정부 발표문 두 번째 항). 이 문구를 둘러싸고 한국 정부가 일본 정부에게 소녀상을 이전하기로 약속하는 이면합의가 있다는 악소문도 떠돌았다. 이에 대해 한국 정부의 일관된 공식적 입장은 동 합의와 소녀상 이전문제는 무관하며, 한국정부가 소녀상을 이전하기로 합의했다거나 소녀상 이전을 조건으로 10억 엔을 받기로 했다는 것은 사실무근이라고 강조한다.

주한일본대사관과 부산 일본영사관 앞에 시민단체에 의해 각각 설치된 소녀상이 왜 문제가 되는가? 관련 시민단체는 일본 정부가 제대로 반성을 하지 않으며, 후세에 역사적 사실을 잊지 말게 함이라고 주장한다. 맞는 말이다. 우리나라 땅에 관할 구청이 이런저런 요건을 심사한 후 정식으로 허가했으면 하등 문제가 없을 것이다. 그런데 그 위치가 문제이다. 외교공관과 외교관은 국제법상 철저히 보호를 받고 있으며, 국가 간 상호주의 그리고 국제관습법으로 존중되고 있다. "외국공관의 안녕·위엄의 유지"라는 표현은 한국과 일본이 모두 가입하고 있는 「1961년 외교관계에 관한 비엔나협약」 제22조 2항에서 다음과 같이 규정하고 있다.

"접수국(대한민국)은, 어떠한 침입이나 손해에 대해서도 (파견국인 일본국) 공관지역을 보호하며, 공관의 안녕을 교란시키거나 품위의 손상을 방지하기 위하여 모든 적절한 조치를 취할 특별한 의무를 가진다."[19]

이와 유사한 규정은 「1963년 영사관계에 관한 비엔나협약」 제31조 (영사관사의 불가침) 제3항에서도 찾아볼 수 있다.[20] 한국과 일본은 모두

---

19 영어원문은 다음과 같다. "The receiving State is under a special duty to take all appropriate steps to protect the premises of the mission against any intrusion or damage and to prevent any disturbance of the peace of the mission or impairment of its dignity."

20 1963년 영사관계에 관한 비엔나협약 제31조 3항: 본조 2항의 규정에 따를 것으로 하여, 접수국은 침입 또는 손괴로부터 영사관사를 보호하고 또한 영사기관의 평온에 대한 교란 또는 그 위엄의 손상을 방지하기 위한 모든 적절한 조치를 취해야 하는 특별한 임무를 진다.

이 두 국제조약에 가입하고 있기 때문에 관련 규정을 존중하고 준수해야 할 의무를 갖는다. 상기 두 조항에 따라 서울에 소재하는 일본대사관의 '안녕을 교란시키거나 품위의 손상을 방지하기 위하여' 그리고 부산에 소재하는 일본 영사관의 '평온에 대한 교란 또는 그 위엄의 손상을 방지하기 위하여' 대한민국 정부는 모든 적절한 조치를 취할 특별한 의무를 부담한다. 그렇기 때문에 윤병세 전 외교부 장관이 2017년 1월 13일 국회 외교통일위원회 발언에서 일본국의 부산 소재 영사관 앞에 설치된 소녀상과 관련하여 "기존 외교공관 보호와 관련된 국제예양 및 관행이라는 측면에서도 생각해 볼 필요가 있다" 그리고 "외교공관 앞 조형물 설치는 바람직하지 않다는 게 국제사회의 일반적 입장이다"라고 밝힌 것은 이러한 맥락에서 해석된다.

「1961년 외교관계에 관한 비엔나협약」 제22조에 명시된 '공관의 안녕을 교란시키거나 품위의 손상'을 할 우려가 있는 행위의 대표적 예로는 외국 공관 주위에서 행하는 시위(demonstrations)이다. 이러한 행동은 특정 국가에서 파견된 공무원, 외교관, 영사관직원 등을 상대로 위협하거나 강박 또는 공중의 증오심을 유발시킬 목적으로 깃발, 슬로우건, 전단지 여타 장치를 설치함으로써 관련 국가의 공무원이 자국의 공적 임무를 접수국 영토에서 자유롭고 안전하게 수행하는 것을 방해한다. 미국의 경우 워싱턴 DC에 소재하는 외국 대사관, 영사관 또는 여타 공적 목적의 건물로부터 반경 500피트(150미터) 이내에서는 해당 경찰서의 사전허가를 받지 않으면 어떠한 시위도 불허한다.[21]

그러면 서울의 일본 대사관과 부산의 일본 영사관으로부터 가까운 거리에 설치된 소녀상이란 조형물은 과연 일본국 대사관과 영사관의 평온을 교란하며 그 위엄을 손상시키는가? 조형물을 공관 앞에 설치한 사례는 좀처럼 찾아보기 힘들다. 유사한 이에 대한 답변은 아래와 같은 외국

---

21 Joint Resolution of Houses of Congress, 1938. E. Denza, Diplomatic Law (1998), p.140.

사례에서 찾아볼 수 있다.

1992년 호주 법원은 호주 외무성이 제기한 인도네시아 대사관의 평온 교란과 위엄을 손상시킬 우려가 있다는 이유로 설치된 조형물 철거를 요구한 사건을 다루었다. 당시 동티모르 공동체에 속한 Magno와 일단의 사람들은 인도네시아 대사관 길 건너편 화단에 124개의 나무로 만든 흰색 십자가를 꽂았다. 이는 적법절차 없이 인도네시아 군대에 의해 처형당한 동티모르인들을 상징적으로 나타난 조형물이었다. 호주는 1961년 외교관계에 관한 비엔나협약상의 제 의무를 국내이행하기 위해서 1967년에 「외교적 특권과 면제에 관한 법률(Act)」을 제정하였고 이에 따르면 동 비엔나협약 제22조에 의해 부과된 의무를 이행하기 위한 필요하고도 충분한 조치를 취하도록 규정하고 있고 이에 따라 호주 경찰은 꽂혀 있던 모든 십자가를 제거하였다. 이에 동티모르 공동체는 소송을 제기하였는데 1심에서는 경찰의 조치가 1967년 호주 국내법률에서 허가하고 있는 공권력행사 한계를 넘어섰다고 보았지만, 2심에서는 '품위를 손상시키는 행위에는 평온을 교란시키는 적극적 행동에 미치지 아니하는 부류도 포함한다'고 보아 경찰의 조치가 타당하다고 판단하였다.[22]

하지만 일부 반대의견은 외국공관 주변에 조형물을 설치하는 행위는 대한민국의 헌법과 인권 관련 국제조약에 명시된 표현의 자유 등에 기초하고 있다고 주장한다. 실제로 「1966년 시민적·정치적 권리에 관한 국제규약」 제19조 2항은 "모든 사람은 표현의 자유에 대한 권리를 가진다"고 규정한다. 그러나 바로 이어 동조 3항에는 일정한 제한이 가해지고 있음에 주의해야 한다.[23] 이와 마찬가지로 대한민국의 헌법 제37조 2항 역

---

22 앞의 책, pp.142-143.
23 "이 조 제2항에 규정된 권리의 행사에는 특별한 의무와 책임이 따른다. 따라서 그러한 권리의 행사는 일정한 제한을 받을 수 있다. 다만, 그 제한은 법률에 의하여 규정되고 또한 다음 사항을 위하여 필요한 경우에만 한정된다. (a) 타인의 권리 또는 신용의 존중 (b) 국가안보 또는 공공질서 또는 공중보건 또는 도덕의 존중"

시 일정한 경우 국민의 자유와 권리는 법률로써 제한될 수 있다고 규정하고 있다.[24] 또 한 가지 법리적인 논쟁은 국제법상 '외교영사관계에 관한 법'과 '국제인권법'상의 권리의무 규정이 상호충돌할 경우 어느 규정이 우선하는지 여부이다. 이는 이른바 '자기완비적 체제'(self-contained regime)에 관한 문제로서 '외교 · 영사관계'는 1961년 1963년 비엔나협약 각각이 관련 사항에 대한 국가 간 권리와 의무 및 분쟁해결절차를 예정하고 있기 때문에 관련 사항에 대해서는 다른 법체제보다 우선적으로 적용되어야 한다.

결론적으로 국제관례상 대다수 국가가 외교공관 앞 조형물 설치에 부정적인 입장임은 부인하기 어렵다. 혹자는 일본의 소녀상 철거 주장은 국제법상 외교공관의 안녕 차원의 문제가 아니라 과거사를 전적으로 부정하려는 의도가 담겨 있다고 주장하지만, 윤병세 전 외교부 장관의 발언은 2015년 12월 28일 공동기자회견 발표문에 명기된 "한국은 소녀상 문제와 관련 적절히 해결하도록 노력한다"는 약속을 지킨 것이고, 일본 정부는 2015년 공동기자회견 합의문뿐만 아니라 외교 영사관계에 관한 관련 국제법 원칙에 근거하여 주장을 하고 있는 것이다.

나가면서

이 글에서는 위안부 문제의 제기 배경을 간략히 짚어보고, 2015년 한일 공동기자회견 발표문의 주요 내용을 분석한 후, 국내 정치인들과 국민들 간에 여론이 비등하고 있는 두 가지 사항들, 즉 동 발표문의 파기 또는 재협상 가능성 여부와 설치된 소녀상의 철거 문제에 대한 개인적

---

24 제37조 2항: 국민의 모든 자유와 권리는 국가 안전보장, 질서유지 또는 공공복리를 위하여 필요한 경우에 한하여 법률로써 제한할 수 있으며, 제한하는 경우에도 자유와 권리의 본질적인 내용을 침해할 수 없다.

의견을 피력하였다.

위안부 문제를 둘러싼 한일 양국의 갈등은 어제 오늘 이야기가 아니며, 계속 진행형이다. 필자는 2015년 한일 공동기자회견 발표문은 분명히 가해자인 일본 정부가 과거보다 진일보한 내용과 형식으로 사과했다고 본다. 다만 위안부 문제는 국제법과 국내법에 위반되는 중대한 인권침해라는 점을 일본 정부는 분명히 인식하고 미래 세대들에게 충분하고도 필요한 역사교육과 재발방지차원에서의 교육을 약속해야 하는데 그런 점이 누락된 것은 아쉬움으로 남는다. 또한 "유엔 등 국제사회에서 위안부 문제에 대한 상호 비난·비판을 자제한다"는 문구의 해석과 관련하여 보다 명확한 허용범위 설정이 필요하다. 가령 유엔인권이사회에서 위안부 문제를 거론하여 국제 사회가 잊지 않도록 하는 작업은 여기에 포함되는가? 학자들의 관련 연구, 조사 및 발표 활동은 어떤가? 또한 여성인권 증진과 보호를 위한 시민단체 활동, 특히 일본군 위안부 기록물의 유네스코 등재사업을 추진하는 일은 상기 문구와 무관한가?

이러한 질문에 대한 궁극적인 답은 다음과 같다. 일본 정부는 2015년 한일 공동기자회견 발표문으로 위안부 문제는 모두 해결되었다고 치부하지 말고, 독일 지도자처럼 역사적 사실에 대해 사과와 반성의 행동을 계속해야지 한국 정부도 관련 시민단체를 설득하고 분위기를 만들어 나갈 수 있으며, 이는 한일 양국 모두의 인내와 끈기가 필요한 대목이다. 위안부 문제가 2015년 한일 공동기자회견 발표문으로 모두 해결되었다는 식의 일회성 행사 치부로 끝나면 역사는 되풀이될 것이다.

2015년 한일 공동기자회견 발표문은 비록 조약은 아니고 정치적 의무를 부담시키는 신사협정 형식을 띠지만 "약속은 준수되어야 한다"는 법언이 있듯이 한국 정부가 일방적으로 파기하거나 재협상을 요구하기란 쉽지 않을 것이다. 또한 소녀상이 설치된 위치는 국제법, 특히 외교영사관계 관련 규범에 비추어 볼 때 바람직하지 않은 곳이기 때문에 관련 시민단체는 이 점을 유의할 필요가 있다고 본다. 아무튼 이 두 가지

사항은 '뜨거운 감자'와 같은 현안들이기에 솔직히 조심스럽기도 하다. 어떤 문제를 접함에 있어서 전문가의 시각과 일반인이 느끼는 체감온도는 다를 수밖에 없다. 정부 실무자와 전문가에게 주어진 역할과 임무는 일반인들이 2015년 한일 공동기자회견 발표문에 대해 갖는 의문점들에 대해 충분히 논의하고 대화하는 이른바 양방향 소통작업을 계속하는 것이다.

[부 록]

한 · 일 외교장관회담 공동기자회견 발표 내용
(2015년 12월 28일 서울)

1. 안녕하십니까. 오늘 저(윤병세 한국 외교부 장관)는 기시다 외무대신과 회담을 갖고 일본군 위안부 피해자 문제를 비롯한 양국간 현안 및 관심사에 대해 심도있는 협의를 가졌습니다.

2. 먼저 연말 바쁘신 일정에도 불구하고 기시다 외무대신께서 오늘 이 회담을 위해 방한해 주셔서 감사하다는 말씀을 드리고 싶습니다.

3. 여러분들도 아시다시피, 우리 정부는 한 · 일 국교 정상화 50주년을 맞이하여 양국간 핵심 과거사 현안인 일본군 위안부 피해자 문제의 조속한 해결을 위해 적극 노력해 왔습니다.

4. 특히, 지난 11.2 한 · 일 정상회담에서 박 대통령님과 아베 총리께서 "금년이 한 · 일 국교 정상화 50주년이라는 전환점에 해당되는 해라는 점을 염두에 두고 가능한 조기에 위안부 피해자 문제를 타결하기 위한 협의를 가속화하자"는 정치적 결단을 내려주셔서, 이후 국장급 협의를 중심으로 이 문제에 대한 양국간 협의를 가속화해 왔습니다.

5. 어제 있었던 12차 국장급 협의를 포함하여 그간 양국간 다양한 채널을 통한 협의 결과를 토대로 오늘 기시다 외무대신과 전력을 다해 협의한 결과, 양국이 수용할 수 있는 내용의 합의를 도출할 수 있었습니다. 오늘 이 자리에서 그 결과를 여러분들께 발표하고자 합니다.

6. 우선, 일본 정부를 대표해서 기시다 외무대신께서 오늘 합의사항에 대한 일본측의 입장을 밝히시고, 이어서 제가 한국 정부의 입장을 발표하도록 하겠습니다.

기시다 대신 언급내용

먼저 일·한 국교정상화 50주년인 올해 연말에 서울을 방문하여 윤병세 장관과 매우 중요한 일·한 외상회담을 개최할 수 있었던 것을 기쁘게 생각합니다.

일·한간 위안부 문제에 대해서는 지금까지 양국 국장급 협의 등을 통해 집중적으로 협의해 왔습니다. 그 결과에 기초하여 일본 정부로서 이하를 표명합니다.

① 위안부 문제는 당시 군의 관여 하에 다수의 여성의 명예와 존엄에 깊은 상처를 입힌 문제로서, 이러한 관점에서 일본 정부는 책임을 통감합니다.
아베 내각총리대신은 일본국 내각총리대신으로서 다시 한 번 위안부로서 많은 고통을 겪고 심신에 걸쳐 치유하기 어려운 상처를 입은 모든 분들에 대해 마음으로부터 사죄와 반성의 마음을 표명합니다.

② 일본 정부는 지금까지도 본 문제에 진지하게 임해 왔으며, 그러한 경험에 기초하여 이번에 일본 정부의 예산에 의해 모든 前 위안부분들의 마음의 상처를 치유하는 조치를 강구합니다.
구체적으로는, 한국 정부가 前 위안부분들의 지원을 목적으로 하는 재단을 설립하고, 이에 일본 정부 예산으로 자금을 일괄거출하고, 일한 양국 정부가 협력하여 모든 前 위안부 분들의 명예와 존엄의 회복 및 마음의 상처 치유를 위한 사업을 행하기로 합니다.

③ 일본 정부는 이상을 표명함과 함께, 이상 말씀드린 조치를 착실히 실시한다는 것을 전제로, 이번 발표를 통해 동 문제가 최종적 및 불가역적으로 해결될 것임을 확인합니다. 또한, 일본 정부는 한국 정부와 함께 향후 유엔 등 국제사회에서 동 문제에 대해 상호 비난·비판하는 것을 자제합니다.
또한 앞서 말씀드린 예산 조치에 대해서는 대략 10억엔 정도를 상정하고 있습니다. 이상 말씀드린 것은 일·한 양 정상의 지시에 따라 협의를 진행해 온 결과이며, 이로 인해 일한관계가 신시대에 돌입하게 될 것을 확신합

니다. 이상입니다.

7. 다음은 오늘 합의사항에 대한 우리 정부의 입장을 제가 발표하도록 하겠습니다.

한 · 일간 일본군위안부 피해자 문제에 대해서는 지금까지 양국 국장급 협의 등을 통해 집중적으로 협의를 해 왔다. 그 결과에 기초하여 한국정부로서 아래를 표명한다.

① 한국 정부는 일본 정부의 표명과 이번 발표에 이르기까지의 조치를 평가하고, 일본 정부가 앞서 표명한 조치를 착실히 실시한다는 것을 전제로, 이번 발표를 통해 일본 정부와 함께 이 문제가 최종적 및 불가역적으로 해결될 것임을 확인한다. 한국 정부는 일본 정부가 실시하는 조치에 협력한다.

② 한국 정부는 일본 정부가 주한일본대사관 앞의 소녀상에 대해 공관의 안녕 · 위엄의 유지라는 관점에서 우려하고 있는 점을 인지하고, 한국 정부로서도 가능한 대응방향에 대해 관련 단체와의 협의 등을 통해 적절히 해결되도록 노력한다.

③ 한국 정부는 이번에 일본 정부가 표명한 조치가 착실히 실시된다는 것을 전제로, 일본 정부와 함께 향후 유엔 등 국제사회에서 이 문제에 대해 상호 비난 · 비판을 자제한다.

8. 이상으로 한국 정부 입장을 말씀드렸습니다.

9. 한 · 일 국교 정상화 50주년인 올해를 넘기기 전에 기시다 외무대신과 함께 그간의 지난했던 협상에 마침표를 찍고, 오늘 이 자리에서 협상 타결 선언을 하게 된 것을 대단히 기쁘게 생각합니다.

10. 앞으로 금번 합의의 후속 조치들이 확실하게 이행되어, 모진 인고의 세월을 견뎌오신 일본군 위안부 피해자 분들의 명예와 존엄이 회복되고 마

음의 상처가 치유될 수 있기를 진심으로 기원합니다.

11. 아울러 한·일 양국간 가장 어렵고 힘든 과거사 현안이었던 일본군 위안부 피해자 문제 협상이 마무리되는 것을 계기로, 새해에는 한·일 양국이 새로운 마음으로 새로운 한일 관계를 열어 나갈 수 있게 되기를 충심으로 기원합니다.

12. 감사합니다. 끝.

〈저자 약력〉

김태진
미국 New York University School of Law(LL.M.), 고려대학교 법학과 졸업
고려대학교 법학전문대학원 부교수, 변호사

명순구
프랑스 Paris 1 대학교(법학박사)
고려대학교 법학전문대학원 교수

박경신
미국 University of California, LA(UCLA) 로스쿨(J.D.)
고려대학교 법학전문대학원 교수

박기갑
프랑스 Paris 2 대학교(법학박사)
고려대학교 법학전문대학원 교수

박세민
영국 Bristol 대학교(법학박사)
고려대학교 법학전문대학원 교수

박지순
독일 Augsburg 대학교(법학박사)
고려대학교 법학전문대학원 교수

안효질
독일 München 대학교(법학박사)
고려대학교 법학전문대학원 교수

이대희

미국 Wisconsin 대학교(법학박사)
고려대학교 법학전문대학원 교수

이상돈

독일 Frankfurt 대학교(법학박사)
고려대학교 법학전문대학원 교수

정승환

독일 Tübingen 대학교(법학박사)
고려대학교 법학전문대학원 교수

파안연구총서 공감 01

법적 이슈 공감하기 2017

-

초판 인쇄 2017년 11월 10일
초판 발행 2017년 11월 15일

-

저 자 명순구 · 김태진 · 박경신 · 박기갑 · 박세민
         박지순 · 안효질 · 이대희 · 이상돈 · 정승환
발행인 이방원

-

발행처 세창출판사
신고번호 제300-1990-63호
주소 03735 서울시 서대문구 경기대로 88 냉천빌딩 4층
전화 723-8660 팩스 720-4579
이메일 edit@sechangpub.co.kr
홈페이지 www.sechangpub.co.kr

-

값 18,000원

ISBN 978-89-8411-720-4 94360
         978-89-8411-719-8 (세트)

이 도서의 국립중앙도서관 출판예정도서목록(CIP)은 서지정보유통지원시스템 홈페이지(http://seoji.nl.go.kr)와
국가자료공동목록시스템(http://www.nl.go.kr/kolisnet)에서 이용하실 수 있습니다.(CIP제어번호: CIP2017028562)